한 권으로 끝내는

개정판

# 전자상거래운용사

필기

## 한 권으로 끝내는
# 전자상거래운용사 <sub>개정판</sub>
## 필기

**개정판 1쇄 발행** 2019년 10월 15일
**2쇄 발행** 2021년  4월 15일

**지은이** 강태구
**펴낸이** 김기록
**펴낸곳** AppBooks(앱북스)

**출판등록번호** 제2010-24
**주소** 서울 금천구 가산동 371-28 우림라이온스밸리 A-1401
**대표전화** 02-6903-9519
**팩스** 02-2026-5315
**홈페이지** www.appbooks.net
**이메일** help@appbooks.net

**ISBN** 979-11-85618-25-8

**가격** 16,000원

# 한 권으로 끝내는
# 전자상거래운용사
## 필기

개정판

앱북스

# INFORMATION
# 전자상거래운용사 국가기술자격시험 소개

**① 종목소개**

전자상거래에 대한 기초적인 지식과 기능을 가지고 전자상거래관리사의 업무를 보조할 수 있는 자로서 관련 분야의 업무를 수행할 수 있는 지식과 기능을 평가하는 국가기술자격 시험입니다.

**② 응시자격**

제한 없음

**③ 시험과목**

| 등급 | 시험방법 | 시험과목 | 출제형태 |
|------|----------|----------|----------|
| 단일<br>등급 | 필기시험 | • 인터넷 일반<br>• 전자상거래 일반<br>• 컴퓨터 및 통신 일반 | 객관식 60문항 |
| | 실기시험 | 전자상거래 구축 기본 기술 | 작업형 |

※ 출제기준 적용시기 : 2018.01.01 ~ 2020.12.31

**④ 시험시간 & 합격기준**

| 등급 | 시험방법 | 시험시간 | 합격기준 |
|------|----------|----------|----------|
| 단일 | 필기시험 | 60분 | 매과목 100점 만점에 과목당 40점 이상, 평균 60점 이상 |
| | 실기시험 | 60분 | 100점 만점에 70점 이상 |

※ 자세한 시험소개 및 일정은 대한상공회의소 자격평가사업단 홈페이지 참고
(http://license.korcham.net)

# 전자상거래운용사 필기&실기 학습 자료실

'전자상거래관리사&운용사에 도전하는 사람들'이란 네이버 카페는 국내 유일 전자상거래운용사와 전자상거래관리사 자격시험 전문 자료 사이트로, 시험 관련 소식과 이벤트, 기출문제 및 풀이, 시험 대비 다양한 문제들을 만나볼 수 있습니다.

네이버 전도사 카페 URL
URL – http://cafe.naver.com/**eclicense**

※ 카페 내의 다양한 자료는 카페 회원가입 후 바로 사용 가능 합니다.

# CONTENTS

# CHAPTER 3 컴퓨터 및 통신 일반

# PART 2 실전 모의고사

# PART 3 정답 및 해설

전자상거래
운용사

필기

# PART

# 1

## 핵심이론

# CHAPTER 1

# 인터넷 일반

## 인터넷 활용

### 1 인터넷 접속 및 서비스 활용

#### ① 인터넷 접속 개념 이해

##### (1) 인터넷의 개념

- 인터넷은 네트워크와 네트워크들이 모인 거대한 글로벌 네트워크(Network of Network)이다. 인터넷(Internet)이라는 어원은 전 세계 컴퓨터를 하나로 연결한다는 의미의 인터네트워크(Inter-network)라는 용어에서 시작되었으며, 이것은 클라이언트(Client)/서버(Server) 시스템을 기반으로 TCP/IP 표준 프로토콜로 연결된 여러 네트워크들이 결합하여 이루어진 네트워크의 네트워크(Network of Networks)라고 할 수 있다. 인터넷에는 수많은 정보가 저장되어 있고 또 무료로 제공된다.

- 미국 국방성의 ARPA(Advanced Research Projects Agency)는 일정지역에 대한 폭탄 폭격과 같은 긴급 사태시에도 장애를 받지 않고 제 기능을 발휘할 수 있는 통신망 구축을 연구하여 네트웍을 개발했는데 이것이 바로 미국 국방성의 최초 연구 목적 네트웍인 ARPANET(1969)이다. 이 이후 연구 목적의 미과학재단 네트웍인 NSFNET이 연결(1986)되었고 그 이후에는 일반 상업적인 목적의 네트웍이 연결(1990년 이후)되면서 현재의 인터넷으로 발전을 이루었다.

##### (2) 인터넷의 특징

- 인터넷의 초기에는 E-mail, FTP, Newsgroup 등으로 학자들이나 전문인들이 사용하는 등 소규모로 사용되었으나 1991년 CERN의 WWW 서비스가 개발되어 일반인들도 쉽게 멀티미디

어 정보를 제공할 수 있고 사용할 수 있게 되자 인터넷은 폭발적인 성장을 이루게 되었다. 지금은 전 세계 수많은 호스트 컴퓨터가 인터넷에 연결되어 있는 거대한 네트워크가 되었다. 이는 중앙 통제 방식이 아닌 사용자들의 규약으로 모든 네트워크가 연결되어 있기 때문에 개방적이고 민주적이며, 정보의 흐름에 있어서도 양방향성을 가지고 있기 때문이다.

- 인터넷에는 수많은 정보가 여러 가지의 형태로 저장되어 있고, 시간과 공간의 제약 없이 원하는 정보를 거의 실시간으로 제공받을 수 있기 때문에 '정보의 바다'라고 표현하기도 한다. 인터넷은 전 세계 누구나 정보를 쉽고 빠르게 교환할 수 있는 개방형 구조이며, 중앙에 어떠한 통제 기구도 없다. 그러나 인터넷상에 있는 각각의 네트워크들은 클라이언트(Client)/서버(Server) 시스템을 기반으로 TCP/IP라는 표준 프로토콜을 통해 상호 연결되어 있으면서 인터넷의 성장에 많은 기여를 하고 있다. 인터넷상에 연결된 네트워크를 통해 데이터의 처리 및 전송이 용이하며, 네티즌이면 누구나 인터넷에서 제공되는 다양한 서비스를 똑같이 이용할 수 있다. 인터넷을 이용하면 시간이나 공간의 제약 없이 원하는 정보를 거의 실시간으로 제공받을 수 있을 뿐만 아니라 전 세계 사람들과 만날 수 있는 기회를 가진다.

## (3) 인터넷의 유용성

- 대부분의 인터넷 초보자들은 인터넷에 접속하면 당장 귀중한 자료를 얻을 수 있다는 기대를 가지고 있으며, 인터넷의 사용은 기하급수적으로 증가 추세에 있고 모든 영역의 분야에서 활용되고 있다. 컴퓨터뿐만 아니라 TV, 개인 휴대폰용단말기(PAD: Personal Digital Assistants), 개인휴대통신(PCS: Personal Communication System), 네트워크 컴퓨터(NC: Network Computer) 등을 통하여 인터넷을 접속할 수 있도록 다양한 신제품들이 개발되고 있다. 이러한 기술의 개발과 아울러 인터넷 방송, 인터넷 폰, 인터넷 무선 전화, 인터넷 신문, 인터넷 잡지 등 여러 가지 매체를 통한 서비스가 대폭 확대될 전망이다.

## 2 WWW의 이해

### (1) WWW의 개념

- 월드 와이드 웹(World Wide Web, WWW, W3)은 인터넷에 연결된 컴퓨터를 통해 사람들이 정보를 공유할 수 있는 전 세계적인 정보 공간을 말한다. 간단히 웹(Web)이라 부르는 경우가 많다. 이 용어는 인터넷과 동의어로 쓰이는 경우가 많으나 엄격히 말해 서로 다른 개념이다. 웹은 전자메일과 같이 인터넷상에서 동작하는 하나의 서비스일 뿐이다. 그러나 1993년 이래로 웹은 인터넷 구조의 절대적 위치를 차지하고 있다.

- 월드 와이드 웹은 인터넷상의 정보를 하이퍼텍스트 방식과 멀티미디어 환경에서 검색할 수 있게 해주는 정보검색 시스템이다. 하이퍼텍스트 형식으로 표현된 인터넷상의 다양한 정보를 효과적으로 검색하는 시스템으로 전 세계적으로 가장 널리 보급되어 있다(위키피디아).

- 웹 혹은 WWW로 알려진 월드 와이드 웹은 1989년 온라인 문서에 보충설명, 그림, 참고문헌을 상호협력하기 위한 방법의 일환으로 스위스 제네바의 유럽 분자 물리 연구소에서 만들어졌

다. 웹의 창시자는 네트워크를 통해 저장된 문서를 파일 인덱스 혹은 디렉터리를 통해 검색하지 않고, 또한 이들 문서를 보기 전에 한 컴퓨터에서 다른 컴퓨터로 손수 문서를 복사하지 않고 접근할 수 있는 간단한 방법을 만들기 원했다. 이러한 목적을 달성하기 위해 컴퓨터의 다른 위치에 저장되어 있거나 혹은 네트워크상의 다른 컴퓨터에 저장되어 있는 문서를 '링크(Link)'하는 방법을 채택했다. 만약 하나의 수백억 개의 문서 집합이 서로 다른 위치에 저장되어 있지만 어떤 방법을 이용해 모두 함께 연결되어 있다고 상상하면, 이들 문서들은 정보들이 상호 연결된 '웹'이 만들어지는 것을 상상할 수 있다. 문서의 집합과 이 연결들이 전 세계적으로 확장되어 정보의 '월드 와이드 웹'을 형성하게 되었다.

- 월드 와이드 웹에 관련된 기술은 월드 와이드 웹 컨소시엄(W3C)이 개발하고 있다. W3C는 HTML, HTTP 등의 표준화를 진행하고 있으며, 최근에는 시맨틱 웹에 관련된 표준을 제정하고 있다.

## (2) WWW의 특징

- 웹은 인터넷상에서 텍스트나 그림, 소리, 영상 등과 같은 멀티미디어 정보를 하이퍼텍스트 방식으로 연결하여 제공한다. 하이퍼텍스트(Hypertext)란 문서 내부에 또 다른 문서로 연결되는 참조를 집어넣음으로써 웹상에 존재하는 여러 문서끼리 서로 참조할 수 있는 기술을 의미한다. 이때 문서 내부에서 또 다른 문서로 연결되는 참조를 하이퍼링크(Hyperlink)라고 부른다.
- 웹에서는 HTML이라는 언어를 사용하여 누구나 자신만의 문서를 작성할 수 있다. 또한, 이렇게 작성된 웹상의 문서에 'HTTP'라는 프로토콜을 사용하면 누구나 검색하고 접근할 수 있게 된다.
- 웹에서는 HTML 언어를 사용하여 작성된 하이퍼텍스트 문서를 웹 페이지(Web Page)라고 부른다. 이러한 웹 페이지들 중에서 서로 관련된 내용으로 작성된 웹 페이지들의 집합을 웹 사이트(Website)라고 한다. 웹은 이렇게 작성된 수많은 웹 페이지들이 하이퍼링크(Hyperlink)를 통해 서로 연결되어 구성된다.
- 유저가 웹 페이지에 포함된 하이퍼링크를 따라 다른 웹 페이지로 계속 이동하는 것을 웹 서핑(Web Surfing)이라고 부르며, 이때 유저가 웹 페이지를 보기 위해 사용하는 프로그램을 웹 브라우저(Web Browser)라고 한다.

웹의 특징

① 인터넷에 존재하는 일반 텍스트 형태의 문서, 그림, 음성, 오디오, 동영상 등의 각종 데이터를 URL을 이용하여 하나의 문서 형태로 통합적으로 제공한다.

② 웹은 선택한 단어에 대한 문서를 보여주고, 이 문서 속에서 또 다른 단어를 선택함으로써 그 단어에 대한 문서를 보여 주고 하는 과정이 꼬리를 물고 계속 이어진다.

③ 웹의 프로토콜인 HTTP(HyperText Transfer Protocol)와 함께 Gopher, FTP, NNTP, Telnet, Mail 등 기존의 프로토콜을 지원하며, Archie, WAIS 등은 게이트웨이를 통하여 서비스를 제공한다.

④ 웹 문서는 하이퍼텍스트로 되어 있고, 이 문서에는 특정 단어에 대해 관련된 다른 문서를 지정하는 포인터가 있어서 사용자로 하여금 자세한 정보에 대한 선택을 할 수 있게 한다.

⑤ 하이퍼텍스트 문서는 다른 문서에 대한 포인터만이 아니라 음성, 화상, 이미지 등과 같은 다른 미디어에 대한 포인터도 함께 가지고 있으며 선택에 의해 해당 미디어 서비스를 해준다.

## (3) 웹의 구성

월드 와이드 웹을 구성하는 부분으로는 우선 하이퍼텍스트가 있다. 이를 표현하기 위해서 언어를 정의하고 이에 따라서 하이퍼텍스트를 표현하는 것이 HTML(Hyper Text Markup Language)이다. 또한 클라이언트와 서버가 존재해야 하고 이들 사이의 프로토콜인 HTTP가 있다.

### ① 클라이언트(Client)

클라이언트는 웹 브라우저(Web Browser)라고 불리는 프로그램인데 사용자의 컴퓨터에 설치되어서 HTTP를 통신 규약으로 사용하여 웹 서버와 접속한다. 이 프로그램은 사용자가 접근하고자 하는 URL을 해석하고 그것에 따라 자원(문서)을 제공하는 호스트(웹 서버)에 접속해서 자원을 이용할 수 있도록 하는 프로그램이다. 널리 이용되고 있는 웹 브라우저로는 넷스케이프의 네비게이터와 마이크로소프트의 인터넷 익스플로러 등이 있다.

### ② 서버(Server)

서버는 사용자의 클라이언트 프로그램(웹 브라우저)이 HTTP 프로토콜을 이용하여 접속하면 클라이언트 프로그램의 요청을 받아서 요청에 해당하는 자원(문서)을 클라이언트에게 전송한다. 일반적으로 전송하는 것은 HTML 형태의 문서나 이미지이다. 웹 서버는 HTTP를 디폴트로 TCP의 80번 포트에 'httpd'라는 프로그램으로 수행한다. 주로 HTML 문서가 파일 시스템 형태로 저장되어 있는 HTML 문서의 데이터베이스라고도 할 수 있다. 한편, HTML 형식이 아닌 정보를 위해 CGI(Common Gateway Interface) 프로그램을 사용하여 HTML 형태가 아닌 정보를 HTML 형식으로 바꾸어서 전송하는 경우도 있다. CGI를 이용하면 웹에서 기존 데이터베이스의 자료나 뉴스, 메일 등의 정보 서비스를 받아 볼 수 있게 웹의 기능을 확장할 수 있다.

### ③ Helper(Plug-in)

월드 와이드 웹은 다양한 멀티미디어 정보를 취급하기 때문에 컴퓨터에서 사용하는 모든 정보를 전송할 수 있다. 웹 서버에서 전송되어 오는 정보는 클라이언트 프로그램인 웹 브라우저에서 해석되고 표시되어야 하는데, 웹 브라우저가 모든 정보의 형태를 이해하고 표시할 수는 없으며, 특정한 형태의 정보는 별도의 표시방법을 통해서 정보를 해석하고 표시해야 한다. 이러한 프로그램을 Helper Program 또는 Plug-in이라고 하는데, 프로그램을 설치하면 적절한 위치에 설치되어 웹 브라우저가 Helper/Plug-in에 해당하는 정보를 받으면 호출되어 브라우저 대신 정보를 해석하고 표시하게 된다.

## (4) 웹의 작동 원리

### 웹의 작동 원리

> 클라이언트의 입장에서 링크로 연결된 호스트의 서버는 DNS를 통해 IP주소를 찾아내거나, 또는 바로 지정되는 IP주소에 URL에 명시된 프로토콜을 이용해서 상대 호스트의 서버에 접속하게 된다. HTTP 프로토콜의 경우, 지정된 호스트의 웹 서버에 HTTP를 이용하여 연결을 시도한다.

▼

> 일단, 접속이 이루어지면 Web Browser는 링크(URL)에 있는 서버에게 HTTP 프로토콜을 통해 요청하게 되고 서버는 문서를 보내기 시작한다.

▼

> 문서를 수신하는 도중에 해당 문서가 그림을 포함하거나 다른 멀티미디어 자료를 포함하고 있을 때는 서버에게 추가적으로 해당 자료를 요청하게 되며, 역시 서버는 해당 자료를 추가로 전송하게 된다.

▼

> 클라이언트라는 웹 브라우저는 기본적으로 이러한 과정을 거쳐서 링크를 따라 웹 문서로 이동하게 된다.

HTTP는 하이퍼 텍스트 문서의 교환을 위해 필요한 여러 가지 기능을 갖춘 통신 규약이기 때문에, HTML을 사용해 작성된 웹 페이지의 하이퍼텍스트 문서를 교환하는 데는 HTTP 통신규약을 사용하는 것이 가장 적합하다. 월드 와이드 웹에서 사용되는 통신규약으로 웹의 문서 교환을 위한 클라이언트/서버 TCP/IP 프로토콜이다. 클라이언트는 사용자의 웹 브라우저이며, 서버는 사용자가 원하는 자료를 갖고 있어 클라이언트가 요구하는 파일을 전송해 준다. 전송 파일은 단순 HTML 문서뿐만 아니라 일반문서, 멀티미디어(음성, 화상 정보) 등 모든 파일을 보낼 수 있다.

### ▶ 웹 관련 주요 용어

| 용어 | 설명 |
|---|---|
| 하이퍼링크<br>(Hyperlink) | • 하이퍼텍스트, 하이퍼미디어, 다른 미디어 사이를 연결하는 링크로, URL의 형식에 따라 특정문서나 파일의 위치를 찾아갈 수 있도록 한다. 웹 브라우저에서는 일반적으로 링크된 부분의 색을 일반 텍스트의 색과 달리 설정함으로써 문서의 링크를 부각시키는데, 이와 같이 하이퍼링크된 부분의 문자열을 핫 스팟(Hot Spot)이라고 한다. |
| 하이퍼텍스트<br>(Hypertext) | • 하이퍼텍스트는 문서 중간 중간에 특정 키워드를 두고 문자나 그래픽, 동영상 등을 유기적으로 결합해 만든 문서다. 즉, 하이퍼링크되어 있는 단어를 포함한 일반 텍스트 형식의 문서를 말한다. 문서의 중요한 키워드마다 다른 문서로 연결되는 통로를 만들어 여러 개의 문서가 하나의 문서인 것처럼 보여주는 방식을 가지고 있다. |
| 하이퍼미디어<br>(Hypermedia) | • 하이퍼미디어는 하이퍼텍스트의 확장된 개념으로, 정보의 저장과 관리를 위해 그래픽, 음성, 영상 등이 결합되어 있는 정보를 말한다. 즉, 일반 텍스트 문서에 대한 다른 미디어(Image, Sounds, Movie)를 포함하고 있는 문서를 말한다.<br>• 하이퍼미디어는 사용자가 자의로 선택하는 대화형 구조를 가지고 있어 인간이 주제와 내용을 연결하는 방식과 일치할 수 있는 작업 환경을 갖추고 있어야 한다. |

| URL<br>(Uniform Resource<br>Locator) | • 인터넷 웹 사이트, 웹 페이지 또는 웹 페이지에 포함된 그림 등과 같은 정보 위치를 표시하기 위해 사용하는 주소를 말한다. 즉, 인터넷상에 존재하는 각종 정보들이 존재하는 장소의 주소이다.<br>• 일반적으로 웹 브라우저에서 웹 사이트에 접속하려면 'https://www.PR.or.kr' 등과 같은 URL을 사용하는데 맨 앞의 'https'는 URL이 아니고 URL로 표시되는 자원을 통신망에서 전송하기 위해 사용되는 통신 규약(Protocol)을 의미하며 'www.PR.or.kr'가 하나의 웹 페이지에 대한 URL이 된다. |
|---|---|

## ③ 인터넷 서비스의 이해

### (1) 인터넷 서비스

인터넷에서 제공되는 다양한 기술과 프로그램들을 활용하여 인터넷 사용자들이 이용할 수 있는 기본적인 서비스는 다음과 같은 것들이 있다.

#### ① 전자메일(E-mail)

E-mail은 인터넷 사용자들과 메시지를 주고받고 파일을 보내는 수단으로 널리 이용되고 있다. 인터넷에서 가장 많이 사용되는 서비스의 하나로, 일반적으로 종이에 적어서 보내는 편지 형식을 컴퓨터 화면상으로 옮겨 네트워크를 통해 상대방에게 전송하는 것을 말한다. 편지 형식의 텍스트 파일뿐만 아니라 프로그램 파일, 그래픽 파일, 데이터 파일 등의 자료를 전송할 수 있다.

▶ E-mail 프로토콜

| SMTP<br>(Simple Mail Transfer<br>Protocol) | • TCP/IP에서 E-mail을 전달시켜 주는 프로토콜을 말한다. 기본으로 TCP25 포트를 사용한다.<br>• PC에서 메일서버로 메일을 보낼 때, 메일서버끼리 메일을 주고 받을 때 사용된다. |
|---|---|
| POP3<br>(Post Office Protocol 3) | • 메일을 수신할 때 사용하는 프로토콜로 110번 Port를 사용한다. 기본적으로 수신된 메일은 메일서버에서 삭제된다. 선택적으로 메일을 가져올 수 없다. |
| MIME<br>(Multipurpose Internet<br>Mail Extensions) | • 메일을 보내기 위한 표준 포맷이다. SMTP는 7bit ASCII 문자만을 지원하므로, 이 외의 형태의 데이터를 가지는 데이터는 제대로 전송할 수 없다.<br>• 8bit 이상의 코드를 가지는 문자나 파일을 메일 프로그램/서버에서 자동으로 MIME 형식으로 변환하여 전달한다. |
| IMAP<br>(Internet Mail Access<br>Protocol) | • 전자 우편에서 메시지의 헤더(Header) 부분만 먼저 사용자의 컴퓨터로 수신해 오고, 읽고 싶은 메일의 본문(Body)을 나중에 별도로 수신해 오는 기능을 지원하는 프로토콜이다.<br>• POP3와 비슷하나 더 많은 기능을 제공한다. 기본적으로 수신된 메일도 메일 서버에 저장된다. 사용자는 메일을 내려받기 전 헤더를 검사할 수 있다. 메일의 제목/문자열을 검색하여 일부의 내용만 볼 수 있다.<br>• 메일함이 폴더 형태로 구성되어 있어, 관리가 편하다. |

### ② FTP(File Transfer Protocol)

인터넷에 연결되어 있는 FTP 서버로부터 각종 파일을 안전하고 빠르게 주고받는 서비스이다. 인터넷에 연결된 컴퓨터에 있는 공개된 파일은 언제든지 다운로드를 받아올 수 있으며, 자신의 FTP 계정이 있는 경우에는 사용자가 전 세계 어느 장소에서든지 이 서비스를 이용할 수 있어서 파일의 이동 시 매우 편리한 기능이다. 한편, 사용자가 원하는 파일이나 프로그램이 어디에 있는지 Anonymous FTP 사이트를 대상으로 찾아 주는 파일 검색 도구를 '아키(Achie)'라고 하는데, 현재는 아키를 이용하지 않고 아키 검색엔진에서 쉽게 파일을 검색할 수가 있다.

### ③ Telnet(Telecommunication Network)

Telnet은 인터넷에 연결되어 있는 컴퓨터를 먼거리에서 원격으로 접속하여 제어하거나 조작할 수 있는 서비스이다. 자신의 컴퓨터에서 수행시킬 수 없는 기능들을 인터넷상의 다른 컴퓨터를 이용하여 수행할 수 있으며, 또한 자신의 컴퓨터를 이용하여 원격지에 있는 다른 컴퓨터를 사용하고자 할 때 이용된다. 텔넷을 이용하면 인터넷보다 먼저 우리에게 익숙했었던 하이텔, 나우누리, 천리안 등과 같은 PC 통신서비스를 인터넷과 동시에 이용할 수 있다.

### ④ 유즈넷(USENET)

인터넷 사용자들이 이용하는 전자게시판 서비스로서 다양한 뉴스 그룹을 만들어 서로의 의견을 교환하는 곳이다. 컴퓨터, 종교, 취미, 오락, 비즈니스, 과학 등 사회전반에 걸친 주제로 수백만개 이상의 토론 그룹이 있다. 자신과 동일한 취미나 관심사항을 가지고 있는 그룹에서 특정 주제에 관련된 토론을 하거나 소식을 공유하는 곳이다. 각각의 독특한 토론 주제를 가진 세계 최대의 '전자 게시판 시스템(BBS)'을 의미한다. 각각의 게시판을 하나의 'NewsGroup(뉴스그룹)'이라고 부르며 독특한 형태의 이름을 가지고 있다. 그래서 각 그룹의 이름만 정확히 알고 있으면 세계 어디에서든지 그 그룹에 등록된 글을 읽을 수 있고, 또 자신의 글을 등록할 수 있다.

### ⑤ IRC(Internet Relay Chat)

컴퓨터 통신상의 대화실과 비슷한 서비스로 전 세계의 IRC 서버에 접속하여 전 세계 사람들과 채팅을 할 수 있는 서비스이다. 인터넷 사용자는 언제든지 인터넷상에 연결된 상대방과 실시간으로 대화를 나눌 수 있다.

### ⑥ Gopher

웹이 개발되기 전까지 가장 활발히 사용하던 서비스로 텍스트 메뉴별로 인터넷 정보를 검색하는 방법이다. 정보검색 도구를 이용하여 인터넷에 연결된 전 세계의 수많은 컴퓨터 내에 있는 파일과 데이터베이스를 검색할 수 있다.

### ⑦ WWW(World Wide Web)

거미줄처럼 연결되어 있는 전 세계의 산재된 정보들을 웹 브라우저를 통해 편리하게 이용할 수 있도록 해 주는 인터넷 서비스로, 다양한 형태의 멀티미디어 데이터를 지원한다. 특히 웹 브라우저의 발달로 인해 FTP나 Gopher, E-mail 등의 서비스를 웹(Web) 상에서도 이용할 수 있게 되었으며, 현재 가장 대표적인 인터넷 서비스라고 하면 WWW로 일컬어질 만큼 급성장하고 있다.

### ⑧ 통합되는 인터넷 서비스

WWW, FTP, USENET, E-mail 등의 다양한 인터넷 서비스는 서로의 경계가 무의미해져 가고 있는데, 그 이유는 각각의 인터넷 서비스를 하나로 통합시키는 기술이 날로 발전해가고 있기 때문이다. 특히, 웹 브라우저 분야에서는 각종 인터넷 서비스들을 서로 통합하여 하나의 프로그램만으로 다양한 서비스를 즐길 수 있는 기술 개발이 계속되고 있다.

## ④ 인터넷 보안

일반적으로 보안의 정의는 네트워크 환경하의 시스템 보안과 네트워크 보안으로 나눌 수 있다. 시스템 보안은 인터넷을 구성하고 있는 컴퓨터, 네트워크 장치(라우터 등)에 대한 보안으로 여기에는 운영체제, 클라이언트/서버 어플리케이션, 파일 시스템 등에 대한 보안을 포함하며, Secure OS, 침입탐지시스템, 바이러스 백신, 파일 암호화 S/W 등 다양한 제품이 독자적으로 개발되어 사용되고 있다. 네트워크 보안은 시스템과 시스템을 연결하는 통신프로토콜에 대한 보안으로 네트워크를 통해 전송되는 데이터 보호가 가장 중요한 요소이다. 네트워크 보안은 TELNET, FTP, HTTP, SMTP 등과 같은 모든 통신 프로토콜을 통해 전송되는 데이터 보호를 의미하는데, 네트워크 특성상 상호 운용성(Inter-operability)이 요구되는 분야이기 때문에 표준단체에 의해 표준화가 이루어지고 있다.

### 인터넷 보안요소

보안상의 위협 및 공격으로부터 시스템을 보호하기 위해 ISO 7498−2에서는 **신분확인** (Authentication), **접근제어**(Access Control), **비밀보장**(Data Congidentiality), **무결성**(Data Integrity), 그리고 **부인 봉쇄**(Non-repudiation) 기능을 제시하여야 한다. 인터넷 보안을 위한 기본적 요소로는 다음과 같이 나눌 수 있다.

### ① 인증(Authentication)

– 인증은 자신의 신분을 증명하는 행위를 의미한다. 인증서비스는 자신이 합법적이고 정당한 실체임을 나타내는 **실체 인증**과 문서나 전자우편이 특정인에게 온 것임을 증명하는 **송신자 인증**이 있다. 정보시스템 사용 시 신분확인을 위한 서비스인 인증 서비스는 통신을 하는 대등 실체 사이의 실체 확인 및 데이터 발송처에 대한 실체 확인을 한다. 쉽게 말해 경고나 경보 신호와 같은 단일 메시지의 경우 인증 서비스의 기능은 메시지가 자기라고 주장하는 실제의 출처로부터 전송돼 왔

음을 수신자에게 확인시키는 것이다.

- 터미널과 호스트 컴퓨터간의 연결과 같이 진행중인 상호 교신의 경우에는 두 가지 사항이 연관된
다. 첫째, 연결이 개시될 때 인증 서비스는 연결될 두 실체가 각각 믿을 수 있는 실체임을 확인한
다. 둘째, 인증 서비스는 제 3자가 비 인가된 송수신을 목적으로 연결 당사자 중의 하나로 위장하
는 방식으로 개입되지 않았음을 확인한다.

### ② 접근 제어(Access Control)

접근제어는 비인가된 사용자의 위협으로부터 정보자원을 보호하는 것을 말한다. 사용자의
신분이 확인된 이후에는 해당 사용자가 정보자원에 대하여 어느 수준의 접근 자격을 갖고 있
는지를 결정한다. 사용자 신분이 확인된 후에 그 사용자가 명시된 자원(Resource)에 대하여
접근할 자격이 있는가를 점검하고, 다음에는 어떤 유형의 접근 동작을 수행할 수 있는가에
대한 허락을 받도록 하여야 한다. 이렇게 함으로써 보안이 필요한 자원에 대해 부당한 사용
자가 접근하지 못하도록 하는 것을 접근 제어라고 한다.

### ③ 비밀보장(Data Confidentiality)

- 비밀보장은 네트워크를 통하여 전달되는 정보가 비인가된 사용자, 주체, 그리고 여러가지의 불법
적인 행위 및 처리 등으로 인하여 그 내용이 노출되는 것을 방지하는 서비스이다. 이를 기밀성이
라 정의하기도 하는데, 이는 부당한 데이터의 노출로부터 데이터를 보호하기 위하여 제공된다.
- 메시지 내용공개에 관한 여러 단계의 보호를 구분할 수 있다. 가장 개괄적인 서비스는 두 사용자
사이의 모든 전송자료를 일정기간 보호하는 것이다. 예를 들어 두 시스템 사이에 가상 회로가 개
설됐다면 이 개괄적 보호 서비스는 그 가상 회로상에 전송된 모든 사용자 자료를 공개되지 않도록
보호하는 것이다. 이 서비스의 좀 더 제한된 형태가 정의될 수 있는데 단일 메시지 또는 한 메시지
내의 특정 필드에 대한 보호 등이 있다. 이들 세밀한 서비스는 개괄적인 방법보다 덜 유용하며 적
용하기가 더 복잡하고 비쌀 수 있다.
- 비밀보장 및 기밀성의 또 다른 면은 트래픽 흐름분석에 대한 보호로 전송자료의 출처와 목적지,
횟수, 길이, 또는 통신선로상의 트래픽 특성에 대하여 공격자가 알지 못하게 하는 것이다.

### ④ 데이터 무결성(Data Integrity)

- 데이터 무결성은 데이터의 내용이 정당하지 않은 방법에 의하여 변경 또는 삭제되는 것을 방지하
는 서비스로, 복구 기능을 갖는 접속 무결성, 복구 기능이 없는 접속 무결성, 선택영역 접속 무결
성, 비접속 무결성, 선택영역 비접속 무결성 등과 같이 다섯 가지 형태로 구분된다.
- 이 서비스는 능동적 위협(Active Threat)을 방지하며, 다음과 같은 방법 중의 하나를 택할 수 있다.
한 접속에 대하여, 접속의 설정 시에 대등한 실체 인증과 그 접속의 유지 기간 동안에 데이터 무
결성 서비스를 함께 사용하는 것은 그 접속에 전송되는 모든 데이터의 무결성을 제공받을 수 있게
된다. 그리고 순서 번호에 전송되는 모든 데이터의 무결성을 제공받을 수 있게 된다. 또한 순서
번호의 사용을 통하여 데이터의 중복을 탐지할 수 있다.

⑤ 부인봉쇄(Non-repudiation)

부인봉쇄란 송신자나 수신자가 전송 메시지를 부인하지 못하도록 막는 것을 의미한다. 따라서 메시지가 송신됐을 때 수신자는 그 메시지가 실제로 송신자에 의해서 송신됐음을 확인할 수 있게 된다. 마찬가지로 메시지가 수신됐을 때 송신자는 그 메시지가 실제로 수신자에 의해서 수신되었음을 확인할 수 있다. 흔히 이러한 목적을 위해서 해당 당사자들이 모두 안심하고 신뢰할 수 있는, 독립적이고 중립적인 제 3자로 하여금 그 당사자들간의 행위를 감독하도록 하든가, 아니면 발생된 행위를 기록하여 차후를 대비한 근거 자료로 삼기위한 로깅 및 감사 추적이 있다.

## 2 인터넷 윤리

### 1 네티켓의 이해

네티켓(Netiquette) 또는 인터넷 예절 혹은 인터넷 예의는 인터넷 공간에서 지켜야 할 예의범절이다. 영어 네티켓은 네트워크(Network)와 에티켓(Etiquette)의 합성어이다(위키피디아). 즉, 인터넷상에서 사람들이 의사소통을 하면서 상호간에 지켜야할 기본적인 약속이다. 최근의 사람들은 가상공간에서 사람들과 소통하고 있다. 이러한 가상공간에서 지켜야 할 예절이 네티켓이다. 한국은 네티즌 윤리강령을 선포하여 네티즌이 책임감을 가지고 예절을 지키도록 권고하고 있다.

#### (1) 네티켓의 핵심규칙(10계명)

1994년 미국 플로리다 대학교의 버지니아 셰어교수가 제시한 '네티즌의 핵심원칙 10가지'가 있다.

#### ① 인간임을 기억하라

가상 공간에서 우리가 명심해야 할 가장 기본적인 태도는 상대방이 나와 같은 인간이라는 점이다. 비대면 의사 소통이라는 매체의 특성과 익명성은 사람들로 하여금 음란하고 무례한 행동을 유발하기도 하고, 실생활에서는 행해질 수 없는 부분까지도 허용될 것이라는 착각을 불러일으킬 수 있다. 따라서 통신상에서 글을 게재하거나 메일을 띄울 때, "나는 지금 사람의 얼굴을 마주하고 이야기하고 있는가?"라는 질문을 스스로에게 던질 필요가 있다.

#### ② 실생활에서 적용되는 것과 똑같은 기준과 행동을 고수하라

실생활에서 대부분의 사람들은 어떠한 처분이나 적발의 두려움 때문에 나름대로 법을 준수하지만, 사이버 공간상에서는 윤리 기준이나 인간적인 행동 규범의 적용을 덜 받는다고 생각한다. 사이버 공간상에서의 행동 기준은 실생활과 다소 차이가 있지만, 보다 적은 규제를 받는 것은 아니다. 만일 사이버 공간에서 윤리적인 딜레마에 빠질 경우, 실생활에서 지켜지는 규범을 참고하여 적절한 해결책을 찾는 것이 바람직하다. 그렇지 않다면, 사이버 공간은 홉스(Hobbes)가 말하는 '자연 상태'에 이르게 될 것이기 때문이다.

### ③ 현재 어떤 사이버 공간에 접속해 있는지 알고, 그 곳의 문화에 맞게 행동하라

네티켓은 해당 영역마다 다양하다는 것을 알아야 한다. 어떤 영역에서는 허용되는 행위가 다른 영역에서는 몹시 무례한 것으로 여겨질 수 있다. 서로 다른 영역에서는 네티켓 또한 다르기 때문에 자신이 어느 곳에 접속해 있는지를 아는 것이 매우 중요하다. 따라서 사이버 공간에 새롭게 참여하고자 할 때에는 그 환경을 잘 파악하여야 한다. 대화하는 것을 상세하게 들어보거나 게재된 글을 읽어보는 등의 준비를 통해 그 곳에 소속된 사람들과 그들의 생각을 파악하고 난 후에 참여하는 것이 바람직하다.

### ④ 다른 사람의 시간을 존중하라

메일을 보내거나 토론 그룹에 글을 올릴 때, 다른 사람들의 시간에 대한 충분한 배려가 필요하다. 즉, 글을 읽게 되는 다른 사람들이 시간을 허비하지 않도록 하는 것이 글을 올리는 사람들의 책임이다. 특히 시간과 대역폭을 잘 감안해야 한다. 따라서 글을 올리기 전에 다른 사람들이 진정으로 그것을 알고 싶어 하는지를 따져 보아야 하며, 만일 다른 사람들이 원하지 않는 정보라면 그들의 시간을 빼앗지 않아야 한다.

### ⑤ 온라인에서의 자신을 근사하게 만들어라

온라인에서는 익명성이라는 특성에 따라 외양이나 행동이 아닌 그 사람이 쓴 글의 수준에 따라 평가를 받게 된다. 따라서 글의 내용에 주의를 기울이고, 무엇에 관해 말하는가를 명확히 하는 것이 중요하다. 따라서 자신이 쓴 글을 명확하고 논리적으로 만들도록 노력하고, 공격적인 언어의 사용을 자제하며, 기분 좋고 정중한 표현을 사용해야 한다.

### ⑥ 전문적인 지식을 공유하라

온라인에서 질문을 하면 수많은 지식을 보유한 사람들이 그 질문을 읽게 되고, 그들 중 일부만이 답변을 하더라도 세계의 지식을 모두 모아 놓은 듯한 효과를 가져올 수 있다. 내가 아는 무언가를 공유하고자 할 때, 그 것이 남에게 큰 도움이 되지 않을 것이라고 미리 두려워 할 필요는 없다. 질문에 대한 답변과 지식을 공유하는 것은 즐거운 일이고, 이는 네트워크상의 오랜 전통이며 세상을 좀 더 좋게 만드는 역할을 한다.

### ⑦ 논쟁은 절제된 감정 아래 행하라

논쟁은 어떤 격렬한 감정을 절제하지 않고 강하게 표현할 때 생겨난다. 논쟁은 오랜 기간 지속되어 온 관행이며, 많은 흥미를 유발시킬 수 있는 요소로 네티켓에서도 이를 허용하고 있다. 하지만 논쟁을 지속시키는 것은 금하고 있다. 격렬한 논쟁이 지속될 경우 이에 끼어들고 싶지 않은 사람들은 곧 싫증을 내게 되고, 토론 그룹의 분위기를 나쁘게 하거나 구성원들 사이의 우애를 깨뜨릴 수 있으므로 각별히 유의해야 한다.

### ⑧ 다른 사람의 사생활을 존중하라

아무리 사이버 공간상의 일이라 할지라도, 다른 사람의 사생활을 존중하지 않는 행위는 자신에게도 큰 피해를 주게 되므로 전자 우편을 비롯한 상대방의 정보를 훔쳐보거나 허가 없이 복사하여 배포하는 등 타인의 사적인 영역을 함부로 침범해서는 안 된다.

### ⑨ 자신의 권력을 남용하지 마라

사이버 공간에서 어떤 사람들은 다른 사람들보다 더 많은 권한을 가진다. 일상 사무에 능하거나 시스템을 관리하는 사람처럼 다중 사용자 영역에서 재능을 보이는 사람들이 있다. 그러나 잘 안다거나 더 많은 권한을 지닌다고 해서 다른 사람들을 이용할 수 있는 권리가 부여되는 것은 아니므로 자신에게 부여된 권한을 함부로 남용해서는 안 된다.

### ⑩ 다른 사람의 실수를 용서하라

누구나 처음엔 초보자이다. 따라서 누군가 실수를 할 때 친절을 베풀 줄 알아야 한다. 아주 사소한 실수라면 그냥 넘기고, 비록 그것이 크다고 느껴질지라도 지적은 정중해야 한다. 타인의 실수를 지적할 때에도 상대방이 신중하게 생각하도록 하고, 비공개적인 개인 메일을 보내는 것이 좋다. 또한 의심이 가는 부분들에 대해서는 좋게 해석해 주는 것이 바람직하다.

## (2) 네티켓의 기본정신

① 사이버 공간의 주체는 인간이다.
② 사이버 공간은 공동체의 공간이다.
③ 사이버 공간은 누구에게나 평등하며 열린 공간이다.
④ 사이버 공간은 네티즌 스스로 건전하게 가꾸어 나간다.

## (3) 네티켓의 사용 영역별 수칙

### ① 전자 우편을 사용할 때의 네티켓

- 날마다 메일을 체크하고 중요하지 않은 메일은 즉시 지운다.
- 자신의 ID나 비밀번호를 타인에게 절대 공개하지 않는다.
- 메시지는 가능한 짧고 읽기 편하게 요점만 작성한다.
- 본인이 누구인지 분명하게 밝힌다.
- 전자 우편은 회수가 불가능하다는 것을 기억해야 한다.
- 메일 송신 전에 주소를 다시 한 번 확인한다.
- 흥분한 상태에서는 메일을 보내지 않는다.
- 제목은 메일의 내용을 함축하여 간략하게 쓴다.
- 타인에게 피해를 주는 비방이나 욕설을 하지 않는다.
- 행운의 편지, 메일폭탄 등에 절대 말려들지 않는다.
- 수신 메일을 송신자의 허락 없이 다른 사람에게 다시 전송하지 않는다.
- 첨부 파일의 용량을 줄여 수신자가 바로 열어볼 수 있게 한다.

② 대화방에서의 네티켓

- 마주보고 이야기하는 마음가짐으로 임한다.
- 자기 자신을 먼저 소개하고 대화에 참여한다.
- 만나고 헤어질 때에는 인사를 한다.
- 진행 중인 대화의 내용과 분위기를 파악한 후 대화에 참여한다.
- 대화에서는 모두에게 '님'자를 붙이고 존칭을 사용한다.
- 초보자가 들어올 경우 기다려 주며, 친절하게 가르쳐 준다.
- 같은 내용의 말을 한꺼번에 계속 반복해서 치지 않는다.
- 여러 사람과 동시에 대화할 때에는 상대방을 혼동하지 않도록 한다.
- 지극히 개인적인 논조는 피한다.
- 광고, 홍보 등의 목적으로 악용하지 않는다.
- 유언비어, 속어와 욕설, 음란성 대화를 금한다.
- 상호 비방이나 명예 훼손의 우려가 있는 내용은 금한다.
- 센스 있고 미소를 자아내는 대화를 유도한다.
- 다른 사람의 아이디(ID)로 접속하여 대화하지 않는다.

③ 게시판 네티켓

- 게시판의 글은 명확하고 간결하게 쓴다.
- 게시물의 내용을 잘 설명할 수 있는 알맞은 제목을 사용한다.
- 문법에 맞는 표현과 올바른 맞춤법을 사용한다.
- 다른 사람이 올린 글에 대한 지나친 반박을 삼간다.
- 사실 무근의 내용을 올리지 않는다.
- 자기의 생각만을 고집함으로써 상대방에게 불쾌감을 주지 않도록 한다.
- 타인의 아이디(ID)를 도용하거나 다른 사람의 신상 정보를 누출하지 않는다.
- 내용이 같은 글을 반복하여 올리지 않는다.
- 공지 사항을 미리 확인하고, 각 게시판의 성격에 맞는 글을 올린다.
- 욕설, 음란물, 내용 없는 글, 저작권을 침해하는 글 등을 올리지 않는다.

④ 공개 자료실 네티켓

- 상업용 소프트웨어를 올리지 않는다.
- 음란물을 올리지 않는다.
- 프로그램을 올릴 때에는 사전에 바이러스 감염 여부를 점검한다.
- 유익한 자료를 받았을 때에는 올린 사람에게 감사의 편지를 보낸다.
- 공개 자료실에 등록할 자료는 가급적 압축한다.

⑤ 유즈넷 네티켓

- 기사들을 반드시 읽어보고 그룹의 분위기, 서술 방식 등을 파악한다.
- 많은 사람들이 자신의 기사를 보고 있다는 것을 항상 명심한다.

- 기사는 간결하게 요점만 작성한다.
- 기사에는 자신의 이름과 연락처를 적어 보낸 사람을 분명하게 밝힌다.
- 회답할 때에는 뉴스 그룹 전체에 회답할 지를 잘 판단한다.
- 제목에는 기사의 내용을 함축할 수 있는 단어를 쓴다.
- 내가 알고 있는 질문에는 친절하게 답한다.
- 도움을 준 사람에 대한 고마움의 글은 개인 메일로 보낸다.
- 교차 투고를 하지 않는다.
- 쓸데없는 선정적인 화제에 끼어들지 않는다.
- 올린 기사에 잘못이 있으면 빨리 취소한다.
- 해당 뉴스 그룹의 주제와 관련 없는 내용은 올리지 않는다.
- 광고는 원하는 그룹에게만 전달하되, 상업적인 광고는 올리지 않는다.

## ⑥ 웹(www) 문서 작성 네티켓

- 문서상에 아주 큰 그래픽 이미지를 넣지 않는다. 불가피할 경우 선택한 사람만 접속할 수 있도록 한다.
- 비디오, 오디오 파일을 포함할 경우 파일 크기를 미리 알려 내려받을 시간을 추측할 수 있도록 한다.
- URL은 표준 표기를 따르도록 하고, 자주 변경하지 않는다.
- URL이 불명확할 경우 우선 도메인 주소를 먼저 액세스한다.
- 문서가 단지 그래픽으로만 구성되었더라도 텍스트 링크를 포함한다.
- HTML 문서 하단에 작성자의 전자 우편 주소를 넣어, 사용자와의 대화 통로를 열어 둔다. 또한 방명록에는 자신의 코멘트나 사인을 남겨 준다.
- 문서는 최소한 일주일에 한 번 이상 갱신하고, 최신 수정일을 알려준다.
- 자신의 고유 저작물에 대해서는 상표권 또는 저작권을 반드시 게재한다.
- 원하는 정보에 접근하기 위해 너무나 많은 화면을 거치지 않도록 한다.

## ⑦ 다른 컴퓨터 사용(Telnet) 및 파일 전송(FTP) 네티켓

- 원격 접속시 호스트 첫 화면의 공지 사항을 반드시 읽어본다.
- 자료는 개인 PC의 디스크로 내려 받는다.
- 문서 파일을 내려 받은 후에는 오프라인 상태에서 읽는다.
- 익명 FTP를 사용할 때에는 자신의 전자 우편 주소를 정확하게 기입한다.
- 자료를 올릴 때에는 동일한 파일이 있는지를 살펴본다.
- 고의로 정보를 지우지 않는다.
- 자료를 올릴 때에는 버그나 바이러스 감염 여부를 사전에 검색한다.
- 대용량 자료를 내려 받을 때에는 가능한 붐비지 않는 시간을 이용한다.
- 공용 폴더를 사용할 경우, 자신의 이름으로 하위 폴더를 만들어 사용한다.
- 시간 제약이 있는 사이트의 경우, 해당 사이트 사용 시간을 지킨다.
- 쉐어웨어(Shareware) 프로그램의 계속 사용은 일정 요금을 지불하여야 한다.
- 자료를 내려 받을 때에 저작권이나 상표 사용 동의 여부를 반드시 확인 한다.

### ⑧ 공용 컴퓨터를 사용할 때의 네티켓

- 아이디(ID)와 비밀 번호를 남겨 두지 않는다.
- 오랜 시간 컴퓨터를 독점하여 사용하지 않는다.
- 컴퓨터의 환경 설정을 함부로 변경하지 않는다.
- 다른 사람이 사용할 수 없도록 암호를 걸어 놓지 않는다.
- 설치되어 있는 프로그램 위치를 뒤바꾸거나 삭제하는 일이 없도록 한다.
- 장애가 발생했을 경우 즉시 다른 사용자들과 운영자에게 알린다.

### ⑨ 홈페이지를 작성할 때의 네티켓

- 홈페이지의 HTML 문서에 지나치게 큰 그래픽 이미지를 넣지 않는다.
- 홈페이지에 비디오나 오디오 파일을 게시할 경우 파일 크기를 분명하게 적어둔다.
- 사이트의 이름과 URL을 일치시키는 것이 좋다.
- 그래픽 파일이 많은 홈페이지는 텍스트 전용 모드를 따로 설정해 둔다.
- 문서 소스의 태그에 실제 URL을 적어 주는 것이 좋다.
- 홈페이지의 최근 업데이트 날짜를 적어 주는 것이 좋다.
- 저작권 도용, 음란물, 사이버 매춘, 체인메일 등은 일종의 범죄 행위로 홈페이지 운영자가 해당 정보의 이용에 따른 법적 책임을 진다.

### ⑩ 인터넷 게임 네티켓

- 게이머도 일종의 스포츠맨이므로 스포츠맨십을 가져야 한다.
- 상대방에게 항상 경어를 사용한다.
- 이겼을 때는 상대를 위로하고 졌을 때는 깨끗하게 물러서야 한다.
- 매일 본다고 상대를 존중하는 것을 잊어서는 안 된다.
- 게임 중에 일방적으로 퇴장하는 것은 무례한 일이다.
- 온라인 게임은 온라인상의 오락으로 끝나야 한다.
- 인터넷 게임에 너무 집착하지 않는다.

## 2 정보윤리 및 개인정보보호

### (1) 정보윤리

- 정보윤리는 정확한 정의는 없지만 일반적으로 '정보사회에서 야기되고 있는 윤리적 문제들을 해결하기 위한 규범 체계로 단순히 정보통신기기를 다루는 데 있어서 뿐만 아니라 정보사회를 살아가는 데 있어서 옳고 그름, 좋고 나쁨, 윤리적인 것과 비윤리적인 것을 올바르게 판단하여 행동하는데 필요한 규범적인 기준 체계'로 정의할 수 있다(이동영, 사이버정보윤리).
- 정보통신기술이 만들어낸 사이버 공간은 현실 세계와는 매우 다른 복잡한 특성을 가진 새로운 공간이므로, 추상적이고 복잡한 현상 속에서 우리가 규범적 판단을 내리는 데 도움이 되는 하

나의 도덕적 척도나 나침반으로서의 역할을 수행할 수 있는 기본 원칙이 필요하다.

- 정보사회에서의 인간완성에 기여할 수 있는 네 가지 도덕적 원칙은 **존중**(Respect), **책임**(Responsibility), **정의**(Justice), **해악금지**(Non-maleficence)이다.

### ① 존중(Respect)

- 사이버 공간은 익명적 의사소통 및 타자의 상실에 따라 상대방에 대한 존중심이 쉽게 약해질 수 있으므로, 비록 눈에 보이지는 않더라도 상대방의 실체나 견해를 적극적으로 존중하려는 자세가 더욱 필요한 공간이다.
- 정보통신윤리 원칙으로의 존중은 먼저 자신에 대한 존중을 의미하는 것이고, 자신에 대한 존중은 우리 자신의 생명과 몸을 본래적 가치를 지닌 것으로 대우할 것을 요구하는 것이다. 따라서 사이버 공간에 탐닉하여 자신의 몸을 돌보지 않는 것은 바로 육체와 정신의 합체로서 자기 자신에 대한 존중을 위배하는 것이라고 할 수 있다.
- 존중은 타인에 대한 존중을 의미하며, 특히 타인의 지적 재산권, 프라이버시, 다양성 등을 인정하고 존중하는 것을 의미하고, 모든 다른 사람들을 우리 자신과 똑같은 존엄성과 권리를 가진 사람으로 대우할 것을 요구하는 것이다.
- 사이버 공간에서는 모든 행동이 상대방이 눈에 보이지 않는 '타자의 상실' 속에서 일어나므로, 상대방의 존재를 인정하려는 존중의 원칙이 절대적으로 필요하다. 만약 존중의 원칙이 중시되지 않는다면, 사이버 공간은 평등한 개인들끼리 자기의 이익을 극대화하기 위한 '만인 대 만인의 투쟁' 장소가 될 수 있기 때문이다.

### ② 책임(Responsibility)

- 책임은 서로를 보살피고 배려해야 할 우리의 적극적인 책무를 강조하는 것이다. 사이버 공간에서는 통일적 정체감과 역할의 상실에 따른 책임 회피가 쉽게 일어날 수 있으므로, 현실 세계보다도 더 높은 수준의 책임 의식이 요구된다.
- 정보통신윤리 기본 원칙으로의 도덕적 책임은 예상적 책임과 소급적 책임으로 구별할 수 있다. 예상적 책임이란 내가 어떤 사건 전에, 주의를 기울이거나 관심을 가져야 할 문제들에 대한 것으로 사이버 공간에서는 누구나 예외 없이 예상적 책임을 지니고 있다고 할 수 있다.

> ▷ 소급적 책임
>
> 어떤 사건 후에, 한 행위자로서 나에게 원인으로 돌려질 수 있는 사건이나 결과들에 대한 책임을 의미한다. 우리가 의도적으로 한 행위의 결과들에 대해서는 대부분 분명하게 소급적 책임이 있다. 내가 어떤 예견된 결과에 대해 책임이 있다고 말하는 것, 혹은 내가 막지 못한 것에 대해 책임이 있다고 말하는 것은 내가 행동해야 할 방법을 결정함에 있어 그 결과 혹은 그 해로움에 대하여 주의를 기울여야만 한다는 것을 뜻하며, 이러한 책임의 원칙은 존중의 원칙을 구체적으로 실현하는 방법이기도 하다.

### ③ 정의(Justice)

- 정의란 모든 인간이 자율적 의지로 공정하다고 인정할 수 있는 기준이어야 한다. 이를 사이버 공간에 적용하면, 모든 인간은 개인의 기본적 자유를 최대한으로 펼칠 동등한 권리를 갖고 있고, 또한 공평하고 동등한 기회와 자유로운 분위기가 보장되지만 능력차이로 인한 결과에 대해서는 차등의 원리에 따라 그에 적합한 보상을 해야 한다는 것으로 해석될 수 있다.
- 사이버 공간에서 각자는 자신이 제공하는 정보의 진실성, 비편향성, 완전성, 공정한 표현을 추구해야 하며, 타인의 기본적 자유와 권리를 침해하지 않아야 한다.

### ④ 해악금지(Non-maleficence)

- 해악금지란 남에게 피해를 주지 않으며, 타인의 복지에 대해 배려하는 것을 뜻한다. '남에게 해로움을 주지 마라'라는 소극적 의미에서의 해악금지는 흔히 '최소한의 도덕'으로 통하고 있다. 적극적 개념으로서의 해악금지란 우리가 다른 사람의 복지를 증진시키는 방식으로 행동해야 하는 것을 뜻한다.
- 사이버 성폭력, 크래킹, 바이러스 유포 등의 행위들은 타인에게 명백하게 해를 끼치는 것이므로 마땅히 지양해야 할 행동이다. 정보 기술의 특성상, 사이버 공간에서의 비도덕적 행동은 불특정 다수에게 엄청난 피해를 준다. 따라서, 사이버 공간이 인간의 모습을 한 따뜻하고 정감 있는 공간이 되기 위해서는 타인의 복지를 증진시키는 방향으로 행동해야 한다.

## (2) 개인정보보호

개인정보란 개인의 신체, 재산, 사회적 지위, 신분 등에 관한 사실, 판단, 평가 등을 나타내는 일체의 모든 정보를 말한다(KISA).

▶ 개인정보의 유형

| 유형구분 | 개인정보 항목 |
|---|---|
| 일반정보 | 이름, 주민등록번호, 운전면허번호, 주소, 전화번호, 생년월일, 출생지, 본적지, 성별, 국적 |
| 가족정보 | 가족구성원들의 이름, 출생지, 생년월일, 주민등록번호, 직업, 전화번호 |
| 교육 및 훈련정보 | 학교출석사항, 최종학력, 학교성적, 기술 자격증 및 전문 면허증, 이수한 훈련 프로그램, 동아리활동, 상벌사항 |
| 병역정보 | 군번 및 계급, 제대유형, 주특기, 근무부대 |
| 부동산정보 | 소유주택, 토지, 자동차, 기타소유차량, 상점 및 건물 등 |
| 소득정보 | 현재 봉급액, 봉급경력, 보너스 및 수수료, 기타소득의 원천, 이자소득, 사업소득 |
| 기타 수익정보 | 보험(건강, 생명 등) 가입현황, 회사의 판공비, 투자프로그램, 퇴직프로그램, 휴가, 병가 |
| 신용정보 | 대부잔액 및 지불상황, 저당, 신용카드, 지불연기 및 미납의 수, 임금압류 통보에 대한 기록 |
| 고용정보 | 현재의 고용주, 회사주소, 상급자의 이름, 직무수행 평가기록, 훈련기록, 출석기록, 상벌기록, 성격 테스트결과 직무태도 |

| | |
|---|---|
| 법적정보 | 전과기록, 자동차 교통 위반기록, 파산 및 담보기록, 구속기록, 이혼기록, 납세기록 |
| 의료정보 | 가족병력기록, 과거의 의료기록, 정신질환기록, 신체장애, 혈액형, IQ, 약물테스트 등 각종 신체테스트 정보 |
| 조직정보 | 노조가입, 종교단체가입, 정당가입, 클럽회원 |
| 통신정보 | 전자우편(E-mail), 전화통화내용, 로그파일(Log File), 쿠키(Cookies) |
| 위치정보 | GPS나 휴대폰에 의한 개인의 위치정보 |
| 신체정보 | 지문, 홍채, DNA, 신장, 가슴둘레 등 |
| 습관 및 취미정보 | 흡연, 음주량, 선호하는 스포츠 및 오락, 여가활동, 비디오 대여기록, 도박성향 |

## 개인정보 침해

개인정보 침해란 개인의 동의 없이 정보가 수집되어 이용되거나 제 3자에게 전달되는 것을 말한다. 개인정보 침해 유형은 2가지로 나뉘어진다.

▶ 개인정보 침해 유형

| 유형 | | 설명 |
|---|---|---|
| 1차 침해유형 | | • 다양한 경로를 통해 공공기관이나 일반기업에서 선의적인(관리부주의 및 실수) 목적과 악의적인(내부유출, 해킹 등) 목적에 의해 일어나는 개인정보 침해 사고를 말한다. |
| 2차 침해유형 | | • 명의도움, 불법유통 등 1차 침해로 인해 유출된 개인정보로 발생하는 침해사고를 말한다. |
| | 명의도용 | • 인터넷 회원가입 명의 도용 - 성명, 주민등록번호를 이용한 침해 사고로 발생 가능성 높음<br>• 기존회원 자격 도용 - ID, PW, 성명, 주민등록번호를 이용한 침해 사고로 발생 가능성 중간<br>• 오프라인 서비스 명의 도용 - 성명, 주민등록번호, 주소를 이용한 침해 사고(대포폰, 대포통장)로 발생 가능성 낮음 |
| | 불법유통유포 | • 개인정보 불법유통 - 전 개인정보의 침해 사고(통신사 영업점 및 각종 TM)로 발생 가능성 높음<br>• 인터넷 유포 - 전 개인정보의 침해사고(중구 웹 사이트에 유포가능)로 발생 가능성 중간 |
| | 스팸 및 피싱 | • 불법 스팸 - 이메일, 전화번호의 침해 사고로 발생 가능성 높음<br>• 보이스피싱 - 성명, 전화번호의 침해 사고로 발생 가능성 높음 |
| | 금전적 이익 수취 | • 신분증 위조 - 성명, 주민등록번호의 침해 사고로 발생 가능성 낮음(전문 위조기술 필요)<br>• 금융범죄 - 계좌번호 등의 침해사고로 발생 가능성 낮음 |
| | 사생활 침해 | • 사생활 정보 유출 - 전 개인정보의 침해사고로 블로그, 미니홈피 비공개 내용 유출 등 발생 가능성 중간 |

## ① 개인정보 오남용 피해예방 10계명(KISA)

| 1 | 회원가입을 하거나 개인정보를 제공할 때에는 개인정보처리방침 및 약관을 꼼꼼히 살피기 |
|---|---|
| | • 개인정보처리자는 [개인정보보호법]에 따라 회원가입 등의 방법으로 개인정보를 수집하고자 할 경우, 개인정보 처리 목적, 처리 및 보유기간, 제3자 제공에 관한 사항, 정보주체의 권리·의무 및 행사방법, 위탁 업무의 내용 등 개인정보 취급 관련 내용을 개인정보처리방침에 포함하여 공개하도록 하고 있다. 따라서 이용자는 회원가입을 하거나 개인정보를 제공할 경우 사업자의 개인정보 처리 목적 등을 자세히 검토한 후 가입/제공 하여야 한다. |
| 2 | 회원가입 시 비밀번호를 타인이 유추하기 어렵도록 영문/숫자 등을 조합하여 8자리 이상으로 설정 |
| | • 안전한 패스워드란 본인이 아닌 다른 사람이 쉽게 추측할 수 없으며, 인터넷을 통해 전송되는 정보를 해킹하여 이용자 패스워드를 알 수 없거나, 알 수 있어도, 패스워드를 알아내는데 많은 시간이 요구되는 패스워드를 말한다. |
| 3 | 자신이 가입한 사이트에 타인이 자신인 것처럼 로그인하기 어렵도록 비밀번호를 주기적으로 변경 |
| | • 권장하는 패스워드 변경주기는 6개월이며 패스워드 변경 시 이전에 사용하지 않은 새로운 패스워드를 사용하고 변경된 패스워드는 예전의 패스워드와 연관성이 없어야 한다. |
| 4 | 가급적 안전성이 높은 주민번호 대체수단(아이핀: i-PIN)으로 회원가입을 하고, 꼭 필요하지 않은 개인정보는 미입력 |
| | • 아이핀(i-PIN)은 인터넷상 개인식별번호(Internet Personal Identification Number)로, 대면확인이 어려운 온라인에서 본인확인을 할 수 있는 수단의 하나이다. 인터넷 이용자가 주민등록번호를 제공하지 않으면서 본인확인을 할 수 있는 방법이므로 개인정보(주민등록번호)의 오/남용을 줄일 수 있다. |
| | • i-PIN은 이용자가 인터넷 사이트 회원가입이나 성인인증 등을 위해 자신의 신원정보를 본인확인기관에 제공하고 본인확인이 필요할 때마다 식별ID와 비밀번호를 이용하여 본인확인을 받는 방법으로, 다수의 본인확인 기관이 서비스를 제공하고 있다. |
| 5 | 타인이 자신의 명의로 신규 회원가입 시 즉각 차단하고, 이를 통지받을 수 있도록 명의도용 확인서비스를 이용 |
| | • 자신의 개인정보가 노출되어 타인이 자신의 명의로 자신도 모르게 회원가입이 되어있는 경우가 있으므로 명의도용 확인 서비스를 이용하여 인터넷 가입정보 확인, 정보도용 차단, 실명인증 기록 조회 등을 확인할 수 있다. |
| 6 | 자신의 아이디와 비밀번호, 주민번호 등 개인정보가 공개되지 않도록 주의하여 관리 |
| | • 자신의 개인정보가 노출되어 타인이 자신의 명의로 자신도 모르게 회원가입이 되어있는 경우가 있으므로 명의 도용확인 서비스를 이용하여 인터넷 가입정보 확인, 정보도용 차단, 실명인증 기록 조회 등을 확인할 수 있다. |
| 7 | 인터넷에 올리는 데이터에 개인정보가 포함되지 않도록 하며, P2P로 제공하는 자신의 공유폴더에 개인정보 파일이 저장되지 않도록 유의 |
| | • P2P(Peer to Peer)서비스는 인터넷에 연결된 모든 개인 PC로부터 직접 정보를 제공받고 검색은 물론 내려 받기까지 할 수 있는 서비스로 웹사이트에 한정되어 있던 정보추출 경로를 개인, 회사가 운영하는 DB까지 확대할 수 있다. 따라서 자신의 개인정보 또는 다른 사람의 개인정보를 공유폴더에 저장하여 P2P 사이트에 올리는 것은 개인정보 노출 및 오/남용을 극대화 하는 것이라 볼 수 있으므로, 개인정보가 포함된 파일은 홈페이지나 공유폴더에 게시하지 않고 개인 메일로 전송하거나 오프라인에서 배포하여야 한다. |
| 8 | 금융거래 시 신용카드 번호와 같은 금융 정보 등을 저장할 경우 암호화 하여 저장하고, 되도록 PC방 등 개방 환경은 이용하지 않기 |
| | • 신용카드 번호와 같은 금융정보 등의 중요한 개인정보들을 문서에 작성하여 저장할 경우 암호화기능을 제공하는 문서프로그램(한글, MS 오피스 등)을 사용해야 한다. 개인정보가 담긴 문서를 프린트하여 다른 사람들이 볼 수 있는 곳에 두거나, 문서파일을 PC방 등 개방 환경에서 사용 및 복사를 자제하고, 복사 시 반드시 삭제하여야 한다. |

**9** 　인터넷에서 아무 자료나 함부로 다운로드 하지 않기

- 인터넷상에서 정확히 모르는 파일을 다운로드 하게 되면 그 파일이 개인정보를 유출하는 프로그램일 경우도 있고 해킹 프로그램일 수도 있어 파일을 다운로드 시행 했을 시 이용자 개인 PC에 있는 개인정보를 유/노출 시킬 수 있으므로 파일 내역을 잘 모르거나 의심이 가는 자료는 다운로드 하지 않는다.

**10** 　개인정보가 유출된 경우 해당 사이트 관리자에게 삭제를 요청

- 삭제를 요청했는데 처리되지 않는 경우 즉시 개인정보 침해신고를 해야 한다.

## ② 스마트폰 이용자 10대 안전 수칙

- 의심스러운 애플리케이션 다운로드 하지 않기
- 신뢰할 수 없는 사이트 방문하지 않기
- 발신인이 불명확하거나 의심스러운 메시지 및 메일 삭제하기
- 비밀번호 설정 기능을 이용하고 정기적으로 비밀번호 변경하기
- 블루투스 기능 등 무선 인터페이스는 사용시에만 켜놓기
- 이상증상이 지속될 경우 악성코드 감염여부 확인하기
- 다운로드한 파일은 바이러스 유무를 검사한 후 사용하기
- PC에도 백신프로그램을 설치하고 정기적으로 바이러스 검사하기
- 스마트폰 플랫폼의 구조를 임의로 변경하지 않기
- 운영체제 및 백신프로그램을 항상 최신 버전으로 업데이트 하기

## ③ 메신저 피싱 방지 5계명

**1** 　메신저로 금전을 요구하는 경우 반드시 전화를 통해 확인하기

- 메신저를 통해 금전 송금을 요구할 경우 반드시 해당 본인임을 전화를 통해 확인한다(특히, 전화할 수 없는 상황 등 본인 확인을 피하고자 할 경우에는 일체 대응하지 않는다).
- 금전을 송금한 경우에는 즉시 이체한 은행의 콜센터를 통해 은행 계좌 지급정지 요청을 한 후 메신저 비밀번호를 변경한다.

**2** 　메신저를 통해 개인정보를 알려주지 않기

- ID, 주민번호, 계좌, 신용카드 번호 등 중요한 신상정보는 절대로 메신저를 통해 전달하지 않는다. 필요할 경우 명의도용 확인 서비스를 이용하여 회원가입, 실명인증 등의 시도 시 즉각 확인하고, 차단한다.

**3** 　정기적으로 메신저 비밀번호를 변경, 관리하기

- 메신저를 이용하는 웹사이트의 비밀번호를 다른 사이트 및 본인의 개인정보와 연관성이 없도록 설정하고, 정기적으로 변경한다.

**4** 　공공장소에서는 메신저 사용을 자제하기

- PC방 등 공공장소에서는 다수의 사람이 다양한 웹사이트에 접속 · 이용하기 때문에 악성코드 또는 바이러스에 감염되어 있을 위험성이 높으므로 메신저 등 인터넷 사용을 자제하고, 사용 후 반드시 로그아웃 한다.

**5** 　메신저 자체 보안 설정 및 보안 프로그램을 최신 버전으로 업데이트 하기

- 메일 · 메신저를 통해 보내진 출처를 알 수 없는 URL에 접속하거나 인터넷에서 아무 자료나 함부로 다운로드 하지 않고, 유사 시 사전에 바이러스 등을 차단 · 치료할 수 있도록 보안 업데이트를 항상 최신상태로 유지한다.
  - 메신저 보안 설정 방법: 메신저상 환경설정 또는 옵션의 보안 메뉴 이용

### ④ 보이스피싱 피해예방 10계명

**1    미니홈피, 블로그 등 1인 미디어 내에 전화 번호 등 자신 및 가족의 개인정보를 게시하지 않기**

- 미니홈피 및 블로그에 올려 진 전화번호 등 개인 및 가족의 연락처 정보가 범죄에 악용되기도 한다. 따라서 미니홈피 및 블로그에는 범죄에 악용될 수 있는 휴대폰 번호 등의 개인정보를 게시하지 않거나, 가까운 사람들만이 볼 수 있도록 콘텐츠 접근 권한을 제한하여야 한다.

**2    종친회, 동창회, 동호회 사이트 등에 주소록 및 비상연락처 파일을 게시하지 않기**

- 전화 사기범은 종친회, 동창회, 동호회 사이트에 올려진 주소록이나 비상연락처 파일을 범죄에 이용하기도 한다. 따라서 이와 같은 개인정보가 포함된 파일은 홈페이지에 게시하지 않고 개인 메일로 전송하거나 오프라인에서 배포하여야 한다.

**3    자녀 등 가족에 대한 비상시 연락을 위해 친구나 교사 등의 연락처를 확보**

- 전화 사기범은 상대방의 전화로 욕설 전화 등을 계속 걸어 전화기 전원을 끄도록 유도한 후 연락이 되지 않은 틈을 타서 가족에게 전화를 걸어 납치한 것처럼 위장하여 송금을 요구하기도 한다. 따라서 자녀의 친구나, 교사 등 가족의 휴대폰 전원이 꺼져 있는 경우에 연락 가능한 추가적인 연락처를 확보해야 한다.

**4    전화를 이용하여 계좌번호, 카드번호, 주민번호 등 정보를 요구하는 경우 일체 대응하지 않기**

- 금융기관, 수사기관, 감독기관 등 어떠한 기관도 전화를 이용하여 개인정보나 금융거래 정보를 요구하는 경우가 없으므로 이러한 전화는 모두 사기 전화이다. 또한 상대방 유도에 따라 혹은 항의하기 위해 9번 버튼을 눌러 통화를 시도하는 경우 수신자 부담 전화 요금을 부과하기도 하니 절대로 통화를 해서는 안 된다.

**5    현금지급기(CD/ATM)를 이용하여 세금 또는 보험료 환급, 등록금 납부 등을 하여 준다는 안내에 일체 대응하지 않기**

- 금융기관, 국세청, 법원 등 어떠한 기관도 현금지급기를 이용하여 환불하여 주는 경우는 없다.

**6    동창생 또는 종친회원이라고 하면서 입금을 요구하는 경우 반드시 사실관계를 재확인 하기**

- 동창생 및 종친회원을 가장하여 문자메시지 또는 전화로 계좌번호를 알려주며 입금을 요구하는 경우 반드시 사실관계를 재확인 하여야 한다.

**7    발신자 전화번호 확인**

- 전화 사기범들이 사용하는 전화는 추적을 피하기 위해 발신자 표시가 없거나 001, 008, 030, 086 등 처음 보는 국제전화번호를 사용하므로 반드시 발신자 전화번호를 확인하여야 한다.

**8    자동응답시스템(ARS)을 이용한 사기 전화를 주의**

- 전화나 문자메시지로 은행직원 등이라 사칭하며 카드대금 연체, 카드부정발급 등에 대한 조사를 위하여 사기범의 자동응답시스템으로 통화를 유도한 후, 계좌번호, 카드번호 등을 입력하라고 하여 금융정보를 빼가는 경우가 있으니 특히 이를 주의하여야 한다.

**9    휴대폰 문자서비스 적극 이용하기**

- 계좌이체, 신용카드 사용 내역 등 본인계좌에서 돈이 빠져나가는 것을 바로 인지할 수 있도록 휴대폰 문자서비스(SMS)를 적극 이용하는 것이 좋다.

**10   속아서 전화사기범들 계좌에 자금을 이체했거나, 개인정보를 알려준 경우 즉시 관계 기관에 신고하기**

- 전화 사기범들은 즉시 이체된 자금을 인출해 가므로 거래은행 직원 또는 거래은행 콜센터에 신속히 지급정지를 요청하여 사기범들이 자금을 인출해 가지 못하도록 해야 한다. 자금을 송금한 전화 사기범 계좌 은행 콜센터 및 창구를 통해 할 수 있다.

# 1 정보검색의 이해 및 활용

## 1 정보검색의 개념 및 방법

### (1) 정보검색의 개념

정보검색은 대량의 정보 중에서 필요한 정보를 신속·정확하게 찾아내는 것을 목적으로 한다. 정보검색이란 용어는 1950년 Moores가 처음으로 사용하였으나, 정보검색이라는 의미가 일반화된 것은 1954년 Cleverdon과 Thorne이 그들이 발표한 보고서에서 이 용어를 사용한 때부터로 보고 있다. 정보의 바다라고 하는 인터넷에서 자신이 원하는 또는 누군가가 필요로 하는 정보를 찾아내기란 쉬운 것만은 아니다. 시간이 흐를수록 수없이 많은 사이트들이 생겨남으로 해서 정보의 양은 점점 커지는 반면, 그만큼 불필요한 쓰레기도 많아지고 있다. 따라서, 정보검색을 잘하기 위해서는 기본 원칙들을 지키는 것이 바람직하다.

### (2) 정보검색의 방법

#### ① 정보원(Resource)에 대한 이해

검색엔진의 도움말은 수시로 접속하여 변화된 사항을 점검한다. 찾고자 하는 정보의 형태에 따라 적합한 검색엔진을 선택할 수 있어야 한다. 그리고 전문 DB의 검색 대상을 정확히 파악하고 검색에 임해야 하며, 검색 결과를 보여주는 방법이나 기능을 비교 분석할 수 있어야 한다. 검색엔진이 인터넷상에 있는 모든 정보를 찾아주는 것이 아니다. 웹의 정보만을 대상으로 검색해서는 안 되며, 유즈넷, FTP, 메일링 리스트 등도 검색 정보원이 될 수 있다.

#### ② 검색 방법의 다양화

검색엔진에서 지원하는 연산자의 종류와 연산기호를 정확하게 파악하고, 주제별 또는 단어별 검색엔진들의 특징을 적절히 활용하여 검색한다. 검색엔진에서 지원하는 옵션 검색 또는 필드 검색 조건을 파악한 뒤, 검색엔진에서 지원하는 기본 검색과 확장 검색의 사용법을 정확하게 익힌다. 유명하거나 인기 있는 검색엔진 한 가지만을 이용하여 검색해서는 올바른 정보를 찾아낼 수 없다. Leakage를 최소화할 수 있도록 검색하며, Garbage를 많이 발생시키지 않도록 유의한다.

#### ③ 검색식의 수립

키워드 선정 시 주제와 관련하여 다양하게 고려해야 한다. 논리연산자와 인접연산자의 사용법을 정확하게 파악한 후, 구문(어구: Phrase) 검색 기능을 이용하여 보다 정확한 정보를 검색

한다. 또한 절단검색(Truncation) 기능을 적절히 활용하고, 대/소문자를 구분하여 검색해야 하는 경우를 판단한다. 제목(Title)이나 특정 필드를 제한하여 검색하면 보다 정확한 정보를 검색할 수 있다. 그리고 URL 검색 옵션과 같은 확장 기능을 사용한다.

▶ 정보검색 관련 주요 용어

| | 용어 | 설명 |
|---|---|---|
| 1 | 리키즈<br>(Leakage) | 리키즈란 누락 또는 누출을 의미하는 용어로, 정보의 검색 결과에서 검색되었어야 함에도 불구하고, 부적절한 키워드 선정이나 연산자의 잘못된 사용으로 인하여 검색 결과에서 빠져버린 누락된 정보를 뜻한다. |
| 2 | 개비지<br>(Garbage) | 개비지란 쓰레기를 뜻하는 용어로, 정보의 검색 결과에서(부적절한 키워드 선정이나 연산자의 잘못된 사용으로 인하여) 불필요하게 검색된 쓸모없는 정보를 뜻한다. |
| 3 | 불용어<br>(Stop Word) | 불용어(Stop Word 또는 Noise Word)란 검색어로 사용된 경우에 무시해 버리는 단어나 문자열을 뜻한다. 또한 검색엔진이 데이터베이스를 구축할 때 색인에서 제외해 버리는 단어를 뜻한다. |
| 4 | 시소러스<br>(Thesaurus) | 시소러스란 검색어로 사용되는 단어의 유의어/동의어/반의어 등을 계층적인 관계와 종속적인 관계로 나타내주는 용어사전을 뜻한다. 또는 정보의 색인이나 저장 그리고 검색을 위해 만들어 놓은 통제 어휘집을 뜻한다. |
| 5 | 공식사이트<br>(Official Site) | 정부기관(gov, go.kr)이나 지방자치단체(seoul.kr / busan.kr), 관련 단체나 협회(org / or.kr) 등에서 홈페이지를 통하여 공신력 있는 정보를 제공하는 사이트를 공식사이트라고 한다. |

## 2 검색엔진의 종류 및 특징

### (1) 주제별(디렉토리) 검색엔진

주제별 검색엔진 개념

• 특정 주제별로 각 페이지들을 분류하여 정리해 놓은 서치엔진을 말한다. 초보자들이 가장 널리 찾는 방식으로, 찾고자 하는 영어 단어를 모르거나, 찾고자 하는 정보 등이 광범위할 때 아주 빨리 찾을 수 있는 검색방법이다. 이러한 검색방법을 **주제별 검색**이라 한다. 그리고 주제별로 각 페이지들이 잘 정리된 검색엔진을 **주제별 검색엔진**이라 한다. 이러한 주제별 검색엔진을 초보자들만 사용하고 있는 것은 아니다. 사용자가 찾고자 하는 정보에 대한 지식이 분명하지 않거나, 어떤 분야에 대한 검색을 원할 경우는 이런 주제별 검색이 널리 사용되어지고 있다. 주제별 검색에 효율적인 검색엔진으로는 'Yahoo, Lycos' 등이 있다. 즉 주제별 검색엔진은 큰 주제에서 작은 주제로 점차적 좁혀 검색하는 방식을 지원하는 검색엔진이다.

주제별 검색엔진 장점

① 초보자들이 사용하기에 아주 쉽다.

② 사전에 아무런 지식이 없어도 큰 분류만 알 수 있다면 원하는 정보를 찾을 수 있다.

③ 마지막으로 찾고자 하는 정보를 정확하게 찾을 수 있다.

① 원하는 정보를 찾을 때 여러 단계를 거쳐야 하는 불편함이 있고, 시간이 오래 걸린다.

② 찾다가 길을 잘못 들어가면 엉뚱한 길로 빠질 염려가 있다.

## (2) 단어별(Keyword) 검색엔진

### 단어별 검색엔진 개념

• 하나의 데이터베이스에 모든 URL(각 홈페이지가 갖는 고유 주소)을 저장하고 특정 키워드(주제어 또는 검색어)를 입력함으로써 원하는 정보를 찾는 방법이다. **단어별 검색**은 모든 검색엔진에서 지원하고 있는 형태로 현재에 와서 가장 널리 사용되는 방식이다. 숙련자뿐만 아니라 초보자 또한 이 단어검색을 시행해 검색하여 빠른 시간 내에 정보검색을 하는 것이 가능하다.

• 단어별 검색은 사용자가 찾고자 하는 정보의 단어(Query)를 입력하여 검색엔진이 그 단어에 대하여 만족하는 검색내용을 보여주는 형식을 취하고 있다. 단어(Query)를 입력받아 검색을 하는 검색엔진을 **단어별 검색엔진**이라고 한다. 웹에서 검색을 지원해주는 모든 검색엔진은 이 검색을 기본으로 제공하고 있으며, 사용자가 찾고자 하는 정보에 대한 키워드만 알면 쉽게 찾을 수 있는 방식이다.

• 단어검색을 하는 방식은 각 검색엔진에 들어가면 단어(Query) 혹은 키워드를 입력하는 항목이 보일 것이다. 이곳에 사용자가 원하는 단어를 입력한다. 네모박스에 클릭을 한 뒤, 원하는 단어를 입력하여 'Search'를 클릭하면 검색이 된다.

### 단어별 검색엔진 장점

① 몇 개의 키워드(정보의 주제를 정확하게 파악한 검색어)를 통하여 원하는 정보를 신속하게 찾을 수 있다.

② 숙련자뿐만 아니라 초보자 또한 단어검색을 시행하여 빠른 시간내에 정보 검색을 할 수 있다.

### 단어별 검색엔진 단점

① 검색하는 단어가 정확하지 않으면 원하는 정보를 찾기 어렵다.

② 광범위한 단어 입력 시 많은 결과를 보여주므로 적절한 정보를 찾기 힘들다.

③ 연산자 및 옵션에 대한 사전 지식을 갖추어야 검색엔진을 제대로 활용 가능하다.

## (3) 메타 검색엔진

### 메타 검색엔진 개념

• 대부분 멀티스레드(Multi Thread) 기법을 사용하기에 한 번의 검색으로 여러 곳을 검색할 수 있다. 현대인들은 매우 바쁜 생활 속에서 살아가고 있다. 이러한 현실이 인터넷까지 미치게 되어 여러 검색엔진을 통합한 검색엔진이 등장하게 된 것이다.

• 각각 검색엔진의 특성을 구분하여 검색을 진행하던 앞의 주제별 검색엔진이나 단어별 검색엔

진을 따로 찾아다닐 필요가 없는 것이 특징이다. 한 번의 단어 입력으로 여러 검색엔진의 결과 값을 한눈에 볼 수 있기 때문이다. 메타 검색엔진으로 널리 알려진 것으로는 'Savvy Search'가 있으며, 국내에서도 여러 사이트에서 메타 검색을 지원하고 있다.

### 메타 검색엔진 장점

① 각각의 검색엔진을 옮기면서 질의(검색어를 주고 묻는 작업)할 필요 없이 하나의 조작 환경으로 각각의 검색엔진을 검색할 수 있다.
② 웹 문서만을 대상으로 하는 것이 아니라 프로그램이나 뉴스그룹 또는 FAQ 같은 문서까지도 찾아주는 아주 넓은 검색 영역을 갖는다.
③ 각종 검색엔진과 다른 문서나 프로그램을 검색하는 방법을 한눈에 알 수 있다.

# 웹 프로그램과 웹 표준

## 1 HTML(HyperText Markup Language) 및 CSS

### 1 HTML(HyperText Markup Language) 및 CSS

HTML(HyperText Markup Language)은 웹을 이루는 가장 기초적인 구성요소이며, WWW에서 볼 수 있는 문서를 만들 때 사용하는 표준 언어이다. 월드와이드웹 문서를 작성하는 Markup Language인 HTML은 여러 태그들로 구성되고, 각 태그들을 사용하여 원하는 형태의 문서를 만들어 갈 수 있다. HTML은 다음과 같은 기본 구성을 가지고 있다.

▶ HTML 기본 구성

```
<html>                                      #문서 시작

    <head>                                  #문서 머리글 시작

        <meta content="===">                #문서 정보
        <title> 전자상거래 운용사 </title>      #문서 제목

    </head>                                 #문서 머리글 마침
    <body>                                  #문서 내용 시작
        <img src="==" alt=" " />            #이미지
        <p> 전자상거래 운용사 </p>              #텍스트

    </body>                                 #문서 내용 마침

</html>                                     #문서 마침
```

HTML의 공통적인 특징

① 모양과 행동양식을 정해주는 명령어를 'Tag'라고 한다.

② 모든 태그는 '〈 〉'로 구성된다.

③ 태그는 일반적으로 '〈tag〉, 〈/tag〉'처럼 시작태그와 종료태그를 짝을 이루어 사용되지만 단독으로 사용되는 태그도 있다.

④ 태그는 대소문자 구분이 없다.

⑤ 문서 내에서의 공백은 한 칸으로만 인정한다.

⑥ 주석을 삽입할 때는 '⟨!--주석내용--⟩'과 같은 형식으로 사용된다.

⑦ HTML의 확장자는 '.html', '.htm'이다.

위의 HTML 특징에서 언급한 것과 같이, HTML 대부분의 Tag는 시작과 끝 태그가 같이 사용되지만, 마침 태그 없이 단독으로 쓰이는 태그도 있다. 단독으로 쓰이는 태그 중 자주 사용되는 태그는 [표]와 같다.

▶ 마침 태그 없이 자주 쓰이는 태그

| Tag | 태그 기능 |
| --- | --- |
| ⟨BR⟩ | 줄바꿈을 수행 |
| ⟨META⟩ | HTML 문서 머리의 문서정보 추가 |
| ⟨IMG⟩ | 문서에 그림 표시 |
| ⟨LINK⟩ | 스타일 시트 문서 가져옴 |
| ⟨INPUT⟩ | 폼 요소를 추가 |
| ⟨HR⟩ | 문서에 가로 또는 세로선 삽입 |

## ② HTML 기본태그

### (1) HTML의 ⟨HEAD⟩ 태그

HTML에서는 문서의 머리 부분에 해당하는 ⟨HEAD⟩를 구성하는 태그와 문서의 몸통 부분에 해당하는 ⟨BODY⟩를 구성하는 태그로 구분된다. ⟨HEAD⟩ 태그는 실제로 웹브라우저에 나타나는 것이 아닌 문서에 대한 정보를 표시하는데 사용한다. ⟨HEAD⟩에서 사용하는 태그는 크게 ⟨TITLE⟩과 ⟨META⟩ 태그로, ⟨TITLE⟩은 웹브라우저 상단의 제목 표시줄에 내용이 나타난다.

▷ ⟨TITLE⟩ Tag 예시

🌐 APP BOOKS     ✕ ⊕

⟨META⟩는 HTML 문서의 설명을 제공하기 위해 사용되며, 문서가 검색엔진에 잘 검색되기 위해서도 이용한다.

| 태그 종류 | 특성 정보 | 설명 |
| --- | --- | --- |
| Filename | 파일이름 | 파일 이름을 표시 |
| Author-Date | 날짜 | 파일 작성일 표시 |
| Author | 문자열 | 작성자 이름 표시 |
| Email | 메일주소 | 작성자 메일주소 표시 |
| Project | 문자열 | 프로젝트 이름 표시 |

| Status | 문자열 | 파일 상태 표시 |
|---|---|---|
| Location | 파일경로 | 파일 경로 표시 |
| Distribution | 문자열 | 파일 배포자 이름 표시 |
| Description | 문자열 | 파일에 대한 설명 표시 |
| Keywords | 문자열 | 파일 내용 키워드 표시 |
| Revision | 숫자 | 파일의 버전 표시 |
| Generator | 문자열 | 파일을 만든 프로그램 표시 |
| Clssification | 문자열 | 파일의 분류를 표시 |

〈META〉태그의 활용 방법은 다음과 같다.

```
<html>
    <head>
        <title>운용사</title>
        <META name="Author" content="앱북스">
        <META name="Author-Date" content="01 July 2019">
        <META name="Revison" content="2.0">
    </head>
    <body>
    </body>
</html>
```

## (2) HTML의 <BODY> 태그

HTML의 〈BODY〉 태그는 HTML 문서의 내용들을 정의하고 표시하는 태그로, 문서의 기본적인 스타일을 적용하고 내용을 변경할 수 있는 태그이다.

### 배경색과 하이퍼링크 색상 조정

• HTML 문서에서 〈BODY〉 태그를 사용하여 배경색이나 배경이미지를 바꿀 수 있다. 또한 하이퍼 링크로 다른 HTML 문서나 웹사이트를 연결할 수 있는데, 하이퍼 링크표시를 제어할 수 있다.

▶ 배경 및 하이퍼링크 태그

| 배경색 및 배경이미지 | | |
|---|---|---|
| **특성** | **특성 값** | **설명** |
| Background | 이미지 경로 | 문서에 나타날 이미지 경로 지정 |
| Bgcolor | 색상 문자열 또는 색상코드 | HTML 문서의 기본 배경색을 지정 |

| Bgproperties | empty | 배경 이미지가 스크롤 되는 경우 |
| | fixed | 배경 이미지가 스크롤 되지 않는 경우 |
| **하이퍼 링크 색상 조정** | | |
| Alink | 색상 코드 | 마우스로 클릭한 링크 색상 지정 |
| Link | 색상 코드 | 방문하지 않은 링크 색상 지정 |
| Vlink | 색상 코드 | 이미 방문한 링크 색상 지정 |

```
<html>
    <head>
        <title>BODY 태그 마스터하기</title>
    </head>
    <body bgcolor="yellow">
    <body background="bg.jpg" bgproperties="fixed">
    <body link="blue" vlink="red" alink="darkgreen">
        <a href="https://www.appbooks.net">운용사 앱북스</a>

    </body>
</html>
```

### 문서 작성을 위한 태그

- 〈BODY〉에서는 HTML 문서의 내용을 정의하고 나타내기 때문에 문서의 여백과 문서 작성을 위해 〈P〉, 〈BR〉, 〈HR〉과 같이 필수적으로 사용해야 하는 태그가 있다.

▶ 문서작성을 위한 태그

| **여백을 조정하는 〈BODY〉 태그** | | |
| Bottommargin | HTML 문서의 아래쪽 여백 지정 | |
| Leftmargin | HTML 문서의 왼쪽 여백 지정 | |
| Rightmargin | HTML 문서의 오른쪽 여백 지정 | |
| Topmargin | HTML 문서의 위쪽 여백 지정 | |
| **문단을 나누는 〈P〉 태그** | | |
| Align | center | <P>내용을 가운데 정렬 |
| | justify | <P>내용을 양쪽 정렬 |
| | left | <P>내용을 왼쪽 정렬 |
| | right | <P>내용을 오른쪽 정렬 |

| | |
|---|---|
| <BR> | HTML 문서에서 줄 바꿈 |
| <PRE> | HTML 문서에서 입력한 문장을 그대로 출력 |
| <CENTER> | 해당 내용을 가운데 정렬로 변경 |

```html
<html>
    <head>
        <title>BODY 태그 마스터하기</title>
    </head>
    <body leftmargin="0" topmargin="0">
    <p>운용사</p>
    <p align="right">운용사 실전</p>
        <p>앱북스</p>
        <p align="center">앱북스 교재</p>
        <br>
        <center>
        운용사 실전<br>
        </center>
        <pre>
        운용사 교재
        앱북스
        </pre>


    </body>
</html>
```

* HTML을 작성할 때 일부영역과 다른 영역을 구분할 때 사용되는 태그가 <HR>이다. 추가적
으로 들여쓰기를 위한 ' ' 태그도 있다.

▶ <HR> 태그

| 특성 | 설명 |
|---|---|
| Color | 구분선의 색상을 지정 |
| Size | 구분선의 굵기를 지정 |
| Width | 구분선의 너비를 지정 |

```
<html>
    <head>
        <title>HTML 문서에 줄을 그어봅시다</title>
    </head>
    <body>
        1. 운용사 실전<br>
        <hr width="90%" color="red">
        2. 앱북스<br>
        <hr width="100%" color="blue" size="3">
        2. chapter<br>
        <hr width="90%" color="red">
         1 전자상거래<br>
          2인터넷 마케팅<br>
    </body>
</html>
```

## 텍스트 변경을 위한 태그

• HTML 문서에서 중요한 것은 글자의 스타일, 크기, 색상을 바꾸는 것이다. HTML에서는 다음과 같은 태그를 통해서 가능하다.

▶ 텍스트 변경 태그

| 태그 | 특성 | 설명 |
|------|------|------|
| Hn | left | 제목을 왼쪽에 정렬 |
| | right | 제목을 오른쪽에 정렬 |
| | center | 제목을 가운데에 정렬 |
| Font | face | <Font> 태그의 글꼴을 지정 |
| | size | 글꼴의 크기를 지정 |
| | color | 글꼴의 색을 지정 |
| | title | 글꼴의 설명 텍스트를 지정 |

*Hn의 n은 1~6까지 숫자를 지정  *Font의 Size는 1~7까지 지정

• HTML에서 글자의 내용과 무관하게 외적인 부분을 변경하기 위해 사용하는 태그를 물리 태그라고 한다. 물리 태그를 통해서 글자에 밑줄, 기울임 등의 표현이 가능하다.

▶ 물리 태그

| 태그 | 내용 |
|------|------|
| B | 글자를 굵게 표현 |

| | |
|---|---|
| I | 글자를 기울여서 표현 |
| STRIKE, S | 글자에 취소선 표시 |
| U | 글자에 밑줄을 표시 |
| Sup | 글자를 위첨자로 표시 |
| Sub | 글자를 아래첨자로 표시 |
| TT | 글자를 타자체로 표현 |
| BIG | 글자를 주변의 글자보다 더 크게 표현 |
| SMALL | 글자를 주변의 글자보다 더 작게 표현 |

```
<html>
    <head>
        <title>물리태그</title>
    </head>
    <body>
        <h2 align="center">운용사</h2>
        <p><B>B 운용사</B></p>
        <p><I>I 운용사</I></p>
        <p><STRIKE>STRIKE 운용사</STRIKE></p>
        <p><U>U 운용사</U></p>
        <p>Sup 운용사 <Sup>앱북스</Sup>교재.</p>
        <p>Sub 운용사 <Sub>앱북스</Sub>교재.</p>
        <p><TT>TT 운용사</TT></p>
        <p>BIG 운용사 <BIG>앱북스</BIG> 교재.</p>
        <p>SMALL 운용사 <SMALL>앱북스</SMALL> 교재.</p>
    </body>
</html>
```

• 문서 내의 특정 태그에 논리적인 의미를 부여하기 위한 태그를 논리 태그라고 한다. 논리 태그 형식은 많이 사용되지는 않지만 일부 논리 태그는 많이 사용되기도 한다.

▶ 논리 태그

| 태그 | 내용 |
|---|---|
| <EM> | 텍스트를 기울임 |
| <STRONG> | 텍스트를 굵게 표현 |
| <CODE> | 프로그램 코드 같은 고정폭 글자 표현 |
| <SAMP> | 컴퓨터 메시지 같은 고정폭 글자 표현 |
| <KBD> | 키보드 입력 같은 고정폭 글자 표현 |

| | |
|---|---|
| <VAR> | 변수이름 표현을 위한 기울임 |
| <DFN> | 단어를 정의하거나 사례 표현 |
| <CITE> | 서명이나 참조를 위한 기울임 |
| <ARG> | 프로그램 기능이나 요약 표현 |
| <ACRONYM> | 머리글자 약어 표현 |
| <ABBREV> | 약어나 생략부호 표현 |

• HTML 문서 내의 특수 문자를 표현할 때, 특수 문자를 입력해도 페이지에 나타나지 않는 경우가 있는데 HTML 코드를 통해 표현이 가능하다.

▶ 특수 문자

| 태그 | 출력 특수 문자 |
|---|---|
| &lt; | < |
| &rt; | > |
| &amp; | & |
| &quot; | 스페이스 바 |
|   | 공백 |

목록 태그

• HTML 문서에서 숫자를 이용해 목록을 만들려면 〈OL〉 태그와 〈UL〉 태그를 사용한다. 〈OL〉 태그는 'Ordered List'의 약자로 순서가 있는 목록이라는 뜻이다.

▶ <OL> 태그

| 태그 | 값 | 설명 |
|---|---|---|
| type | 1 | 기본값이며 목록을 아라비아 숫자로 표시 |
| | a | 목록을 영어 소문자로 표시 |
| | A | 목록을 영어 대문자로 표시 |
| | i | 목록을 소문자 로마 숫자로 표시 |
| | I | 목록을 대문자 로마 숫자로 표시 |
| | disc | 목록을 속이 검은 점으로 표시 |
| | square | 목록을 사각형으로 표시 |
| | circle | 목록을 속이 흰 점으로 표시 |
| start | | type 특성이 1이나 i 또는 I 인 경우 시작할 숫자를 지정 |

• HTML 문서에서 순서가 없는 목록을 만들려면 〈UL〉 태그를 사용한다. 〈UL〉 태그는 'Unorderd List'의 약자로 순서가 없는 목록이라는 뜻이다.

▶ <UL> 태그

| 태그 | 값 | 설명 |
|---|---|---|
| type | 1 | 목록을 아라비아 숫자로 표시 |
| | a | 목록을 영어 소문자로 표시 |
| | A | 목록을 영어 대문자로 표시 |
| | i | 목록을 소문자 로마 숫자로 표시 |
| | I | 목록을 대문자 로마 숫자로 표시 |
| | disc | 기본 값이며 목록을 속이 검은 점으로 표시 |
| | square | 목록을 사각형으로 표시 |
| | circle | 목록을 속이 흰 점으로 표시 |
| start | | type 특성이 1이나 i 또는 I 인 경우 시작할 숫자를 지정 |

• 〈UL〉 태그의 특성은 〈OL〉 태그의 특성과 완전히 동일하지만 한 가지 차이점이 있다. 〈UL〉 태그의 경우에는 '1'이 기본값이지만, 〈OL〉 태그에서는 특성 값이 '1'이 아니라 'disc'가 기본 값이다.

• 두 가지 태그 이외에 목록 태그는 문서에서 정의를 나열할 때 유용한 〈DL〉, 〈DD〉, 〈DT〉 태그가 있다. 그리고 마지막으로는 〈MENU〉 태그가 있다. 〈MENU〉 태그는 오른쪽으로 점차 들여쓰기 되는 형태의 목록을 나열할 때 매우 유용하다.

하이퍼링크 태그

• 하이퍼링크는 HTML의 가장 근본이 되는 개념으로 다른 HTML 문서나 웹사이트로 이동하기 위한 것이다. 하이퍼링크를 만드는 태그는 〈A〉 태그이다.

▶ <A> 태그

| 태그 | 특성 | 설명 |
|---|---|---|
| <A> | name | 하이퍼링크에 이름을 지정 |
| | href | 하이퍼링크 클릭시 이동할 페이지 지정 |
| | target | 하이퍼링트를 클릭했을 때 href 특성에 지정된 url이 보여질 위치를 지정 |
| | title | 하이퍼링크에 대한 설명을 표시 |

- 〈A〉 태그의 특성 중 'target' 특성을 이용하면 하이퍼링크로 설정된 URL이 보여 질 위치를 조정할 수 있다. 'target' 특성에서 사용할 수 있는 특성 값은 아래와 같다.

▶ target 특성 값

| 특성 값 | 설명 |
| --- | --- |
| _blank | href 특성에 지정된 url이 새로운 창에 열림 |
| _media | href 특성에 지정된 url이 IE 6.0의 미디어 바에서 열림 |
| _parent | href 특성에 지정된 url이 현재 창을 호출한 부모창에서 열림 |
| _search | href 특성에 지정된 url이 브라우저의 검색 창에서 열림 |
| _self | href 특성에 지정된 url이 현재 창이나 프레임에서 열림 |
| _top | href 특성에 지정된 url이 최상위 프레임에서 열림 |

- 하이퍼링크를 지정할 시 절대경로와 상대경로라는 개념이 있다. 절대경로란 말 그대로 어떤 HTML 문서나 이미지 등의 실제 경로를 말한다. 상대경로란 현재의 위치에서 상대적인 위치를 표시하는 방법이다.

▶ 경로 지정 시 유의할 점

- 현재 폴더와 같은 폴더에 연결할 문서가 있는 경우: href="파일명"
- 현재 폴더의 상위폴더에 연결할 문서가 있는 경우: href="../파일명"
- 현재 폴더의 상위 폴더에 있는 다른 폴더에 연결할 문서가 있는 경우: href="../폴더명/파일명"
- 현재 폴더의 하위 폴더에 연결할 문서가 있는 경우: href="하위폴더명/파일명"

## 이미지 태그

- HTML에서 이미지를 표시하기 위해 사용하는 태그는 〈IMG〉이다. 〈IMG〉 태그는 닫는 태그가 필요하지 않다.

▶ <IMG> 태그

| 태그 | 특성 | 설명 |
| --- | --- | --- |
| IMG | src | HTML 문서에 표시할 이미지 파일에 경로 지정 |
| | align | 이미지 정렬 방식을 지정 |
| | alt | 이미지의 설명 문장을 지정 |
| | width | 이미지의 폭을 지정 |
| | height | 이미지의 높이를 지정 |
| | border | 이미지의 테두리 두께를 지정 |
| | hspace | 이미지의 좌우 여백을 지정 |
| | vspace | 이미지의 상하 여백을 지정 |

이미지를 정렬하기 위해서는 기준에 따라서 몇 가지 방법이 있다. 첫 번째는 이미지를 기준으로 글자를 정렬하는 방법과 글자를 기준으로 이미지를 정렬하는 방법이 있다.

| 특성 | 설명 |
|---|---|
| | **이미지를 기준으로 글자를 정렬** |
| top | 이미지의 상단에 글자의 위쪽을 맞추어 정렬 |
| middle | 이미지의 가운데에 글자의 가운데를 맞추어 정렬 |
| bottom | 이미지의 하단에 글자의 아래쪽을 맞추어 정렬 |
| | **글자를 기준으로 이미지를 정렬** |
| center | 이미지의 가운데에 글자가 정렬 |
| left | 이미지의 왼쪽에 글자가 정렬 |
| right | 이미지의 오른쪽에 글자가 정렬 |

```
=이미지 기준=
<html>
        <head>
                <title>이미지 정렬</title>
        </head>
        <body>
                <h2 align="center">이미지 정렬</h2>
                <p><img src="winter.jpg" width="100" align="top">
                이미지 문장 위쪽 맞춤.<br>
                두번째 줄.</p>
                <p><img src="commerce.jpg" width="100" align="middle">
                이미지와 문장 가운데 정렬.<br>
                두번째 줄.</p>
                <p><img src="commerce.jpg" width="100" align="bottom">
                이미지와 문장 아래쪽 맞춤.<br>
                두번째 줄.</p>
        </body>
</html>
```

```
=글자를 기준=
<html>
        <head>
                <title>글자기준 정렬하기</title>
        </head>
        <body>
                <h2 align="center">이미지 정렬하기</h2>
                <p><img src="commerce.jpg" width="100" align="center">
                이미지의 가운데에 글자 배치.<br>
                두번째 줄.<br><br><br><br></p>
                <p><img src="commerce.jpg" width="100" align="left">
                이미지가 왼쪽, 글자가 오른쪽 배치.<br>
                두번째 줄은 여기에 보입니다.<br><br><br><br></p>
                <p><img src="winter.jpg" width="100" align="right">
                이미지가 오른쪽, 글자가 왼쪽.<br>
                두번째 줄.</p>
        </body>
</html>
```

• 위의 두 가지 방법 외에도 'align'의 특성을 통한 정렬이 가능하다.

▶ align 정렬

| 특성 값 | 설명 |
|---|---|
| absmiddle | 이미지를 기준으로 글자가 이미지의 가운데에 정렬 |
| absbottom | 이미지를 기준으로 글자가 이미지의 아래 쪽에 정렬 |
| baseline | 앞서 살펴본 bottom과 동일 |

```
<html>
        <head>
                <title>image</title>
        </head>
        <body>
                <h2 align="center">image</h2>
                <p><img src="commerce.jpg" width="100" align="absmiddle"
                hspace="15" vspace="15">
                hspace, vspace를 각각 15만큼 지정.</p>
                <p><img src="winter.jpg" width="100" align="absmiddle">
                공백없이.</p>
        </body>
</html>
```

## ③ CSS 개념 및 기본구조

CSS란 'Cascading Style Sheet'의 약자이다. 이것은 HTML 문서를 작성하는데 필요한 각종 스타일을 규칙에 맞게 정의해 둔 것으로, 최근에는 HTML 문서의 스타일링을 하기 위해서 필수적으로 사용이 권장되거나 요구된다. CSS를 하는 가장 중요한 이유는 사용의 편의성과 일괄성에 있다. 다음은 CSS 규칙을 정의하는 방법이다.

```
<style type="text/css">
   태그 {
             속성: 속성값;
             속성: 속성값;


    }

</style>
```

### (1) CSS 사용하기

CSS 코드를 사용하는 방법에는 여러 가지가 있지만 여기서는 기본적인 방법 두 가지를 설명한다.

### ① 인라인 스타일 사용하기

인라인 스타일이란 태그에 직접 스타일 정보를 추가하는 방법이다. 이렇게 하면 하나의 태그에 원하는 스타일을 지정이 가능하다. 사용법은 간편하지만 작성하는 작업이 많아진다는 단점이 있다.

```
<html>
     <head>
           <title>인라인 스타일 </title>
     </head>
     <body>
           <h2 style="font-family:돋움;font-size:14pt">인라인 스타일 </h2>
           인라인 스타일<br>
           <span style="color:green;font-weight:bold">사용편리</span>하지만 인라인스타일 <br>
           인라인 스타일이 태그<br>
           <span style="color:red;font-weight:bold">단점</span>이 있다.
     </body>
</html>
```

## ② HTML 문서의 <HEAD> 태그 사이에 스타일 코드 작성

두 번째 방법은 〈HEAD〉 태그 사이에 스타일 코드 작성을 하는 방법이다.

```html
<html>
  <head>
    <title>HEAD태그</title>
    <style type="text/css">
      body {
              line-height:170%;
      }

      h2 {
              font-family:돋움;
              font-size:14pt;
      }

      span {
              color:Green;
              font-weight:bold;
      }
    </style>
  </head>
  <body>
    <h2>HEAD태그</h2>
    스타일시트 &lt;HEAD&gt;태그에 추가<br>
    <span>스타일을 한꺼번에 지정</span>한다.<br>
    그러나 <span>다른 스타일을 지정하려면<br>
    다른 방법을 사용</span>해야 한다.
  </body>
</html>
```

## 1 자바스크립트 개념

자바스크립트는 하나의 프로그래밍 언어이다. 자바스크립트는 HTML 문서에 HTML이나 CSS 만으로는 표현하기 어렵거나 아예 불가능한 작업을 할 수 있다. 스크립트 언어란 메모장 등 간단한 텍스트 편집기 프로그램을 이용해서 쉽게 프로그램을 작성할 수 있는 언어로, 사용하기가 편리하고 실행 속도도 빠른 것이 특징이다. '썬 마키트로시스템즈'라는 회사가 '자바'라는 개발 언어와 동일한 문법으로 사용하도록 만들어 낸 것이 자바스크립트이다. 자바와는 달리 자바스크립트는 주로 HTML 문서에서 사용된다.

## 2 자바스크립트의 기본 사용법

자바스크립트를 사용하기 위해서 자바스크립트 문법을 알아야 한다. 자바스크립트의 몇 가지 기본 문법을 소개한다.

### ① 변수
변수란 말 그대로 값이 변하는 수인데 프로그래밍 언어에서는 컴퓨터의 메모리에 어떤 데이터를 기억시키기 위해 사용하고자 하는 이름을 말한다.

```
var 변수명 [ =초기값] [ , 변수명 [ = 초기값] ]
```

### ② 배열
배열이란 변수와 비슷하지만 여러 개의 값을 한 번에 저장할 수 있다는 장점이 있다.

```
var 배열명 = new Array ( );
```

### ③ if 문

```
if(조건) {
        조건이 참일 때 실행될 문장
}
else {
        조건이 거짓일 때 실행될 문장
}
```

### ④ switch 문

if 문의 경우 조건의 수가 많아 질 수 있는데, 이때 쓰는 것이 switch 문이다.

```
switch (변수) {
        case 값1:
                변수의 값이 값 1일 때 실행될 코드
                break;
        case 값2:
                변수의 값이 값 2일 때 실행될 코드
                break;
        case 값n:
                변수의 값이 값 n일 때 실행될 코드
                break;
        default:
                값이 모두 맞지 않는 경우에 실행될 코드
                break;
```

### ⑤ for 문

반복문이란 일정한 자바 스크립트 코드를 조건에 따라 계속해서 반복하기 위한 구문을 말한다.

```
for (var 카운트 변수명 = 초기값; 조건; 카운트변수 증가식) {
        반복 실행될 코드
}
```

### ⑥ while 문

특정 조건이 참인 동안 자바 스크립트를 반복해서 실행하는 코드이다.

```
while (조건) {
        조건이 참인 동안 실행될 코드
}
```

### ⑦ 논리연산자

논리연산자란 어떤 식의 논리를 계산하기 위한 것이다.

| 연산자 | 설명 |
|---|---|
| && | 논리 곱을 실행한다. 양쪽이 모두 True인 경우에만 True |
| \|\| | 논리 합을 실행한다. 양쪽 중 어느 한 쪽이 True이거나 모두 True이면 True, 그렇지 않으면 False |
| ! | 부정을 의미한다. 식이 True이면 False가 되고 False가 되면 True가 됨 |

# ③ 웹 표준의 개념

## (1) 웹 표준의 정의

- 웹 표준이란 브라우저 종류 및 버전에 따른 기능 차이에 대하여 호환이 가능하도록 제시된 표준으로, 다른 기종 혹은 플랫폼에 따라 달리 구현되는 기술을 동일하게 구현함과 동시에 어느 한 쪽에 최적화되어 치우치지 않도록 공통요소를 사용하여 웹 페이지를 제작하는 기법을 의미한다.
- 표준화 단체인 W3C(World Wide Consortium)가 권고한 표준안에 따라 웹사이트를 작성할 때 이용하는 HTML, CSS, JavaScript 등에 대한 규정을 담고 있으며 웹 표준의 궁극적인 목적은 웹사이트에 접속한 사용자가 어떠한 운영체제나 브라우저를 사용하더라도 동일한 결과를 보이게 하는 것이다(웹 발전연구소).

## (2) 웹 표준 준수 이유

- 국내 웹의 현실은 특정 브라우저와 사용자 등의 이용환경과 비표준 페이지 및 과도한 플러그인 사용으로 장애인, 노약자를 포함한 모든 사용자들에게 운영체제 및 웹 브라우저 등의 정보 접근 제약이 있다. 따라서 브라우저의 종류나 버전에 상관없이 모든 사용자들이 동일한 웹사이트를 볼 수 있도록 웹 표준 기술 작업이 필요하며 웹 표준 준수는 웹 접근성 준수를 위한 핵심이다.

## (3) 웹 표준 장점

### ① 수정 및 운영관리 용이

- 콘텐츠의 올바른 구조화와 CSS로 시각표현을 통일하여 제어하게 되어 페이지 제작의 부담 감소 및 관리용이

### ② 접근성 향상

- 웹 표준을 이용해 작성한 문서는 다양한 브라우징 환경에 대응이 가능하며 휴대폰, PDA에서도 정상적인 작동 및 장애인 지원용 프로그램에도 도움이 되므로 사용자나 접속 장치의 접근성이 용이

### ③ 검색엔진 최적화(SEO)

- 구조화된 웹페이지는 검색 로봇 수집을 통해 검색엔진에 효율적으로 노출 될 수 있도록 검색엔진의 검색결과를 최적화

### ④ File Size 축소, 서버 저장 공간 절약

- 효율적인 소스 작성은 파일 사이즈와 서버공간을 절약할 수 있으며 동시에 화면표시에 소요되는 시간을 단축

### ⑤ 효율적인 마크업

- CSS와 HTML문서를 분리하여 제작할 경우 불필요한 마크업이 최소화되어 페이지 로딩속도 향상

## ⑥ 호환성 가능

- 기존 IE브라우저에서만 작동이 가능했던 요소들이 웹 표준을 준수함으로써 다양한 브라우저(크롬, 파이어폭스, 사파리, 오페라 등)에서도 작동

## (4) 웹 호환성(Cross Browsing) 정의

- 웹 호환성은 표준 웹 기술을 사용하여 운영체제, 브라우저 등 어느 한 쪽으로 최적화되거나 종속되지 않도록 공통 요소를 사용하여 웹 페이지를 제작하는 기법으로, 웹 사이트 사용 시 운영체제 및 브라우저 간 동일한 결과가 나오도록 의미하는 웹 상호운용성의 개념에 웹 표준의 준수를 포함하는 개념이다.

## (5) 웹 호환성 준수 이유

- 웹 표준을 준수하지 않고 특정 운영체제와 브라우저에 종속되어 있다면 다양한 운영체제 환경 및 브라우저에서의 사용이 불가능한 문제점이 발생하게 된다. 국내는 Internet Explorer 웹 브라우저에 최적화된 비표준 기술이 널리 사용되고 있다. 개방형 통합 플랫폼인 ActiveX가 그 대표적인 예로, ActiveX는 웹사이트에서 정적인 웹문서를 멀티미디어 기술로 동작 가능하게 하는 플러그인(Plug-in) 기술이나 보안에 취약한 문제점이 있다. 또한 IE에서만 사용되는 기술로 다른 웹 브라우저에서는 구동이 불가능하여 외국에서 국내 웹 사이트에 접근할 때 표준화되지 않은 웹 사이트로 인해 웹 호환성이 현격히 떨어지는 문제가 발생할 수 있다. 따라서 제공하는 서비스를 모든 웹 브라우저 환경에서 동일하게 이용하기 위해서는 웹 호환성을 준수한 웹사이트의 구축이 필요하다.

## (6) 웹 표준, 웹 호환성, 웹 접근성의 이해

- 웹 표준, 웹 호환성, 웹 접근성의 목적은 웹을 사용하는 사용자가 웹사이트를 자유롭고 편리하게 이용하는 점과 장애인, 고령자 등을 포함한 사용자층 확대, 다양한 환경, 새로운 기기에서의 이용, 개발 및 운용의 효율성 제고 등의 기대효과가 유사하지만 대상 및 종류 등의 준수 내용과 편의를 제공하는 점에서 차이가 있다. 웹 표준을 준수 하는 것만으로는 웹 접근성이나 웹 호환성이 보장되지 않으며 웹 호환성을 준수하더라도 웹 접근성은 보장되지 않는다. 웹 접근성이란 보편적 접근성 확보를 우선시하고, 웹 호환성은 OS, SW에 독립적인 상호운용성 확보를 우선시한다.

▷ 웹 표준 vs 웹 호환성 vs 웹 접근성

| 구분 | 목적 | 준수내용 | 차이 |
|---|---|---|---|
| 웹 표준<br>(Web Standards) | 웹의 사용성<br>및 접근성 보장 | HTML, CSS 등에 대한 WC3규격(문법) 준수 등<br>- HTML, CSS, Javascript 등 구조와 표현, 동작<br>분리 권고 | 웹의 내용, 표현,<br>행동에 관련된<br>기술표준 |
| 웹 호환성<br>(Cross Browsing) | 웹 브라우저 버전,<br>종류와 관계없는<br>웹사이트 접근 | 웹 표준 준수를 통한 브라우저 호환성 확보<br>- HTML, CSS 문법 준수<br>- 동작, 레이아웃, 플러그인 호환성 | 웹 표준을<br>공통으로<br>포함 |
| 웹 접근성<br>(Web Accessibility) | 인적, 환경적 요인에<br>제약없는<br>웹 정보 접근 | W3C 웹 접근성 이니셔티브(WAI)<br>한국형 웹 콘텐츠 접근성 지침2.0<br>- 인식의 용이성, 운용의 용이성, 이해의 용이성,<br>견고성 | |

▶ 웹 표준 vs 웹 호환성 vs 웹 접근성

## (7) 웹 접근성

• '모든 사용자가 신체적, 환경적 조건에 관계없이 웹에 접근하여 이용할 수 있도록 보장하는 것' 을 의미한다. 마우스가 없는 환경이나 키보드만을 조작해야 할 경우, 신체적 장애로 인해 특수한 환경하에 접속해야 되는 경우, 브라우저별, 모바일 환경에서 접속해야 되는 경우와 같이 다양한 플랫폼에서도 정보제공에 다름이 없어야 한다.

• 우리나라 대부분의 사이트는 Internet explorer 환경에만 최적화 되어 있으며, ActiveX, Flash, Image의 과도한 사용과 웹 표준을 준수하지 않은 코딩 등으로 다양한 기술적 환경을 지원하지 못하고 있다. 그래서 신체적 제한조건을 가진 고령자나 장애인 등이 이용하기에 불편한 부분이 많다. 웹 접근성을 준수한 사이트는 기술적 환경이나 신체적 조건에 관계없이 웹 콘텐츠를 이용할 수 있도록 해준다.

## (8) 웹 콘텐츠 접근성 지침

① **인지성(Perceivable):** 정보와 사용자 인터페이스 요소는 그들이 인지할 수 있도록 사용자에게 표시될 수 있어야 한다.
  - 모든 텍스트가 아닌 콘텐츠에 대체 텍스트를 사람들이 원하는 인쇄, 점자, 음성, 기호 또는 간단

언어 등과 같은 형태로 제공해야 한다.

- 시간을 바탕으로 한 미디어에 대한 대안을 제공해야 한다.
- 정보와 구조의 손실 없이 콘텐츠를 다른 방식(예를 들면 더욱 간단한 형태로)들로 표현할 수 있어야 한다.
- 사용자들이 보다 쉽게 보고 들을 수 있는 전경에서 배경을 분리한 콘텐츠를 만들어야 한다.

② 운용성(Operable): 사용자 인터페이스 요소와 탐색은 운용 가능해야 한다.
- 키보드로 모든 기능을 사용할 수 있도록 해야 한다.
- 읽기 및 콘텐츠를 사용하는 사용자에게 충분한 시간을 제공해야 한다.
- 알려진 방법으로 발작을 일으킬 수 있는 콘텐츠를 디자인하지 않아야 한다.
- 사용자가 탐색하고, 콘텐츠를 찾고 그들이 어디에 위치하고 있는지를 알 수 있도록 도와주는 방법을 제공해야 한다.

③ 이해성(Understandable): 정보와 사용자 인터페이스 운용은 이해할 수 있어야 한다.
- 텍스트 콘텐츠를 판독하고 이해할 수 있도록 만들어야 한다.
- 웹 페이지의 탑재와 운용을 예측 가능한 방법으로 제작해야 한다.
- 사용자의 실수를 방지하고 수정할 수 있도록 도와야 한다.

④ 내구성(Robust): 콘텐츠는 보조 기술을 포함한 넓고 다양한 사용자 에이전트에 의존하여 해석될 수 있도록 충분히 내구성을 가져야 한다.
- 보조 기술을 포함한 현재 및 미래 사용자 에이전트의 호환성을 극대화 해야 한다.

**1** 웹 디자인의 이해

**1** **웹 디자인의 정의**

- 웹 디자인은 웹 브라우저가 해석하고 그래픽 사용자 인터페이스(GUI)로 보여 주기에 알맞은 마크업 언어 형식으로, 인터넷을 통해 전자 매체 콘텐츠 전달의 개념을 정하고 계획하여 모델로 만들어 실행하는 과정이다.

- 웹 디자인의 목적은 웹 사이트를 만드는 것이다. 이러한 웹 사이트에는 전자 파일이 한데 모여 있고, 웹 서버/서버에 상주하여 최종 사용자에게 요청한 웹 페이지 형식으로 콘텐츠와 상호작용 기능/인터페이스를 제공한다. 텍스트, 비트맵 그림(GIF, JPEG, PNG), 폼과 같은 요소들은 HTML/XHTML/XML 태그를 사용하는 페이지 위에 놓을 수 있다. 벡터 그래픽스, 애니메이션, 비디오, 소리와 같은 복잡한 미디어를 보여줄 때에는 플래시, 퀵타임, 자바 런타임 환경과 같은 별도의 플러그인을 요구한다. 플러그인은 HTML/XHTML 태그를 사용함으로써 웹 페이지에 추가할 수 있다.

- W3C 표준과 호환되는 브라우저는 웹 페이지 요소와 객체의 위치를 정하고 이용하기 위해 CSS와 XHTML/XML의 결합을 촉진시켰다. 마지막 표준은 되도록 플러그인을 이용하지 않고 브라우저의 기능이 다양한 매체와 접근성 옵션을 클라이언트에 전달하게끔 하고 있다.

- 웹을 디자인하고 기획하는 사람은 웹 디자이너 또는 웹 기획자라고 하며, 이들은 사용성을 알고 있어야 할뿐 아니라 최신화된 웹 접근성 지침을 따라야 한다. 웹 페이지는 보통 정적 페이지와 동적 페이지로 나눌 수 있다. 정적 페이지는 사용자(웹 마스터/프로그래머)가 페이지를 수동으로 업데이트 하지 않는 경우 모든 요청마다 콘텐츠와 레이아웃을 바꾸지 않는다.

- 동적 페이지는 컴퓨팅 환경(사용자, 시간, 데이터베이스 수정 등)에서 최종 사용자의 입력이나 변경에 따라 겉모양이나 콘텐츠를 수정한다. 콘텐츠는 클라이언트 쪽에서 클라이언트 스크립팅 언어(자바스크립트, JScript, 액션스크립트 등)를 사용하여 DOM 요소를 변경함으로써 이를 변경할 수 있다. 동적 콘텐츠는 서버 스크립팅 언어(코드퓨전, ASP, JSP, 펄, PHP, 파이썬 등)를 이용하는 서버 위에 컴파일 되기도 한다(위키피디아).

**2** **웹 디자인의 설계**

- 웹 사이트는 특정한 주제에 대한 정보를 담고 있다. 웹사이트를 설계하는 것은 웹페이지를 정리하고 만드는 것으로 정의되어 있다. 웹페이지는 웹사이트 개발 목적의 정보로 이루어져 있는데 이는 각 책의 페이지를 담고 있는 책과 비유할 수 있다. 이 과정에서 수많은 관점(디자인

문제)이 있으며 인터넷의 급격한 발전 때문에 새로운 관점이 나올 수 있다. 비상업 웹사이트의 경우, 목표는 '얼마큼 드러나고 응답할 것인지'에 따라 다양하다.

상업용 웹사이트 디자인 관점

① **콘텐츠**: 사이트에 담긴 정보는 사이트와 관련되어 있어야 한다.

② **이용성**: 사이트는 사용자와 친숙해야 하며, 인터페이스와 탐색이 단순하고 믿음직스러워야 한다.

③ **겉모습**: 그래픽과 텍스트는 일정하게 보여 주는 흐름식의 단일 스타일을 포함해야 한다. 스타일은 전문적이고, 관심을 끌 수 있어야 하며, 타당성이 있어야 한다.

④ **가시도**: 사이트는 주요 검색 엔진과 광고 매체를 통해 쉽게 찾을 수 있는 것이어야 한다.

• 웹 사이트는 보통 텍스트와 그림으로 이루어져 있다. 첫 페이지는 홈 페이지나 Index로 알려져 있는 페이지이다. 일부 웹사이트는 스플래시 페이지로 불리는 것을 사용하기도 한다.

• 스플래시 페이지는 환영 메시지, 언어/지역 선택, 거부자 등이 포함되어 있을 수 있다. 웹사이트 안의 각 웹 페이지는 HTML 파일이며 저마다 URL을 가지고 있다. 웹 페이지가 만들어진 뒤에, 보통 하이퍼링크로 이루어진 탐색 메뉴를 사용하여 연결되어 있다. 탐색 속도가 빠르면 집중하기 쉬워지며 온라인으로 방문한 손님들을 끌어 모을 수 있게 되므로 스플래시 페이지는 (특히 상업 웹사이트와 관련된 경우) 점차 쓰이지 않게 되었다.

• 웹 사이트를 완성하면, 사람들이 인터넷에서 볼 수 있도록 서버에 업로드 해야 한다. FTP 클라이언트를 사용하여 이러한 일을 할 수 있다. 이를 끝내면, 웹 마스터는 다양한 기술을 사용하여 트래픽, 방문 횟수를 늘릴 수 있다. 그리고 구글이나 야후와 같은 검색 엔진에 웹 사이트를 등록할 수 있다.

## ③ 웹 디자인의 도구

### ① 포토샵(Photoshop)

- 어도비 시스템즈(Adobe Systems)사에서 개발한 이미지 편집 프로그램이다.
- 비트맵 방식을 사용한다.
- 파일 확장자: PSD

### ② 일러스트레이터(Illustrator)

- 어도비 시스템즈(Adobe Systems)사에서 개발한 벡터 드로잉 프로그램이다.
- CIP, 로고, 캐릭터, 심벌 등을 제작하기에 적합한 소프트웨어이다.
- 벡터 방식으로 데이터를 처리하여 정교한 도형을 그릴 수 있다.
- 파일 확장자: AI

③ 코렐드로우(CorelDRAW)

- 코렐(Corel)사가 개발하여 내놓은 벡터 그래픽스 편집기이다.
- 벡터 방식을 사용한다.
- 파일 확장자 : CDR

④ 플래시(Flash)

- 어도비 시스템즈(Adobe Systems)사에서 개발한 상호 작용적인 웹사이트를 제작할 수 있는 프로그램이다.
- 쉽게 애니메이션을 만들 수 있고, 벡터 방식을 사용하여 이미지의 깨짐 현상이 거의 없어 홈페이지 제작시 널리 사용되고 있다.
- 파일 확장자 : FLA(원본파일), SWF(웹사이트 배포용)

# 전자상거래 일반

전자상거래

## 1 전자상거래의 이해

### 1 전자상거래의 개념

일반적으로 전자상거래는 E-비즈니스와 비슷한 개념으로 사용된다. 전자상거래는 보는 관점에 따라 다양하게 정의할 수 있다.

▶ 전자상거래의 정의

| 정의의 주체 | 정의 |
|---|---|
| Kalakota & Whinston | 네트워크를 통한 상품의 구매와 판매 |
| 미 국방부 | 종이에 의한 문서를 사용하지 않고 전자문서교환, 전자우편, 전자게시판, 팩스, 전자자금이체(EFT: Electronic Fund Transfer) 등과 같은 IT를 이용한 상거래 |
| OECD | 문자, 소리, 시각이미지를 포함하여 디지털화 된 정보의 전송, 처리에 기초하여 이루어지는 모든 형태의 상업적 거래 |
| 전자상거래 기본법 | 재화나 용역을 거래함에 있어서 그 전부 또는 일부가 전자문서에 의하여 처리되는 거래 |
| WTO | 전자상거래를 전자적 매체를 이용한 재화와 서비스의 생산, 광고, 판매 및 유통으로 정의하며, 전기 통신적인 네트워크를 강조함으로써 광범위한 전자적 수단을 통해 이루어지는 것으로 이해함 |
| 산업자원부 | 넓은 의미의 전자상거래는 컴퓨터 통신망에서 상품이나 서비스의 구매, 수·발주, 광고 등 경제 활동을 하는 것을 말하며, 좁은 의미로는 인터넷이나 PC통신을 이용하여 상품이나 서비스를 사고 파는 것을 의미함 |

<자료원: 노규성 외 2015, 빅데이터시대의 전자상거래를 기반으로 재구성>

## 2 전자상거래의 장·단점

전자상거래는 인터넷의 발달로 누구나 쉽게 이용하고, 시간과 장소에 관계없이 상거래를 할 수 있는 방법이지만 장점과 단점이 존재한다. 전자상거래의 장점과 단점은 크게 소비자의 측면과 공급자의 측면으로 분리할 수 있다.

▶ 전자상거래의 장점

| 소비자 | 공급자 |
| --- | --- |
| • 시간적·공간적 제약 없음<br>• 상품의 정보를 쉽게 얻을 수 있음<br>• 가격경쟁으로 인해 저렴한 가격으로 구매<br>• 쌍방향 커뮤니케이션으로 니즈 반영<br>• 정보탐색과 사전조사를 통해 계획구매 가능 | • 고정·간접비용을 절감하여 저렴한 비용으로 판매<br>• 영업시간의 제약 없음<br>• 업무의 전산화로 시간과 비용 절감<br>• 쌍방향 커뮤니케이션으로 고객 분석 가능<br>• 중간 유통 생략으로 유통비 절감 |

▶ 전자상거래의 단점

| 소비자 | 공급자 |
| --- | --- |
| • 거래 및 결제 시 개인정보의 누출 우려<br>• 오프라인보다 사기의 가능성이 높음<br>• 사업자에 대한 신뢰성 부족<br>• 정보탐색의 한계가 존재 | • 진입장벽이 낮아 치열한 경쟁<br>• 상품 규격의 표준화 문제 및 물류와 배달 체계의 의존성이 큼<br>• 업무의 전산화로 시간과 비용 절감<br>• 보안시스템과 결제시스템 구축에 따른 추가적인 비용 부담 |

• 현재 여러 선진국들은 인터넷을 이용한 새로운 비즈니스 환경으로서의 전자상거래가 급속히 발전하고 있다. 최근에는 인터넷을 기업 경쟁력 향상을 위한 전략적 도구로 활용하고, 인터넷을 이용하여 다양한 경영 활동을 수행하며, 나아가 수익을 창출하거나 원가 절감을 시도한다.

• 인터넷이 발전하는 과정에서 수많은 개인과 기업들이 E-비즈니스에 참여하고 있다. 어떤 기업은 인터넷을 이용할 수 있는 서비스를 제공하고, 어떤 기업은 소프트웨어를 개발하여 판매하며, 어떤 기업은 인터넷을 통하여 제품이나 서비스를 유통시키기도 한다. 또한 어떤 기업은 인터넷을 이용하여 기업 내부와 외부를 연결하는 등 프로세스를 혁신하기도 한다. 그러므로 이제 전자상거래를 단순히 디지털 매체를 통해 제품이나 서비스를 사고 파는 개념만으로 정의하기는 어려운 실정이다. E-비즈니스는 전체적인 전략이고, 전자상거래는 이 중에 가장 중요한 한 측면으로 볼 수 있다는 것이다.

• 앞으로는 좁은 의미의 전자상거래로부터 가장 많은 가치를 창출하기 위한 더욱 광범위한 E-비즈니스로의 이동이 강조될 것이다. 즉 기업들이 미래 지향적인 기업으로 나아가기 위해 비즈니스와 기술, 그리고 프로세스 등의 정교한 결합을 통하여 비즈니스를 다시 설계·조직하는 방향이 강조될 것이다. E-비즈니스, 인터넷 비즈니스 및 전자상거래의 관계는 다음과 같다.

▷ E-비즈니스

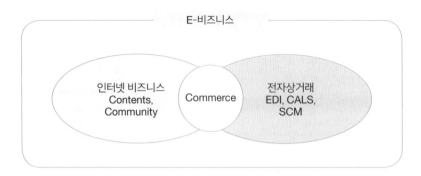

## 2 전자상거래의 유형과 특성

### 1 전자상거래의 유형

전자상거래는 정보통신기술을 기반으로 가상공간에서 디지털 정보를 서로 교환하면서 거래가 이루어진다. 전자상거래의 주체는 개인(Consumer), 기업(Business), 정부(Government)이며, 거래 특성과 거래 방향에 따라서 여러가지 유형으로 구분된다.

#### (1) 전자상거래의 유형

##### ① B2B

- 기업과 기업간 전자상거래인 B2B는 기업과 기업 사이에 일어나 다양한 거래를 인터넷을 통하여 처리하는 것을 말한다. 즉 B2B는 기업의 사설망이나 부가가치통신망 등의 네트워크상에서 주로 EDI(Electronic Data Interchange)를 사용하여 기업간에 주문을 하거나 송장을 받고 지불하는 것이다. 초기에는 주로 무역이나 제조분야에서 널리 활용되어 왔으며, 이제 모든 업종으로 확산되었다. 인터넷을 이용한 B2B의 거래는 소비자가 인터넷을 통해 거래하는 방식과는 다르기 때문에, 기업들이 B2B를 구현하고자 할 때에는 많은 주의를 기울여야 한다.
- B2B의 비즈니스 모델로는 카탈로그 모델, 경매 모델, 교환 모델, 물물거래 모델 등이 있다. B2B의 효과로는 업무처리 시간단축, 구매비용 절감, 적정 재고관리, 고객 서비스 개선, 판매 및 마케팅 비용의 감소, 판매 기회의 증대 등이 있다.

##### ② B2G

- 기업과 정부간 전자상거래인 B2G는 기업과 정부간에 공공 물자의 조달과 같은 것을 인터넷을 통하여 거래하는 형태를 말한다. B2G는 기업과 정부 혹은 기관 간의 전자적 거래과정을 모두 포함하는 전자상거래를 의미한다. 대표적으로 조달청에서는 조달물자의 입찰 및 계약 정보를 인터넷을 통해서 공시와 시설공사의 전자입찰 시스템으로 운영하고 있다.

• 현재 우리 정부가 강력히 추진하고 있는 전자정부도 그 핵심내용은 단일 창구에 의한 원스톱 서비스를 목표로 디지털화 된 대민행정서비스를 제공하는 것이다. B2G, 그리고 정부와 소비자간 전자상거래(G2C)의 범위는 전자정부 구현이 확산되면서 더욱 늘어나게 되며, 그 대상이 되는 정부의 서비스에는 정보제공, 세금징수, 면허교부, 규제관리, 보조금 혜택의 제공, 통계자료, 물품과 서비스의 조달 등 각종 행정정보 및 서비스 분야가 포함될 것이다.

### ③ B2C

• 기업과 개인 간 전자상거래인 B2C는 대체로 쇼핑몰과 같은 형태로 기업과 고객 간에 거래관계가 형성되는 것을 말하며, 공급의 주체는 기업이다.

• B2C는 인터넷의 보급과 더불어 급속도로 성장하였으며, 판매 기업들이 일반 소비자들을 상대로 가상공간인 인터넷상에 전자상점을 개설하고 상품이나 서비스를 판매하는 형태이다. 실제 매장이 필요하지 않기 때문에 임대료 및 유지비가 들지 않는다는 장점도 있지만, 사이버 공간의 인터넷 상점에서도 소비자가 편리하게 쇼핑하도록 하기 위해 도구를 잘 개발하고, 웹 데이터베이스를 구축해야 하는 노력이 필요하기 때문에 전문성이 요구된다.

• 일반 소비자들은 다양한 니즈를 가지고 인터넷에 접속하기 때문에 목표고객을 정확하게 선정하는 것이 중요하다. 따라서 인터넷의 쇼핑몰은 다양한 상품들을 보여주고 개별 상품에 대한 상세한 설명과 풍부한 정보를 제공해야 한다.

• 고객이 직접 컴퓨터와 인터넷을 통하여 물품을 구입하기 때문에 B2C에서는 고객 접점을 통해 고객이 요구하는 정보를 제공하고 고객관리에 전략적으로 대응해야 한다.

• B2C는 인터넷상의 광고나 상품정보, 가격정보 등을 보고 주문, 거래 하는 시스템으로 쇼핑몰 외에도 인터넷 뱅킹을 통한 통장조회, 계좌이체, 통장개설, 대출신청 등이 이에 해당 된다.

### ④ C2C

• 개인과 개인 간 전자상거래인 C2C는 개인과 개인 간에 일대일 거래가 이루어지는 것을 말한다. 개인과 개인 간 거래에서 C2C는 중간의 매개역할을 하는 서버를 통해 상품, 서비스, 정보 등을 사이버 공간에서 거래하는 방식이다. 이는 고객이 공급의 주체인 동시에 수요의 주체가 되며, 인터넷은 매개 역할을 한다. C2C는 인터넷의 사용이 보편화되면서 광범위 하게 확산 된 것이다.

• C2C는 개인이 상품의 구매 및 소비의 주체인 동시에 공급의 주체가 되기도 한다. 인터넷이 소비자들을 직접 연결시켜 주는 시장 역할을 함으로써 가능해진 거래 유형이다. 현재는 경매나 벼룩시장과 같이 중고품을 중심으로 거래가 형성되고 있으나, 향후 더욱 다양한 상품거래가 이루어질 것으로 전망된다. 대표적인 C2C 사례로는 인터넷 경매를 들 수 있다. C2C는 비슷한 욕구와 동기를 가진 개인 소비자들이 효과적으로 의사소통을 할 수 있는 가상공동체를 형성하는 것이 중요하다. 또한 소비자들이 상거래에 참여하기 때문에 고객이 거래 절차를 쉽게 이해할 수 있도록 시스템을 구축하여야 한다.

• C2C의 대표적인 사례로는 e-bay, 옥션 같은 경매사이트와 함께 중고나라 등을 들 수 있다. 최근 인터넷 경매업체들의 매출액이 빠른 속도로 증가하고 있는데, 이는 인터넷 경매 문화가

급속히 보급되는 추세에 따른 것으로 특히 저가 구매, 대량 판매가 가능해진 것이 가장 큰 요인으로 작용하고 있다. C2C 유형의 국내 인터넷 경매업체인 옥션(auction.co.kr), 생활관련 전반을 취급하는 중고나라 등이 있다.

### ⑤ G4C

- 전자정부란 사이버 공간에서의 정부 서비스를 의미하며 전자정부 서비스도 경제주체에 따라 G2B, G2C, G2G 등으로 나눌 수 있으며, G2C의 경우 G4C(Goverment for Citizen)로도 불리고 있다. G4C는 다양한 행정서비스를 전자화, 온라인화 하여 언제 어디서나 접근과 이용을 가능하게 하는 서비스형 정부를 말하며 전자적인 민원안내와 정부 24를 통한 민원처리 서비스 지원이 대표적인 사례이다.

### ⑥ C2B

- 개인과 기업 간 전자상거래인 C2B는 소비자나 소비자 집단이 주도권을 가지고 거래하는 형태이다. 즉 C2B는 고객이 개인적으로 혹은 단체를 구성하여, 상품의 공급자나 상품의 생산자에게 가격이나 수량 등에 관한 조건을 제시하고, 협상을 통해 거래가 이루어진다. 거래의 주도권은 기업이 아닌 소비자가 갖게 되는 거래 형태이다. C2B는 소비자가 직접 상품의 가격 및 부대조건을 제시할 수 있다는 점이 B2C와 다른 점이다.
- C2B는 다양한 욕구를 가진 소비자들이 공동의 목표를 가지고 공동체를 형성하며, 이를 위해 소비자 간에 다양한 의사소통 수단을 제공하여 주는 것이 무엇보다 중요하다.
- C2B의 대표적인 사례로는 인터넷 역경매와 인터넷 공동구매가 있다. 인터넷 공동구매는 특정 상품에 대해서 다수의 소비자가 단체로 주문하여 구입가격을 낮추는 구매방식의 하나로 기존의 쇼핑몰뿐만 아니라 공동구매 전문사이트도 새롭게 등장하여 이러한 공동구매방식을 제공한다.

### ⑦ B2B2C

- B2B2C(Business to Business to Consumer)는 기업과 기업과의 거래, 기업과 소비자와의 거래를 결합시킨 형태의 전자상거래이다. 기업들을 모집하여 소비자와 만나게 해주고, 소비자에게 각종 서비스를 제공해주고 비용을 받는 형태로 되어있다.
- B2B(기업과 기업의 거래)와 B2C(기업과 소비자의 거래)를 결합한 전자상거래로, 기업들을 모집하여 기업 제품들을 소비자에게 판매하는 형태를 말한다. 즉 B2B2C는 다른 기업에게 기술관련 소프트웨어 노하우를 제공하고 그 대가로 라이센스나 개발수수료·유지보수비·서비스 비용을 받는다.
- B2B2C는 마케팅 비용 대비 수익률이 낮은 B2C에 비해 수익률이 높으며, 자금투자 회수기간이 긴 B2B에 비하여 훨씬 빠른 기간 내에 이익을 올릴 수 있다는 장점을 지닌다. 특히 고객기업의 브랜드 파워나 데이터베이스 등의 인프라를 이용할 수 있으며, 고객을 위한 맞춤형 데이터베이스를 가공할 수 있는 장점도 지닌다. 미국이나 일본 등지에서 활발하게 이루어지고 있으며, 최근에는 이의 한 형태로 볼 수 있는 B2B2E(Business to Business to Employee)도 이

루어지고 있다(노규성 외 2014, 스마트시대의 전자상거래).

### ⑧ B2B2E

- B2B2E는 기업 간 거래와 기업과 종업원 간 거래를 결합한 것으로 종업원들이 필요한 제품들을 생산하는 기업들을 모아서 수수료를 받고 입점 시킨 뒤 종원업들을 대상으로 필요한 제품이나 서비스를 제공하는 형태이다(노규성 외 2014, 스마트시대의 전자상거래).

## (2) 새로운 유형의 전자상거래

### ① TV를 이용한 상거래

- TV를 이용한 전자상거래는 TV에 의해 전자상거래가 이루어지는 새로운 형태의 상거래로, TV를 통해 인터넷을 이용하고, 은행과 주식 등의 금융업무와 오락, 쇼핑, 교육 등 일상생활의 많은 문제를 해결할 수 있게 되었다.
- 상거래 유형에는 IPTV와 스마트 TV가 있다. IPTV(Internet Protocol Television)는 광대역 (Broadband) 연결 상에서 인터넷 프로토콜을 사용하여 소비자에게 디지털 텔레비전 서비스를 제공하는 시스템을 말한다. 또한 같은 기반구조를 이용하는 주문형 비디오(VOD: Video on Demand)는 물론 기존 웹에서 이루어지던 정보검색, 쇼핑이나 VoIP(Voice over Internet Protocol) 등과 같은 인터넷 서비스를 부가적으로 제공할 수 있다. 스마트 TV는 TV와 휴대폰, PC 등 3개 스크린을 자유자재로 넘나들면서 데이터의 끊김없이 동영상을 볼 수 있는 TV를 말한다. 인터넷 TV 또는 커넥티드 TV라고도 불린다. 스마트 TV는 콘텐츠를 인터넷에서 실시간으로 다운받아 볼 수 있고, 뉴스·날씨·이메일 등을 바로 확인 할 수 있는 커뮤니케이션 센터의 역할을 한다.
- 이제 TV는 기존에 보는 것만으로 끝나는 것이 아닌 여러 가지 부가적인 기능을 추가하여 TV로 모든 거래를 할 수 있다. 즉, TV에 인터넷 접속 기능을 결합, 각종 앱을 설치해 웹 서핑 및 VOD시청, 소셜 네트워크 서비스, 게임 등의 다양한 기능을 활용할 수 있는 다기능 TV이다.

### ② Mobile 상거래

- 모바일 상거래(M-Commerce)란 이동전화나 휴대 단말기를 이용하여 지불처리가 가능한 모바일 전자상거래를 의미하며, 기존 PC에 의한 전자상거래의 한계를 넘어 모바일 단말기에 이동성과 휴대성을 부여한 것이다.

### ③ SNS 상거래

- SNS(Social Network Service) 상거래는 온라인상에서 재화와 서비스를 사고파는 행위에 있어서 소셜미디어 및 온라인 미디어를 연계하여 소비자의 인맥을 마케팅에 활용하는 형태의 e-커머스로 정의할 수 있다. 소셜미디어의 활용방법에 따라 소셜링크형, 소셜웹형, 공동구매형, 오프라인 연동형 등으로 구분된다.

## ② 전자상거래의 영향

전자상거래는 시장에서 공급자와 소비자 관계의 변화와 비즈니스 사이클에도 큰 영향을 주며, 산업 전반에 엄청난 규모의 변화를 가져올 것이다. 최근에는 모바일과 SNS의 등장으로 인해 사회 전반에 미치는 영향력은 파급효과가 더욱 커졌다고 할 수 있다.

### (1) 비즈니스 형태에 미치는 영향

전자상거래는 모든 비즈니스 프로세스에 영향을 미치고 있으며 전통적 비즈니스와 E-비즈니스로 구분하여 비교할 수 있다. [표]는 비즈니스의 속도, 제품의 속성, 가격 설정 방법, 생산 타이밍, 제공하는 가치, 전략적인 자산 등 비즈니스를 특징짓는 요소를 비교한 것이다.

▶ 전통적인 비즈니스와 E-비즈니스

| 구분 | 전통적 비즈니스 | E-비즈니스 |
|---|---|---|
| 속도 | 매주 | 매분 |
| 제품속성 | 공급자가 선택 | 소비자가 선택 |
| 가격 | 리스트 | 시장이 형성 |
| 생산 | 판매 전 | 판매 후 |
| 가치제공 | 제품 | 통합서비스 |
| 전략적 자산 | 장소 | 소비자 정보 |

<자료원: 노규성 외 2014, 스마트시대의 전자상거래>

#### ① 속도

소비자는 상품과 서비스에 관한 정보와 그 평가를 언제라도 갱신할 수 있다. 따라서 항상 상품과 서비스를 개량하지 않으면 진화하는 고객의 요구를 따라가지 못하고, 결국 고객을 잃어 버리게 될 것이다.

#### ② 제품 속성

소비자가 제품의 특징과 속성을 결정하고 주문을 한다. 미리 결정된 제품의 사양은 시장에서의 실패를 초래할 수가 있다. 다양한 사양과 속성을 선택하도록 소비자에게 선택권을 주는 것이 성공의 비결이다.

#### ③ 직접 판매와 주문 생산

전자상거래에서는 점포가 필요 없기 때문에 제조업자가 직접 소비자에게 상품을 판매할 수 있다. 이와 같은 직접 판매 방식의 도입은 판매할 때 중간 비용을 절감하고, 동시에 소비자의 주문을 받고 나서 제품을 생산하는 주문 생산을 가능하게 한다. 한편 제조업자는 재고를 쌓아 둘 필요가 없기 때문에 재고 관리에 드는 비용을 절감할 수 있으며, 항상 최신 제품을 판매할 수 있게 된다.

### ④ 신뢰성

고객의 요구가 계속 높아지고 있으므로 항상 그에 대처하는 방법을 찾아 나가야 한다.

### ⑤ 규모

시간과 장소에 구애받지 않고 비즈니스를 하여야 하므로 비즈니스 모델 자체를 기존대로 내버려 두어서는 안 된다. B2C 시장에서는 더욱 그렇다.

### ⑥ 전략적 자산

전략적 자산은 장소나 웹 사이트의 외관이 아니라 소비자에 대한 정보이다. 이 정보를 토대로 소비자의 욕구와 필요 사항을 분석하고 추출하여 그에 걸맞는 제품과 서비스를 고안해 내고 평가받을 때에 가업 가치는 상승하게 된다.

## (2) 산업에 미치는 영향

- 전자상거래에 의해 가장 큰 영향 받는 산업(금융, 엔터테인먼트, 여행 등)은 제품과 서비스가 주로 정보 자체인 산업이나 서비스 지향적인 산업이다. 인터넷은 정보를 전달하기엔 훌륭한 수단이며, 가령 계좌 잔액 조회나 계좌 이체, 광고 페이지나 화상, 음악이나 비디오, 소프트웨어, 해외여행의 예약이나 취소 등을 취급하는 산업이 먼저 영향을 받는다. 최근에는 스마트 기기의 발달로 인해 이동 중에도 실시간으로 소통을 하고 있다. 기업은 판매용 시설이나 점포 유지에 드는 비용이 줄어들기 때문에, 저렴한 비용으로 고객을 확보할 수가 있다.

- 소매업이나 유통업 등 소비자를 주요 고객으로 하는 산업에서는 직접 판매 같은 비즈니스 모델을 전개하고 있다. 그래서 생산자와 소비자를 직접 연결하는 인터넷은 기존 소매 유통업에 큰 위협이 되고 있다. 생산자는 고객의 소비 동향을 직접 파악함으로써 민첩한 마케팅을 할 수 있게 되고, 상품을 직접 소비자에게 전달함으로써 물류비용을 절감해 상품 자체의 가격을 낮추어 경쟁력을 확보할 수가 있다.

## (3) 공급자와 소비자의 관계에 미치는 영향

- 공급자와 소비자의 상호 커뮤니케이션 환경 속에서 소비자의 주도권이 점점 더 증대하고 있다. 인터넷이 보급되면서 상품과 서비스에 관한 풍부한 정보를 소비자가 자유롭게 수집할 수 있는 환경이 마련되고, 기존의 정보에 대한 공급자의 우위성은 급속히 줄어들고 있다. 인터넷에서 공급자와 소비자를 연결하고, 여러 공급자가 공급하는 상품과 서비스의 기능이나 가격을 소비자가 신속하게 비교할 수 있는 시장을 주도할 새로운 중개업자의 등장이 큰 역할을 하고 있다. 소비자에게 매력적인 시장을 제공하는 중개업자가 주도하는 웹사이트에는 많은 소비자를 끌어 모으는 힘이 있으며, 이런 힘을 바탕으로 수량적인 면에서 구매력을 획득한 것도 소비자에게로 주도권이 이행되는 중요한 요인이 되고 있다.

## 1 전자상거래 프로세스의 이해

### ① 쇼핑몰 구축 방법과 절차

쇼핑몰 사이트뿐만 아니라 웹 사이트를 개발하는 일반적인 절차는 프로젝트 수행의 형태 즉 자체 개발 혹은 용역개발 등의 방법에 따라 달라질 수 있다. 또한 사이트의 성격(소셜커머스, B2B 혹은 B2C 상거래사이트, 경매 사이트 등)에 따라 약간씩의 차이는 있을 수 있으나 일반적으로 비슷한 절차를 통해 개발이 진행된다.

#### (1) 개발요청서와 개발계약 체결

웹사이트를 외주용역개발 방식으로 진행할 경우는 제안요청서(RFP: Request For Proposal)를 외주개발대행업체로 발송한다. 외주개발에 참여를 희망하는 업체는 제안서를 접수하게 되고, 클라이언트는 제안서 평가를 통하여 개발업체를 선정하게 된다. 선정된 업체와의 개발계약을 체결함과 동시에 프로젝트는 시작된다.

##### ① 제안요청서

클라이언트가 개발사에게 제공하는 것으로 클라이언트가 희망하는 개략적인 요구사항을 개발용역을 수행하는 기업 혹은 조직에게 전달한다. 이 서류는 개발사가 제안서를 작성하는데 필요한 사항들로, 요구사항에 대한 상세한 내용일수록 제안서의 내용에 정확하게 반영이 될 수 있다.

##### ② 제안서

RFP를 참고로 하여 프로젝트에 대한 제안서를 작성하는데 프로젝트 제안서의 주요 내용으로는 개발개요, 개발범위 및 내용, 인력투입계획, 일정계획, 사이트의 방향성 및 주요 콘셉트, 개발과정, 예산소요계획, 교육훈련 등의 내용들로 구성된다.

##### ③ 개발사선정 및 개발계약서 작성

제안서를 접수한 클라이언트는 제출된 제안서의 평가 및 검토 작업을 실시한 후에 어떤 업체에 프로젝트를 맡길 것인가 의사결정을 한다. 다음 단계로 개발계약을 체결하게 되며, 계약서의 주요 내용으로는 계약금액, 지불조건, 개발범위, 하자보수, 납기관련 조항 등의 내용으로 구성되며, 첨부로 개발범위, 인력투입계획, 예산소요 계획 등에 대한 상세 문서들을 첨부할 수도 있다.

## (2) 사이트 전략 및 콘셉트 설정

전체 개발 프로세스 중에서 사이트 콘셉트 및 전략설정 단계가 매우 중요한 단계인데 그 이유로 이 단계에서는 사이트의 전략, 사이트 콘셉트 설정, 사이트가 추구하는 목표, 마케팅, 이벤트 및 홍보 전략, 그리고 운영전략 등 전략적 관점의 명확한 정의가 필요한 단계이기 때문이다.

### ① 사이트 콘셉트(Site Concept)

웹 사이트를 통하여 사용자 혹은 방문자들에게 전달하고자 하는 내용을 말하는 것으로 웹 사이트의 목표고객이 어떤 사람들인지, 어떤 내용을 어떤 구조로 제공하고 있는지, 사이트의 이미지는 어떤 것인지 등에 대하여 명확하게 전달하기 위한 개념이다. 콘셉트를 전달하는 요소로는 사이트의 구조와 전략, 콘텐츠의 종류, 내비게이션 방식, 그리고 그래픽 디자인 이미지 등이다.

### ② 사이트 목표(Site Goals)

많은 수의 웹 사이트들이 존재하고 있으나 정작 고객들에게 진정한 가치를 전하는 사이트는 그리 많지가 않다. 잡다한 정보들을 제공함으로써 사이트 전체적으로 풍부한 콘텐츠를 보유하고 있는 것처럼 여겨질 지라도 정작 대상고객에게 필요한 정보는 10% 내외의 수준이라면 사이트의 존재가치는 낮다고 볼 수밖에 없다.

### ③ 마케팅 및 홍보전략

전자상거래 사이트의 경우 전자적 환경에서 구매행위가 발생하는 특징이 있기 때문에 가격, 품질, 그리고 이에 따른 신뢰가 무엇보다 중요하다. 제품의 가격전략, 품질에 대한 인식을 높여주기 위한 방법, 고객 신뢰 형성을 위한 방안 등에 대한 전략적 접근이 반드시 고려되어야 한다.

### ④ 사이트 운영전략

운영단계에서는 고객지원, 개인정보보호정책, 운영에 관한 내부 규정 및 기준 등에 대한 사항들이 사전에 고려되어야 한다. 불량 회원들에 대한 처리규정은 어떻게 할 것인지, 물품의 반납 및 환불정책, 배송서비스는 어떻게 할 것인지, 코너별 입점 업체 관리기준은 어떻게 할 것인지 등을 고려하여야 한다.

## (3) 사이트 기획

사이트의 콘셉트와 전략설정 단계 이후 사이트를 구체적으로 기획하고, 관련 요구사항들을 분석하고, 정보를 수집하며, 메인페이지 디자인 및 레이아웃에 대한 시안(원형제작, Prototyping)을 제작한다. 이 과정에서 명확하게 정의된 요구 사항은 프로젝트의 실패 가능성을 최소화하며, 클라이언트의 요구를 충족시켜 준다는 점에서 고객만족도를 높여 줄 수 있다. 이 단계에서 이루어지는 세부업무들은 아래와 같은 요소들이다.

### ① 사이트 기획(Planning)

개발계약이 체결되면 요구분석 및 정보를 수집하는 과정을 거치게 된다. 사이트 기획의 초기 작업으로는 의뢰하는 기업의 담당 실무자들과의 의사소통이 매우 중요하다. 이 단계에서 프로젝트를 추진하는 기업과 의뢰한 기업간에 마찰이 생길 소지가 많은 과정이라고 할 수 있다. 왜냐하면 요구사항에 대한 정의가 명확하지 않은 상황에서 의뢰하는 쪽의 요구사항이 과다할 수도 있으며, 기술적으로 개발의 난이도가 높아져서 제안시의 계약금액이나 일정을 초과하는 경우도 발생하기 때문이다. 따라서 계약 시에 계약금액을 명확하게 확정을 하고 계약을 한 경우에도 예외 조항을 두거나 수차례의 타협의 과정을 거치면서 적정 수준에서 계약금액을 확정하는 것이 좋다.

### ② 시안제작

웹 페이지는 무형의 제품이라고 할 수 있기 때문에 프로젝트 완료 단계에서 클라이언트와 프로젝트 수행조직 간 의견차이가 생길 경우 심각한 문제가 발생될 우려가 있다. 따라서 이러한 문제점을 해소하기 위해서는 사전에 시안제작을 통하여 문제발생의 소지를 차단하는 것이 현명하다. 그래서 사이트 기획단계에 메인화면의 디자인과 메뉴구조, 개략적인 사이트 맵 등에 대하여 시안(기획서)을 제작하여 상호 논의과정을 거쳐야한다. 특히 디자인 부분에서는 사람마다 주관적인 시각차가 많기 때문에 개발 초기에 의견 조율이 매우 중요하다.

### ③ 웹 내비게이션 보드 작성(Web Navigation Board)

웹 내비게이션 보드란 스토리 보드와 비슷한 개념인데 웹 사이트 디자인 및 개발을 위한 사전작업으로 전체 사이트에 대한 가상 내비게이션 체계와 페이지별 레이아웃, 사이트 구성요소, 사이트 맵, 데이터 플로 차트(Data Flow Chart) 등을 포함하는 기획서를 말한다. 일반적으로 파워포인트 소프트웨어를 사용하여 작성하는 경우가 많으며, 작성된 보드를 가지고 클라이언트와의 수차례에 걸친 협의 과정을 통해 확정을 하게 된다.

### ④ 타사이트 벤치마킹(Benchmarking)

웹 기획을 담당하는 기획자들은 클라이언트들의 요구사항과 자신의 아이디어를 동원하여 전체적인 사이트의 윤곽을 설계하는 역할을 담당한다. 그 과정에서 창조적 아이디어 창출을 위해서 우수한 사이트를 벤치마킹 하거나 분석하는 것이 필요하다. 아무리 아이디어가 풍부한 기획자라 하더라도 아이디어를 짜내는 것에는 한계가 있기 마련이다. 따라서 웹 기획자들은 앞서가는 사이트나 최신의 기술을 활용하여 제작된 홈페이지들을 벤치마킹 할 필요가 있다. 한 가지 유념해야 할 사항은 벤치마킹이 복사를 의미하는 것은 아니며 모방을 의미하는 것은 더더욱 아님을 명심하고 단지 새로운 아이디어에 대한 힌트를 얻는 목적으로 활용해야 한다는 것이다.

### ⑤ 기타 기획 활동

그 밖에도 기획 단계에서 이루어지는 일들로는 사용자인터페이스 디자인, 구현방식 선정, 웹 사이트 운영을 위한 관리자 툴 페이지 기획, 개발자 및 디자인 작업을 위한 환경 조성, 그리고 프로젝트 팀 구성 및 관리 등에 대하여 관련 부서와 긴밀한 논의 등이다.


## (4) 사이트 구현 및 테스트

사이트 구현의 과정은 크게 디자인 단계와 구현 및 테스트 단계로 나눌 수가 있다. 순서상으로 보면 페이지 디자인이 어느 정도 진행되면 프로그램 작업이 들어가는데 반드시 순차적으로 접근할 필요는 없다. 왜냐하면 회원가입, 상품 주문시 배달지 등과 같이 입력양식이 필요한 페이지를 위한 데이터베이스를 설계하거나 게시판 등과 관련된 프로그램 작업을 병렬로 진행 할 수도 있기 때문이다. 그리고 전자상거래 사이트의 경우 결제관련 모듈 부분에서 지불대행사(Payment Gateway Service)의 인증시스템과 웹사이트의 연결과 관련한 각종 기술적 문제 등에 대한 개발도 있다. 또한 각종 마일리지 정책과 관련된 프로그래밍, 고객관계 마케팅 등을 위한 모듈 개발 등의 개발과정이 동시에 진행될 수 있다.


### ① 웹 페이지 디자인

그래픽 디자인은 웹 사이트의 전체적인 분위기를 좌우하고, 효과적으로 사이트 콘셉트를 전달하기 위한 매우 좋은 수단이다. 또한 각종 메뉴의 구조나 위치, 표현방식 등에 따라 사용자 편이성이 좌우되기도 하기 때문에 매우 중요한 작업 과정이다. 메뉴 바의 디자인, 배경화면의 분위기, 버튼의 모양 등을 통하여 방문자 혹은 사용자들의 감성적 만족감을 채워 줄 수도 있다. 플래시 이미지를 이용하여 동적이고 재미있는 디자인을 제공함으로써 지루함을 달래주기도 한다. 따라서 웹 페이지 상에서 표현의 범위나 상상의 한계는 무한하다고 볼 수 있으나 과도한 그래픽 이미지들을 사용하여 사이트 전체적인 성능을 떨어뜨리고, 사용자들의 주위를 산만하게 함으로써 오히려 역효과를 주는 경우도 있기 때문에 균형을 유지하는 것이 중요하다.


### ② 구현

ASP(Active Server Pages)나 PHP(Hypertext Preprocessor) 등의 서버사이드 언어(SSL: Server Side Language), 스크립트 언어를 이용하여 프로그래밍 작업이 진행되는데 프로그래밍 과정은 소스코드를 만들어 내는 작업이다. 프로그래밍은 디자인 된 페이지 혹은 설계된 데이터베이스에 저장된 데이터들을 처리하는 역할, 페이지 상에 표현하고자 하는 내용을 HTML형식으로 표현하는 역할, 그 밖에도 웹 사이트에 필요한 다양한 기능들을 하드웨어 환경을 고려하여 소프트웨어로 구현하는 과정이다.


### ③ 테스트 및 디버깅

웹 페이지가 디자인되고 프로그래밍이 완료되면 기획담당자, 클라이언트, 기타 관련 자들에 의해 테스트가 진행된다. 초기 기획된 기능들이 정상적으로 구현되어 있는지, 정상적으로 구현된 기능들이 의도된 대로 작동을 하고 있는지, 확정된 내비게이션 보드상에 명시된 작업들은 빠짐없이 개발되어 있는지, 전자상거래 기능에서 정상적으로 결제과정이 진행되는지, 관리자 툴의 기능은 정상적으로 작동하는지, 페이지 내용에 오탈자는 없는지 등등에 대한 세밀한 테스트 과정을 거치게 된다. 개발을 담당하는 팀에서는 검수를 위한 목록을 작성하여 제시할 수도 있으며, 테스트 참가자들은 테스트 리포트를 작성하여 수정보완 작업인 디버깅 단계를 거치게 된다.

#### ④ 검수 및 개발완료 보고

검수 및 디버깅 과정을 거치고 검수가 완료된 사이트는 일반에 오픈(Lunching) 되며, 본격적인 운영에 들어가게 된다. 프로젝트를 완료하기 위해서는 그간 진행된 작업들에 대한 문서정리 작업을 하게 된다. 가장 바람직한 방법은 개발 도중에 개발일지를 작성하여 개발된 내용을 정리하는 것이 좋다. 그러나 많은 수의 개발자들의 경우 문서작업은 프로젝트 완료 단계에서 진행하는 경우가 있는데 바람직한 방법은 아니라고 생각 된다. 반드시 프로젝트 진행과정에 문서작업을 병행해 나가야 하며, 문서화된 내용은 회사의 중요한 지적재산으로서의 가치를 지니게 되며, 이후 웹사이트를 유지보수하거나 업그레이드 작업을 하고자 할 경우에 매우 중요한 기술문서로서의 역할을 하게 될 것이다. 대개의 경우 개발완료 보고서에 관련 문서를 첨부하여 3부를 작성하고, 1부는 개발사에서 2부는 클라이언트가 보관하는 경우가 일반적이다. 문서보고서 뿐만 아니라 소스 코드를 백업(Backup)한 CD 원본도 같이 동봉하여 보관하는 것이 안전한 방법일 것이다.

## 2 물류 및 배송관리

### 1 물류관리의 개념

물류라는 개념은 1960년대 초 미국 마케팅 분야에서 처음으로 사용되기 시작한 'Physical Distribution'에서 그 어원을 찾을 수가 있다. 'Physical Distribution'을 물적유통으로 번역하여 사용하다가 1970년대 말 일본에서 사용하던 '물류'로 축약된 언어가 그대로 도입되어 현재에 이르고 있다.

#### (1) 물류관리의 개념 관점

##### ① 협의의 관점

• 미국의 마케팅 학회에서 협의의 관점에서 물적유통이란 '생산지점으로부터 소비 또는 이용지점까지 재화의 이동을 관리하는 것'으로 정의하고 있다. 이 경우 물적 유통은 상거래적 유통을 지원하는 것을 말한다.

##### ② 광의의 관점

• 미국 물류관리협회는 '소비자가 원하는 제품이나 서비스를 생산하는 데 필요한 원자재와 부품의 조달 및 제품의 생산과정과 유통과정을 거쳐 최종 소비자에게 이르는 전 과정에 대한

제품이나 서비스의 이동을 효과적이고 효율적으로 계획, 실시, 통제하는 것'으로 정의한다. 또한, 국내의 경우 물류를 '재화를 공급자로부터 수요자에게 이동시켜 시간적 공간적 가치를 창조하는 물리적인 경제활동'으로 정의하고 있다. 여기에서 공급자는 경우에 따라서는 생산자가 될 수도 있고(생산자와 소비자의 관계에서), 조달업자가 될 수도 있기 때문에(조달업자와 생산자의 관계에서), 우리나라의 물류 개념은 미국물류관리협회에서 내린 넓은 의미의 물류 개념으로 이해하고 있음을 알 수 있다. 일반적으로 물류의 정의를 5R로 설명하기도 한다. 즉, **필요상품(Right Product)**을 **필요한 장소(Right Place)**에 **필요한 시기(Right Time)**에 **적정가격(Right Price)**으로 **적정조건(Right Condition)**하에 인도하는 것을 의미한다.

▷ 물류의 범위

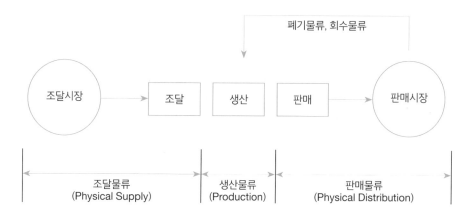

## (2) 물류의 범위와 기능

• 물류관리의 개념은 원자재를 조달 받아 제품을 생산하고, 소비자에게 판매하는 전 과정 상의 재화의 흐름과 정보의 흐름을 효율적으로 관리하는 것이다. 이를 위해서 운송(수송), 보관, 하역, 포장 등과 같은 기본적인 물류 기능들의 효율적 수행이 절대적으로 필요하다. 참고 이미지에서 보는 바와 같이 물류의 범위는 조달, 생산, 판매과정에서 물적 흐름을 관리하는 조달 물류, 생산물류, 판매물류와 반품물류, 폐기물류로 나눌 수 있다.

▶ 물류의 범위와 물류관리의 기능

| 영역 | 물류관리의 세부기능 |
| --- | --- |
| 조달물류 | 조달업자로부터 생산자의 자재창고까지 수배송과 입고된 자재를 보관, 재고관리 작업을 계획하고 실행 통제하는 활동 |
| 생산물류 | 자재창고에서 생산공정이 이루어지는 곳까지 운송하역하고 공정 완료 후 제품창고에 입고까지의 물류활동 |
| 판매물류 | 제품창고에서 출고 후 배송센터로 수송 및 배송되는 단계의 물류 흐름을 계획 및 실행 관리하는 활동 |
| 반품물류 | 고객에게 이미 판매된 제품이나 상품자체 불량에 의한 반품을 위한 물류활동 |
| 폐기물류 | 파손 또는 제품의 진부화로 제반 기능의 수행이 불가하거나 기능수행 후 소멸을 목적으로 폐기처분하는 물류활동 |

- 물류의 기능 활동 가운데 가장 기본적인 것은 수송 또는 운송으로 생산자와 소비자 간의 시간적, 공간적 장애를 해결하여 상품의 가치를 올리는 활동이다. 수송은 물류 네트워크상 원료의 공급 및 생산, 배송 그리고 최종 소비자와의 각 접점을 물리적으로 결합 관리하기 위한 계획, 실행, 통제의 활동이다. 특히 오늘날 글로벌 환경에서의 공급사슬의 역할 관점에서 가장 중요한 물리적 흐름이다.
- 상품의 가치는 본질적 가치도 중요하지만, 물류활동에서 가치의 평가에 영향을 주는 물류활동 가운데 매우 중요한 기능은 포장기능이다. 포장은 개별포장, 속포장, 겉포장으로 구분할 수 있다.
- 보관기능은 제품보관, 상품혼합 및 이동, 제품보호 등의 역할을 하며, 설비공간, 노동 그리고 장비를 포함하여 물리적 흐름의 관리 활동을 담당한다. 보관기능은 제품의 가치측면에서 계절적 수요변동에 대처할 수 있는 매우 중요한 기능이다.
- 하역기능은 물품의 수송 및 보관과 관련하여 발생하는 분류 및 이동의 작업이다. 이상의 기본적 물류기능 외에도 물류정보를 수집, 가공하여 종합적인 물류관리의 효율증대를 위해 필요한 정보 기능과 상품의 유통과정 중에 단순한 재가공, 재포장, 재조립 등 부가가치를 올리기 위한 활동으로 유통가공의 기능도 매우 중요한 기능들이다.

### (3) 물류관리의 목표

물류 및 물류관리의 최종목표는 물류의 흐름을 합리화하여 물류비용을 절감함으로써 기업의 이윤을 높이는데 있다. 또한 물류의 흐름이 합리화 된다면, 물류의 흐름이 빨라질 것이기 때문에 고객들에게 제품이 적시에 전달 되는 등 서비스 극대화의 중요한 역할을 한다.

#### 물류의 목표

일반적으로 물류의 목표는 필요상품(Right Product)을 필요장소(Right Place), 그리고 필요시기(Right Time)에 적정가격(Right Price)으로 적정조건(Right Condition)하에서 배달하는 것이 기본원칙으로 5R 원칙이라 한다. 또한 적정상품(Right Commodity)을 적정품질(Right Quality)로, 적정량(Right Quality)을 적정시기(Right Time)에, 그리고 적정장소(Right Place)로 적정가격(Right Price)에 적정인상(Right Impression)으로 고객에게 전달하여야 한다고 주장하는 7R의 원칙이 주장되기도 한다. 이와 같이 적정(Right)의 의미는 고객이 원하는 서비스 수준을 의미하며 이 원칙을 효과적으로 수행하기 위해서는 운송, 하역, 보관, 포장, 정보 및 유통가공의 기능들을 통합관리할 필요가 있다. 이러한 원칙들을 준수하기 위한 물류관리 활동의 목표는 크게 비용절감과 서비스 수준의 향상으로 나눌 수 있는데 구체적으로는 다음과 같이 요약된다.

| 물류관리 목표 | 내용 |
|---|---|
| 물류비용 절감 | 운송비는 전체 물류비용의 40% 정도를 차지하는 것으로 나타나고 있는데, 물류 흐름을 합리화하여 유통구조를 간소화하고, 물류의 흐름을 빠르게 함으로써 운송비를 포함한 전체 물류비용을 절감하겠다는 것이 가장 큰 목적이다. 즉, 물류경로를 단축하고 적정 재고정책을 도입하여 수송화물의 로트화를 통하여 수송횟수를 줄여 비용절감을 기대할 수 있다. 또한 이러한 절차의 정보시스템화를 통하여 업무의 효율을 도모한다. |
| 인적비용 절감 | 중간 유통구조를 없앰으로써 이를 관리하기 위한 인원을 감축하거나, 감축된 인적자원을 기업의 핵심역량 강화를 위해서 재투입함으로써 인적비용 절감과 효율적인 인력 활용을 꾀하고자 하는 것이 두 번째의 목적이다. 이를 달성하기 위해서는 전사적 관점에서 물류합리화가 이루어져서 통합적인 관리가 가능한 조직을 만들 필요가 있다. |
| 고객서비스의 향상 | 물류합리화는 결국 고객들에게 보다 질 높은 서비스를 제공하기 위한 목적이기 때문에, 고객서비스 향상도 물류비용 절감이나 인적비용 절감만큼이나 중요한 목적 중의 하나이다. 이때 고객서비스 수준의 결정은 고객 지향적이어야 하며, 경쟁사의 서비스 수준을 고려한 수준에서 최소비용으로 보다 경쟁력 있는 고객 서비스가 제공되도록 해야 한다. |

## (4) 물류유통의 환경 변화

### 물류환경의 변화

• 전자상거래 환경에서는 주로 인터넷 쇼핑몰을 통해서 상거래가 이루어진다. 하지만 소비자가 구매한 제품이 디지털 제품이 아닌 경우는 기존의 전통적인 방법으로 소비자에게 주문 제품을 물리적으로 전달해야 할 것이다. 이는 결국 소비자로 하여금 자사의 홈페이지에 접속하여 제품을 구매하도록 유도하는 것도 중요하지만, 자체의 물류 비용절감과 고객에게 수준 높은 서비스를 제공하기 위해서는 제품이 생산자로부터 소비자에게 최소의 비용으로 신속하게 배달될 수 있는 물류정보시스템 구축이 절대적으로 필요함을 의미한다. 이런 점 때문에, 대부분의 사이버 쇼핑몰 운영자들은 홈페이지를 구축하여 고객에게 좋은 인상을 주고, 구매를 유발시키는 데 주력하고 있으며, 일단 주문이 들어오면 업체와 소비자를 연결하는 효율적인 배송체인 관리시스템 구축에 주력하고 있다.

• 인터넷 비즈니스의 도입으로 인한 물류 유통 부분의 가장 큰 변화는 제3자 물류회사(3PL: Third Party Logistics)의 등장이라 할 것이다. 제3자 물류회사는 수송, 보관, 유통만을 전문으로 하는 물류 전담기업으로 물류에 관련된 모든 업무를 담당하는 형태로 발전하였다. 예를 들어 DHL, UPS, FedEx 또는 우리나라의 택배 회사들이 대표적인 제3자 물류회사들이다.

### 유통 환경의 변화

• 전통적인 상거래는 시간과 공간 측면에서 제약을 갖고 있지만, 전자상거래의 경우 이러한 제약을 극복할 수 있게 해준다. 예를 들면, 일반적인 상점(마트)의 경우 24시간 영업을 한다고 하더라도 제한된 고객들만 매장을 찾게 된다. 또한 고객들은 매장에 진열된 제품들에 한해 선택을 할 수 있다는 단점을 가지고 있다. 그러나 전자상거래의 경우, 인터넷만 연결되어 있으면, 시간과 공간의 제약없이 앉은 자리에서 원스톱으로 원하는 상품을 검색하고 구매를 할 수 있

게 해준다. 이로 인해 전통적인 상거래에서 존재하였던 구매 단계와는 다르게 생산자와 소비자가 직거래를 통하여 유통비용을 대폭 줄이게 되는 결과를 가지고 오게 되었다.

## 전자상거래에 따른 유통 환경의 변화

- 유통부문의 가장 큰 변화는 유통구조의 단순화에서 찾을 수가 있다. 기존의 거래에서 기업과 소비자를 연결시킨 중간 매개체 역할을 담당했던 중간자(도매, 소매 등)의 역할이 감소하거나 없어지는 근본적인 변화를 맞게 되었다. 이를 통해서 소비자들은 주문 제품을 보다 신속하게 그리고 보다 저렴한 가격으로 구매할 수 있는 전기가 마련되었다.

- 거래 자체가 서로 연결된 인터넷을 통해서 이루어지기 때문에, 네트워크를 통해서 배송될 수 있는 MP3 음원파일 같은 디지털 상품의 경우 주문과 동시에 배송이 가능하게 되었다. 중간상 배제현상이 발생한 후에 고객이 각기 상이한 공급사를 탐색하는 과정의 비효율성이 발생함으로써 없어졌던 중간상이 다시 생기는 중간상 재창출의 현상도 있다. 즉, 가격비교 사이트나 각종 검색엔진, 인터넷 쇼핑몰, 결제대행 시스템 등의 금융 중개상이 과거에는 없던 새로운 유통구조의 변화를 나타내고 있다.

## 생산 및 유통의 변화와 물류 합리화 전략

- 모든 기업들은 물류비용을 절감하고 고객에게 보다 수준 높은 서비스를 제공하기 위해서 노력하는데, 기업들이 이처럼 물류비용 절감과 고객에게 더욱 향상된 서비스를 제공하기 위해서 노력하는 이유는 생산 및 유통분야에서의 환경 변화에서 그 이유를 찾을 수가 있다.

  - **생산부문의 변화**: 판매시장의 중심이 생산자에서 소비자에게로 변화됨에 따라 소비자인 고객의 요구가 가격, 품질, 납기면에서 다양화, 고도화, 정밀화 되고 있기 때문이다. 고객의 이러한 요구를 충족시키기 위해서 소품종 대량 생산체제인 규모의 경제시대를 벗어나 범위의 경제인 다품종 소량 생산체제로 전환되고 있다. 고객의 다양한 요구를 충족시키기 위해서는 다품종 소량 생산체제로의 변화는 필연적이 되었다. 그러나 이러한 변화로 물류비용이 상대적으로 증가하게 되는데, 기업의 입장에서는 어떻게 물류비용을 절감하면서 고객에게 품질, 가격, 서비스면에서 만족을 주느냐가 큰 관건으로 등장하게 되었다.

  - **유통부문의 변화**: 생산부문의 다품종 소량 생산체제로의 변화는 유통부문을 소빈도 대량배송 체제에서 다빈도 소량배송 체제로의 전환을 유도했다. 이 또한 기업 입장에서는 받아들일 수밖에 없는 필연적인 결과가 되었다. 이에 따라 배송빈도수가 높아질 수밖에 없기 때문에, 물류배송 비용이 증가하게 되었고, 이 같은 문제를 해결하는 것이 유통업자들이 풀어야 할 과제로 남아 있다.

- 생산부문과 유통부문의 이러한 변화는 기업들로 하여금 자연스럽게 비용절감 문제를 제기하였고, 현재의 치열한 경쟁 상황에서 다른 요소들의 비용절감은 거의 한계점에 이른 반면, 전체 비용에서 아직 물류비가 차지하는 비중이 상대적으로 높을 뿐만 아니라 선진국에 비해 비합리적으로 운영되고 있는 실정을 인지하게 된 것이다. 그래서 물류부분은 아직 비용절감 가능성이 가장 큰 분야로 비용 절감을 위해서는 물류합리화의 구체적 시도가 필요한 것이다. 결과적으로 기업들이 실현하고자 하는 물류전략을 정리하면 다음과 같다.

  - 타 경쟁사와 차별화 된 물류관리 전략

– 판매시장의 변화 즉, 고객의 욕구 변화에 대응할 수 있는 물류시스템 구축

– 물류합리화를 통한 기업의 체질 개선

– 기업 이미지 쇄신

– 고객의 서비스 수준 향상

## 물류정보시스템

• 물류정보시스템이란 정보주체 간 수배송, 포장, 하역, 보관 등의 활동이 유기적으로 결합된 정보관리 차원의 효율화를 지원하는 정보시스템이다. 즉 종합적인 물류활동을 원활하게 하기 위해서 생산에서 소비에 이르는 모든 물류활동을 유기적으로 결합하여 전체적인 물류관리를 효율적으로 수행하는 시스템이다.

• 물류 관련 정보기술에는 바코드(BarCode), 판매시점관리(POS: Point of Sale), 전자자료교환(EDI: Electronic Data Interchange), 스마트카드(Smart Card), RFID(Radio Frequency IDentification), 자동위치측정시스템(GPS: Global Positioning System) 등 첨단 기술들이 통합적으로 사용된다.

• 최근의 물류 유통분야의 변화는 물류관련 주체간 물류활동을 개별적으로 하는 것이 아니라, 공동 또는 통합적으로 관리하려는 통합물류시스템을 구축하는 방향으로 전환되고 있다. 여기에서 통합물류시스템이란, 조달, 생산, 판매 영역의 영역별 통합은 물론 물류관련 주체들 즉, 조달업자, 생산업자, 유통관련 물류기업, 소비자까지를 연결하여 물류의 효율성을 실현하자는 통합정보시스템의 일종으로 이해된다. 이를 실현하기 위한 구체적인 수단으로 기업들이 도입하고 있는 대표적인 전략이 공급사슬관리(SCM: Supply Chain Management)와 RFID 기술이다.

• 공급사슬관리(SCM)는 관련 모든 대상자를 위해 공급자로부터 소비자에게 재화나 서비스의 이동에 관련된 많은 활동을 효율적이며 효과적으로 조정하며 관리하는 과정으로, 재고의 감축, 납기 단축, 재고회전율 향상, 고객만족 향상, 비용절감을 통하여 공급사슬의 가치 증대에 기여한다. 이는 공급사슬에 수반되는 수송, 창고 업무, 재고관리 등 다양한 활동들의 계획, 실행 및 통제를 처리한다.

• 최근에는 GPS를 사용한 무선이동통신의 위치기반 기술과 RFID 기술을 이용하여 물류의 유비쿼터스 시대를 서비스한다. 이 소형의 마이크로칩 장치인 RFID는 제품에 부착되어 제품이 공급사슬을 따라 이동할 때 그 위치에 대한 정보를 알려준다. 따라서 기업의 공급사슬 시스템은 재고정보에 실시간으로 접근할 수 있고 재고가 적을 경우 자동보충주문을 낼 수 있다. 예를 들면, 질레트(Gillette)사는 월마트(Wal-Mart)와 함께 RFID를 사용하고 있으며, 이른바 '지능형 선반'은 RFID 태그(Tag)로부터 신호를 읽을 수 있다. 이 시스템은 선반에서 재고가 떨어져 갈 때 직원에게 재고를 채우도록 알려주고, 창고의 재고가 떨어져 가면 관리자에게 주문을 내도록 알려준다.

• 물류는 물리적 재화의 흐름이지만, 재화의 흐름 이면에는 언제나 정보의 흐름이 수반되고, 물류 흐름의 속도는 결국 재화의 수·배송 전략뿐만 아니라, 재화의 흐름 이면에 수반되는 정보의 흐름이 얼마나 효율적이고 빠르게 진행되느냐에 따라 결정된다고 할 수 있다. 물류정보시스템은 재화의 이동과 관련하여 이루어지는 수송(운송), 하역, 보관, 포장 등에 관련된 정보들을 유기적으로 결합하여 물류관리를 지원하는 관리운영 시스템이라 정의할 수가 있다.

- 물류정보시스템은 고객이 원하는 시간에, 원하는 제품을 신속, 정확, 안전하게 전달하기 위한 주요관리대상으로, 화물정보, 화주정보, 화물의 운송수단에 관한 정보 및 화물 운송 자체에 대한 정보를 다룰 뿐만 아니라, 항만정보, 화물하역에 대한 정보, 보험정보, 화물통관정보 등을 관리대상으로 한다.

### 물류정보시스템 주요 기능

① **계획기능**: 어떤 운송수단을 이용할 것인가? 어디까지 배송할 것인가? 어떤 순서에 따라 배송할 것인가? 등을 계획하는 것은 물류의 흐름을 원활하게 하기 위한 필수적인 기능들로, 물류정보시스템은 이와 같은 기본적인 일들을 계획하는 기능을 수행한다.

② **조정기능**: 물류 수·배송 계획과 실행 사이에 차이가 발생하면, 물류정보시스템에 입력된 정보를 바탕으로 이를 조정하는 역할을 기본적으로 수행하며, 여기에서 말하는 조정 기능이란 하위 조달계획, 생산계획, 배송계획의 모든 내용들이 공유되기 때문에, 이들 계획 사이의 조정이 필요한 경우, 세부 계획들을 조정하는 기능을 수행함을 말한다.

③ **통제기능**: 조달, 생산, 배송계획이 계획대로 실행될 수 있도록 점검하고 통제하는 기능을 말한다.

④ **고객서비스 및 커뮤니케이션 기능**: 기타 기업정보시스템과 달리 물류정보시스템은 인터넷을 통한 상거래를 기반으로 구축되는 것이기 때문에, 고객이 원하는 시간에 고객이 원하는 곳에서 언제든지 커뮤니케이션 할 수 있는 경로가 마련되어 있어야 하는데, 고객과의 이런 커뮤니케이션 기능이 제공되어야 한다.

### 물류 아웃소싱

- 전자상거래 환경에서 물류는 정보기술의 발전 혜택을 가장 적게 누리는 분야라고 하였다. 그 이유는 상거래 활동에서 경영관리부분과는 달리 상품의 배송과 관련한 물리적인 이동은 불가피한 현실이기 때문이다. 그래서 전체적 가격 경쟁력을 유지하면서도 고객에게 만족스런 배송 서비스가 해결과제가 된 것이다. 이런 추세에 물류 종합 회사들과의 전략적 제휴는 필요한 물류기능 부서를 사내에 두는 효과를 누리게 된다. 물론 B2C나 오픈마켓과 같은 경우도 전문 물류회사의 우수한 택배 서비스를 활용하는 것은 중요한 경쟁력의 원천이 된다.

① **제3자 물류 아웃소싱**
- 전자상거래 기업의 경우 대표적 물류 아웃소싱의 하나로 공급망의 물류기능을 외부에 위탁 운영하는 방법을 제3자 물류라 한다. 전자상거래에서는 특히 B2C 형태의 쇼핑몰은 자체적으로 물류기능을 운영하지 않고 외부에 위탁하는 것이 대부분이다.
- 제3자 물류란 기업의 물류 활동을 하는 주체가 누군가에 따라서 분류할 수 있는데, 기업이 사내에 물류기능 부서를 두고 운영하는 경우를 자사물류(First-Party Logistics, 1PL)라 하고, 사내의 물류 기능 부서를 독립시켜 자회사처럼 운영하는 경우를 자회사 물류(Second-Party Logistics,

2PL), 그리고 외부의 전문 물류업체에게 물류기능을 아웃소싱하는 경우를 제3자 물류(Third-Party Logistics, 3PL)라고 한다. 일반적인 물류와 비교할 때 제3자 물류는 1년 이상 장기적 계약관계로 종합적인 물류서비스를 운영한다.

- 일반적인 물류는 거래에 기반을 두고 일시적인 수발주 관계의 업무를 수행하므로 양사간의 정보의 공개는 불필요하다. 오늘날의 대부분 전자상거래에서는 전략적 제휴에 의한 제3자 물류를 사용한다.

### ② 물류 아웃소싱의 장단점

- 제3자 물류를 선호하는 이유는 전문 업체에 물류기능을 위탁함으로써 전자상거래 기업의 물류기능 부서를 운영하는 경비가 절감되며, 물류 전문 업체의 노하우를 이용하기 때문에 물류서비스의 경쟁력을 갖출 수 있다. 그 외에도 일반적인 아웃소싱의 장점인 핵심역량에 집중할 수 있게 되며, 인력절감 및 시설자본의 투자비를 절감하여 가격경쟁력에 기여할 수 있는 이점이 있다.

- 단점으로는 물류활동이 외부 기업에 의해 이루어지기 때문에 고객 불만에 대한 즉각적인 조치나 소요비용의 정확한 추정 등이 어렵다는 것이다. 또한 자사의 업무 기밀이 유출되기도 하고, 자사 내의 관련 업무담당자의 업무능력 저하나 근로의욕 저하 등이 있을 수 있다.

### ③ 물류 아웃소싱의 기대효과

- 전자상거래 환경에서 제3자 물류는 매우 중요한 역할을 하게 된다. 대부분이 영세한 B2C 기업의 경우는 더욱 중요하다. 이유로 전자상거래는 가격경쟁력이 가장 기본이 되는 기업으로서의 그 규모가 크지 않은 영세 업체가 대부분인 실정으로 자사내의 물류부서를 운영하는 것은 비용부담이 너무 크다. 그러나 물류 아웃소싱으로 제3자 물류의 이용은 고품질의 물류서비스 제공으로 기업 경쟁력을 강화하는 효과가 있다.

- 더 발전하여 전문 물류업체가 전자상거래 업체의 공급사슬 전반에 대하여 종합적인 물류솔루션으로 한층 개선된 서비스를 제공하는, 공급사슬상의 규모의 경제를 실현하는 제3자 물류를 특별히 제4자 물류(Fourth-Party Logistics)라 한다.

## 2 전자상거래와 배송

### (1) 배송의 개념과 기능

배송이란 제품을 공급지와 수요지 사이의 공간적 이동을 나타내는 운송 및 운반, 수송의 개념과 동일한 단순한 개념으로 정의되는 것이 아니라 포괄적인 의미로 사용된다. 즉, 배송은 고객에게 제품을 인도하는 것은 물론(과거의 운송, 수송의 개념), 설치하고 사용법을 교육하는 등의 토털 서비스를 제공하는 포괄적인 택배 시스템의 동의어로 사용된다. 특히, 판매자들에 있어서 효율적인 배송시스템의 구축은 인력배치, 재고 및 물류비용 절감 및 고객 서비스 향상이라는 부수적 효과를 얻을 수 있기 때문에 효율적인 물류관리시스템 구축만큼이나 중요하게 인식되고 있다.

#### 배송시스템의 효과를 얻기 위한 필수제공 기본 기능

- 정해진 시간, 정해진 장소에 제품을 정확히 배달함은 물론 생산계획을 효율적으로 실시하기 위해 판매와 생산의 조정역할을 할 수 있어야 한다. 생산계획과 판매계획 사이에 조정 역할을 하기 위해서는 판매량을 분석할 수 있어야 하고, 또 재고량을 파악할 수 있어야 한다는 것을 전제로 하며, 정해진 시간, 정해진 장소에 제품을 배송하기 위해서 이에 필요한 정보(수령자에 대한 정보, 배달요구시간, 수급대행 여부 등)를 파악할 수 있어야 한다.
- 적정 수준의 재고를 유지하고 정확한 물류계획을 수립하기 위해서 고객주문에서 출하까지의 모든 작업이 효율적으로 표준화 되어 있어야 한다.
- 물류의 재고 및 영업점의 한도 또는 미수를 확인하여 자동 출고처리 되고, 거래명세가 자동으로 처리될 수 있는 기능을 수행해야 한다.
- 주문을 접수한 후 배달이 완료될 때까지의 모든 상황을 파악할 수 있는 택배 진행관리 기능이 제공되어야 한다.

### (2) 배송시스템의 유형

배송시스템은 배송 서비스를 제공하는 업체의 개별적인 여건과 배송되는 제품의 특성에 따라 **생산자 집약형 배송시스템**과 **프랜차이즈 방식의 배송시스템**으로 구별된다.

#### 생산자 집약형 배송시스템

- 생산자 집약형 배송시스템은 배송 물품이 다량이고, 배송 빈도수가 많으며, 또 배송이 정기적으로 이루어지는 경우에 유용하게 사용될 수 있는 방법으로, 하나의 택배 회사가 여러 곳의 업체를 대상으로 주기적으로 방문하여 배송할 물품을 수집한 후, 자체의 배송계획에 따라 배송하는 방식이다. 이러한 배송시스템은 주로 단일 품목이면서 제품의 부피가 크지 않고 최종 소비자에게 직접 배송되는 것이 아니라, 중간 물류센터로의 배송을 주로 하는 경우에 이용된다.
- 배송 물품을 수집한 후, 자체 배송계획에 따라 배송되기 때문에, 배송시간이 다른 배송시스템에 비해서 오래 걸리는 단점이 있으나, 배송비용이 상대적으로 저렴하다는 장점이 있다.

#### 프랜차이즈 방식에 의한 배송시스템

- 이 방식은 생산자 집약형 배송시스템과 달리 배송의 빈도수나 배송 물품의 많고 적음에 상관없이, 배송 물품의 특성을 고려한 유형으로 분류된다. 예를 들어 피자 체인이나 햄버거 체인점 등과 같은 패스트 푸드점의 경우, 제품의 신선도 같은 수준의 품질 서비스가 생명이기 때문에 중간 물류센터나 물류창고를 거치지 않고 자체 배송시스템에 의해서 직접 배송하는 시스템 유형이다. 이러한 방식은 배송비용이 높은 단점이 있으나, 배송시간이 짧기 때문에 요식업 등의 경우에서 요구되는 배송시스템 유형으로 바람직하다.

택배 서비스

- 택배 서비스는 소형 소량화물을 위주로 트럭과 같은 비교적 소형 운송수단을 이용하는 수송 서비스다. 우리나라의 경우 소형 소량화물의 수송을 의뢰 받아 화물의 접수로부터 포장, 수송, 배달에 이르기까지 일체의 수송 서비스를 운송인의 일괄책임 하에 문전까지 서비스로 운송하는 것이라고 규정하고 있다.

## (3) 전자상거래와 배송

### 물리적 상품의 배송

- 물리적 상품은 그 크기에 상관없이 유형의 제품이기 때문에, 공간적 장소를 이동시키기 위해서는 물리적인 운송수단을 이용하는 절차가 필요하며, 구체적인 절차는 자체적인 배송체제를 구축하여 배송하는 방법과, 외부의 배송업체에 의뢰하여 배송하는 방법이 있다. 그리고 여러 제반 사항을 고려하여 배송방법과 수단을 결정한다. 2010년 통계청 자료에 의하면 전체 가운데 자체배송은 2.9%이고 92.1%는 택배를 이용한 배송을 하고 있었으며, 나머지는 우편과 기타의 오프라인 제휴를 통해 배송을 하고 있다. 그런데 물리적 배송의 문제점은 손상된 상품을 배송하는 경우나 주문한 상품을 발송하지 않은 경우, 또는 주문 내용과 상이한 상품이 배송되는 경우, 그리고 인터넷 경매 등에서 낙찰 물건을 보내지 않은 경우 등의 문제가 발생될 수 있다.

### ① 자체적인 배송체제를 이용하는 방법

자체적인 배송체제를 이용하여 배송하는 경우에는, 고객이 상품을 구매하고 배송과 관련하여 배송시간, 배송 요청지 등과 같은 정보를 제공하면, 쇼핑몰의 발송 부서는 배송 서비스 부서에 배송과 관련된 정보를 제공하여 상품의 배송을 지시한다. 이 경우 고객이 온라인으로 주문하고 지불을 승인한 후, 약속된 시간과 장소에 제품을 배달 받기 위해서는 고객의 경우에는 주문시 수취인과 배달위치 등과 같은 정보를 상세하게 운영자에게 전달해야만 한다.

### ② 외부의 배송업체에 의뢰하는 경우

택배업체를 포함한 전문 배송업체와 같은 외부의 물류회사를 이용하는 경우는, 자체적인 보관창고를 운영함으로써 단순 배송만을 위탁하는 경우와, 별도의 물류센터를 운영하는 배송업체 또는 생산지로부터 직접 배송하는 형태로 나눌 수가 있는데, 이들 모두는 쇼핑몰 운영자와 소비자 사이에 제3의 주체(배송업체)가 개입되어 있다. 인터넷 사용자의 증가로 쇼핑몰의 이용도가 급증하고 있는 상황에서 배송업무의 증가로 인한 많은 문제점들이 제기되는 것도 사실이다. 일반적으로 제기되는 유형의 문제점들은 개인 비밀정보의 유출과 당사자 본인의 여부 확인이 곤란한 점을 들 수 있다. 이러한 문제점들과 연관되어 전문 물류 업체와 제휴를 통한 배송정책을 수립함으로써 배달시간의 최단기화, 비용의 절감 그리고 고객서비스의 강화라는 효과를 얻을 수가 있다.

## (4) 디지털 상품의 배송

- 디지털 상품은 유형의 형태를 지니지 않기 때문에, 네트워크를 통해 곧바로 전달된다. 그래서 별도의 배송기관이나 배송절차가 필요 없는 제품이다. 고객이 주문한 디지털 상품을 전송 받기 위해서는 디지털 상품을 판매하는 사이트에서 고객이 등록하고 결제를 승인하면 해당 고객에게 결제한 디지털 상품에 대해서 접근을 허용하고 상품을 선택하여 전송 받을 수 있도록 한다. 또한 전자우편을 이용하여 디지털 제품을 전송해 주거나 접근 URL을 보내서 구매자가 직접 다운로드 받을 수 있다.
- 디지털 상품의 배송은 상품의 특수성으로 인해서 물리적 상품의 배송보다 더 복잡한 문제를 야기시킬 수가 있다.

### ① 전송 과정에서의 문제점

- 예를 들어 디지털 상품의 배송은 개방형 네트워크를 통해서 이루어지기 때문에, 전송과정에서 발생할 수 있는 제반 문제는 정보의 유출로 이어질 수가 있다. 보안기술이나 암호기술이 발전되어 있기는 하지만, 전송 받고자 하는 디지털 상품은 언제나 노출되어 있는 상황이다. 따라서 상품의 전송 과정에서 정보가 유출되면, 고객과 전송업체 모두가 피해를 입을 수가 있다.

### ② 전송 후 고객의 소유 과정에서의 문제점

- 전송이 완료된 후, 고객은 소유권을 주장할 수 있다. 소유권이 고객에게 넘어간 이후에도 전송업체 입장에서는 불법 복제나 변형에 의한 저작권의 침해를 받을 수가 있다. 이는 디지털 상품의 특수성으로 인해 발생하는 문제로, 이를 해결할 수 있는 방안도 오직 고객의 도덕성과 의지에 의존할 수밖에 없다는 것이 문제이다.

## (5) 배송관리

### 전자상거래를 위한 배송활동시 고려할 사항

- 고객이 원하는 배송지와 날짜를 비롯한 배송정보를 추출하고 그 배송정보를 배송담당 부서 혹은 배송업체로 전송한다. 경우에 따라서는 물류센터 또는 상품창고에 배송업무 지시가 전달되기도 한다.
- 상품의 특성을 고려한 배송수단을 선택하고 신속한 배송이 되도록 처리한다.
- 상품의 배송 지시가 난 후에도 배송추적 정보를 확인하여 고객 및 관리자가 모니터링을 하도록 한다.
- 배송상품의 고객 수령이 확인되고 고객의 불만이 없으면 배송절차가 완료된 것이며, 만약 대금 결제에서 에스크로우 서비스를 이용하는 경우는 이때 대금 지불이 이행된다.
- 만약 고객의 불만족 사항에 해당하는 거래의 경우는 반품 및 교환의 절차를 수행하여야 한다. 전자상거래는 신뢰를 기반한 거래임을 잊어서는 안 된다.

## 공동배송

- 택배 서비스 등이 기존의 배송방법에 비해서 저렴하고 편리한 방법이기는 하지만, 모든 물류 배송을 택배 서비스로 할 수는 없기 때문에, 더 합리적이고, 효율적인 배송방법을 강구해야 할 필요성이 제기되었다. 이런 연구 노력을 한 결과 제안된 합리적인 배송방안이 공동배송이다. 공동배송이란 배송의 효율을 높이고, 비용을 절감하기 위해서 동일지역, 동일업종을 중심으로 물류시설을 공동으로 설치, 이용, 관리하는 것을 의미한다.

- 이 같은 공동 배송을 통해서 물류비용을 절감할 수가 있으며, 물류 서비스의 수준을 향상시킬 수 있기 때문에, 앞으로 지향해 나가야 할 방향임에는 틀림없다. 그러나 공동배송은 다음과 같은 유사성이 있을 때에만 가능하며, 효과를 거둘 수가 있다.

  - 제품 특성상의 유사성
  - 보관 특성상의 유사성
  - 하역 특성상의 유사성
  - 시스템 특성상의 유사성

- 이와 같은 특성상의 유사성이 존재하더라도 모든 제품 배송을 공동으로 할 수는 없으며, 공동 배송이 효과적으로 실현되기 위해서는 다음과 같은 세부적인 내용들이 전제가 되어야 할 것이다.

  - 일정지역 내에 배송하는 다수의 화주가 존재하여야 한다.
  - 화주 상호간의 긴밀한 커뮤니케이션이 가능해야 한다.
  - 거리가 인접하여 화물수집이 용이해야 한다.
  - 배송지역이 일정지역 내에 분포되어 있어야 한다.
  - 참여 기업의 배송 조건이 유사해야 한다.
  - 대상 화물이 공동화에 적합한 특성을 가지고 있어야 한다.

## ① 전자결제의 개념

- 상거래의 본질은 어떠한 상품이나 서비스와 그에 상응하는 경제적 가치간의 교환이라고 할 수 있다. 따라서 인터넷상에서의 교환 가능한 경제적 가치를 마련하는 것이 전자상거래 활성화의 중요한 요소가 되는 것이다. 일반적인 상거래에서와 마찬가지로 전자상거래에서도 가격 협상 후 물건 대금을 지불하기 위한 방법을 선택해야 한다.

- 전자지불관리시스템은 화폐가치나 화폐가치에 대한 정보를 부호화하여 전자 장치에 기록, 저장한 뒤 지급결제가 필요할 때마다 거래하는 상대방에게 화폐가치를 이전하거나 화폐가치에 대한 정보를 변경할 수 있도록 고안된 전자적 수단이나 시스템을 말한다. 전자지불의 유형은 전자현금, 신용카드, 계좌이체, 가상계좌, 유선전화(ARS 등), 모바일(휴대폰, 스마트폰 등), EBPP 등이 있다.

## ② 전자지불 게이트웨이

- 인터넷 등을 통한 전자상거래에서는 소비자가 어떠한 지불수단이라도 안전하고 편리하게 거래 대금 이체가 가능한 환경이 조성되면 전자상거래가 보다 활성화 될 것이다. 전자지불게이트웨이(PG: Payment Gateway)는 이를 원활하게 이루어지도록 지원하는 대행 서비스이다.

- PG는 일반적으로 전자상거래에서 판매자를 대신하는 계약을 맺고 구매자가 선택한 은행 신용카드 회사 및 통신사업자 등으로부터 대금을 지급받아 일정액의 수수료를 받고 판매자에게 지급해주는 서비스를 의미한다. 전자지불대행서비스는 PG(Payment Gateway)로도 불리며 결제수단의 종류에 따라 신용카드대행서비스, 계좌이체대행서비스, 그리고 휴대폰지급대행서비스 등으로 나누어진다.

- 전자지불게이트웨이(PG: Payment Gateway)는 이를 원활하게 이루어지도록 지원하는 대행 서비스이다. 대표적인 사례로 BankPay 서비스는 금융공동망 운영기관인 '금융결제원'이 은행 및 다수의 금융투자회사와 함께 공동으로 제공하는 온라인 결제서비스이다. 이는 PG서비스 이용기관에서 고객이 물품이나 서비스 구매시 고객이 지정한 계좌에서 물품대금을 출금하여 쇼핑몰 등의 이용기관 계좌로 입금하는 계좌이체 기반의 결제서비스이다.

- BankPay PG 서비스는 쇼핑몰 이용기관의 물품 고객에게는 안전한 결제환경을 제공하고 쇼핑몰 등의 PG 서비스 이용기관 관리자에게는 편리한 정산 및 결제환경을 제공한다. 또한 안전한 거래를 위해 공인인증서 기반의 결제서비스를 제공하며, PC 및 스마트폰, 태블릿PC, TV 등 쇼핑몰에 접속하는 다양한 환경에 최적화된 결제서비스를 제공하고 있다.

## 3 전자결제의 유형

- 정보통신기술의 발달은 우리의 일상 생활에 많은 변화를 가져오고 있다. 특히 예금, 대출, 세금 납부와 같은 은행 업무들을 창구에 직접 찾아가지 않고, 인터넷(유선, 무선) 등 네트워크를 통해 해결할 수 있음은 물론 상품을 구매함에 있어 검색 → 주문 → 계약 → 대금 결제 등 일련의 과정을 컴퓨터 및 관련 장치를 이용하여 서류나 실물의 이동 없이 디지털 방식으로 처리할 수 있는 등 경제 활동에 미치는 영향이 증대하고 있다. 이러한 경제 패러다임의 변화는 전자화폐와 같은 보다 안전하고 편리한 결제 수단의 출현을 가져오게 했으며, 전자상거래에서 교환 가능한 경제적 가치를 제공하는 전자지불시스템은 매우 중요한 요소 중의 하나가 되었다.

- 2010년 연간 사이버쇼핑을 위한 지불결제수단별 구성비는 카드 73.1%, 계좌이체 22.8%, 전자화폐가 0.6%, 기타 3.5%이다. 카드는 전년대비 2.3% 증가한 반면 계좌이체는 3.1%가 감소하였다.

### (1) 전자지불수단 분류

#### 가치저장 형태에 따른 분류

먼저 전자지불수단은 그 가치저장 형태에 따라 IC카드(Integrated Circuit Card)형과 네트워크형(Network)으로 나눌 수 있다.

| 수단 | 분류 | | 예시 |
|---|---|---|---|
| **IC 카드형** | 현금형 | 개방형 | 몬덱스 |
| | | 폐쇄형 | 비자캐시, 프로톤 |
| **네트워크형** | 현금형 | | Ecash |
| | 신용카드형 | | 국민, 신한, 삼성 등 |
| | 수표형 | | 첵프리(Check-Free), E체크(E-Check), 넷체크(NetCheck) 등 |

▶ 전자지불수단의 종류

#### ① IC카드형

- 외형상은 신용카드와 같으나 IC칩을 내장하고 있어 고도의 성능과 다양한 기능을 겸할 수 있기 때문에 흔히 스마트카드(Smart Card)라고도 부르는데 영국의 몬덱스나 미국의 비자캐시 등이 이에 속한다. ATM(Automated Teller Machine)기나 전용모뎀을 통해 자신의 예금계좌에서 카드로 돈(전자화폐)을 이체 저장했다가 카드 단말기가 있는 곳이면 어디서든지 사용할 수 있다.

- 카드소지자 간 화폐가치의 이전가능성에 따라 개방형(Open Loop)과 폐쇄형(Closed Loop)으로 구분할 수 있는데 대부분의 국가들이 폐쇄형을 택하고 있다. 개방형에 속하는 몬덱스 카드의 경우, 카드를 소지한 개인간의 자금이체가 가능할 뿐 아니라 5개국 화폐를 동시에 저장할 수 있고 해외에서도 사용이 가능하다.

### ② 네트워크형

- 거래은행과 접속되는 PC 또는 인터넷상의 가상은행에 전자화폐를 예치 및 저장했다가 추후 대금결제에 사용하는 방식으로 네덜란드의 E캐시가 대표적이다. 또한 그 기능에 따라 다시 현금형·신용카드형·수표형으로 세분될 수 있다. 최근 인터넷상 거래의 급속한 발전에 따라 네트워크형 전자화폐의 개발이 더욱 주목을 받고 있는 경향이 있다.

- 페이팔(PayPal), 웹머니(WebMoney), 캐시유(CashU), 허브컬처(Hub Culture)의 벤윌(Ven-will) 같은 많은 시스템이 전자화폐를 최종 소비자에게 직접 팔고 있지만, 리버티리저브(Liberty Reserve)는 디지털 통화 거래자(Digital Currency Exchangers)에게만 판매하기도 한다. 홍콩의 옥토퍼스 카드의 경우 전자화폐 예금이 일반적인 은행 예금처럼 쓰인다. 옥토퍼스 카드 유한회사가 사용자에게 예금을 받으면 돈이 은행에 예금된다. 이것은 현금카드를 발행한 은행이 중앙은행에 돈을 재예금하는 것과 비슷하다. 아프리카와 아프가니스탄은 엠페사(M-Pesa) 시스템을 이용해서 선불된 휴대폰 요금이 전자화폐로 사용되게 하고 있다. 레츠(LETS: Local Exchange Trading Systems)와 공동체 교환 시스템(Community Exchange System) 같은 공동체 화폐는 전자거래를 지원하기도 한다(위키피디아).

- 우리나라에서도 인터넷상에서 디지털상품/서비스의 거래가 늘어나면서 e코인, 아이민트, 애니카드, 이지캐시, 사이버패스 등 다양한 형태의 소액 전자화폐가 등장하고 있는데 이들은 현금형 네트워크의 단순한 형태라고 할 수 있다.

### 카드 통신 방식에 따른 분류

- 카드형 전자지불수단의 경우는 결제단말기의 통신 방식에 따라 단말기에 삽입하는 접촉식과 단말기에 삽입하는 형태가 아닌 단말기에 가져가는 것으로만 결제가 이루어지는 비접촉식, 둘의 혼합방식인 콤비(접촉+비접촉) 방식이 존재한다.

### ① 접촉식 카드

카드를 수용하는 인터페이스 장치(IFD: Interface Device)에 삽입되었을 때 카드의 접점이 IFD의 접점에 접촉됨으로써 카드가 활성화 되는 형태이다. 접촉식 카드는 접점이 잦은 접촉으로 인하여 전기적 충격이나 물리적 손상의 우려가 있으나, 보안성이 중요한 금융분야, 인터넷, 보안카드, 보건·복지카드 등의 분야에서 주로 사용되고 있다.

### ② 비접촉식 카드

정보처리 기능에 필요한 연산소자와 기억소자는 접촉식 카드와 동일하지만 카드내의 칩을 구동하기 위한 전원공급이 카드 내에 있는 코일의 전자 결합을 통해 이루어지고 IFD와 통신을 위해 전자 유도 방식을 이용하는 형태의 카드이다. 비접촉식 카드는 외부와의 직접적인 접촉이 없기 때문에 외부 환경에 강하며, 높은 수준의 보안성이 요구되는 분야보다는 신속한 정보 처리가 요구되는 교통카드, 출입통제카드, 근태관리를 위한 사원증 분야에서 많이 활용되고 있다.

### ③ 콤비 카드

하나의 카드 내에서 접촉/비접촉식 카드가 공유할 수 있는 부분들을 상호 공유하는 화학적 결합 형태의 카드로 내부 자원 공유를 통한 이질적 애플리케이션의 통합 효과를 가져올 수 있다.

**▶ 주요 카드형 지급 수단의 비교**

| 구분 | 전자화폐 | 신용카드 | 직불카드 | 체크카드 |
|---|---|---|---|---|
| 사용가능 금액 | 충전한도 | 신용한도 | 연계계좌 잔고한도 | 연계계좌 잔고한도 |
| 승인방법 | 단말기 인증 | 실시간 발급사 승인 + 서명 | 실시간 발급은행 승인 + pin 인증 | 실시간 발급사 승인 + 서명 |
| 대금지급시기 | 선불 | 후불 | 직불 | 직불 |
| 결제단말기 | 오프라인 | 온라인 | 온라인 | 온라인 |
| 기명여부 | 무기명(일부 기명) | 기명 | 기명 | 기명 |
| 분실시 조치 | 불가능(일부 가능) | 가능 | 가능 | 가능 |

## 전자지불수단의 기능

### ① 현금지갑 카드 및 전자종합 통장의 기능

일정한 금액의 가치를 현금과 동일하게 사용할 수 있는 현금지갑 카드의 기능을 하며, 기존의 선불카드 서비스와는 달리 자신의 은행 계좌에 현금을 재입금함으로써 반복 사용이 가능하다. 카드내에 많은 정보가 저장될 수 있기 때문에 여러 가지 통장을 한꺼번에 수용할 수 있으며, 통장과 도장을 소지하지 않고서도 입출금 거래를 할 수 있는 전자종합 통장의 기능도 부수적으로 수행할 수 있다.

### ② 신용, 선불, 직불의 기능

전자화폐는 기존의 가지 띠(Magnetic Stripe) 대신 IC칩을 내장하기 때문에 기존의 선불 카드에서 발전하여 신용, 선불, 직불의 기능을 모두 포함한 서비스를 제공할 수 있다. 대체적으로 고가의 대금지급에는 신용카드 기능, 중가의 대금 지급에는 온라인 직불카드 기능, 소액 거래에는 오프라인 직불 및 선불카드 기능을 이용하여 대금을 지급하고 있다.

## 4  전자지불의 특징

전자지불의 특징은 다음과 같다.

### ① 기존의 결제방법 보다 매우 편리하다.

기존의 상거래에서는 상품이나 서비스를 구매한 후 대금의 결제를 실물 화폐로 하였다. 그러다 보니, 도난이나 분실의 위험성은 항상 존재하였다. 그러나 전자지불은 직접 화폐를 들고 다니지 않아도 물건이나 서비스를 구매한 후 대금을 지불할 수 있다는 편리함이 있다.

### ② 인증서 등으로 안정성이 보장되어 있다.

실물 화폐의 경우도 위조 지폐를 제외하고는 안정성이 보장되어 있으나 전자지불은 실물 화폐가 아니기 때문에 안정성에 대한 우려가 있었다. 하지만 전자서명, 암호화 기술 등의 발전으로 인해 다른 지불수단(실물 화폐) 보다도 안전하다고 할 수 있다.

### ③ 다른 지불 수단보다 전자지불수단은 제한된 사용자만이 사용 가능하다.

일반적으로 실물 화폐의 경우는 불특정 다수가 사용자이다. 이로 인해 실물 화폐가 범죄에 사용되거나 은닉되는 등의 부정사용에 있어 문제점이 많이 발생을 하였다. 그러나 전자지불은 제한된 사용자만이 사용이 가능하기 때문에 부정사용을 막을 수 있는 장점이 있다.

### ④ 개인정보가 타인에게 노출되어서는 안 되는 익명성을 가지고 있다.

실물 화폐(천원권, 만원권, 오만원권)의 경우는 일반적으로 개인정보가 타인에게 노출이 되지 않는다. 왜냐하면 불특정 다수가 사용을 하기 때문에 현금의 유통이나 흐름을 파악하기가 어렵다. 전자지불도 이와 마찬가지로 개인의 정보가 다른 사람에게 노출이 안 되는 익명성을 가지고 있다.

## 5  전자지불수단의 유형

### (1) 전형적인 전자지불수단

#### ① 전자화폐

전자화폐(Electronic Money)는 많은 사람들이 Electronic Money, Cyber Money, Ecash, K-Cash 등 다양한 이름으로 부르고 있기는 하지만, 확실한 정의는 존재하지 않는다. 전자화폐라는 용어는 1990년대 중반 유럽중앙은행(ECB), 국제결제은행(BIS) 등에서 사용하기 시작하였다. ECB는 기술적 장치에 화폐 가치를 전자적으로 저장한 소지 인식 선불지급 수단이라고 정의하였으며, BIS는 사용자가 가지고 있는 전자 장치에 저장되어 있는 선불카드 또는 소프트웨어 등으로 정의하고 있다. 이를 종합해 보면, 전자화폐란 전자적인 매체를 통해 지급, 결제, 가치 이전 등 현금 본연의 기능을 수행할 수 있는 수단으로 정의할 수 있다. 일정금액을 IC카드에 충전하고 충전된 금액 한도 내에서 이용이 가능하고, 전자화폐 가맹점에서만 사용이 가능(K-Cash, MYbi, VisaCash)하다.

---

■ 고객의 편리성 향상

• 사용자는 현금을 찾거나 은행을 통할 필요 없이 현금 거래를 원활히 할 수 있다. 은행이 전자화폐를 고객에게 발급하면 고객은 집 또는 사무실에서 개인용 PC, 휴대폰, 스마트폰 등을 통하여 언제든지 자신의 계좌에 접속하여 금액으로 표시된 가치 정보를 인출하거나 입금 및 송금을 할 수 있다. 사용자는 원격지에서 판매자의 단말기와 전자화폐를 온라인으로 연결하여 물품 및 서비스의 구매 대금을 결제할 수 있다.

• 사용자는 전자화폐를 사용함으로써 편리하고 신속한 거래가 가능하게 된다. 전자화폐는 오프라인 거래가 이루어짐으로써 신용카드나 온라인 직불카드보다 거래 처리시간이 단축된다. 전자화폐는 잔돈을 소지할 필요가 없으므로 소비자 및 판매자가 현금을 취급하는데 드는 시간과 비용을 절감할 수 있게 된다. 또한 금액을 필요한 만큼 재충전하여 사용할 수 있고 타인의 카드에 금액을 이체할 수 있다.

■ 거래의 안정성 제고

• 전자화폐는 기존의 자기 띠 대신에 IC칩을 사용하여 위조, 변조 및 부정사용 등이 거의 불가능하기 때문에 대금 지급의 확실성이 보장된다. 전자화폐는 자체에 기억 장치 및 처리 장치가 내장되어 있기 때문이다.

• 전자화폐는 거래의 안정성을 위한 보안 대책을 강구할 수 있다. 가치 저장시 비밀번호를 사용하며, 전자 화폐를 사용할 때 가치의 위조 및 변조를 방지하기 위하여 입출력 되는 모든 정보를 암호화할 수 있다.

• 전자화폐는 부정 사용의 추적을 위하여 저장된 가치가 익명으로 사용되더라도 가치사용자 또는 사용한 카드의 추적이 가능하도록 저장된 가치에 전자서명 또는 카드번호를 부여한다.

■ 화폐 효율성의 제고

• 전자화폐 발행자들은 전자화폐의 이용 내지 도입으로 현금 취급 비용을 절감시킬 수 있고, 카드의 부정사용으로 인한 손실을 줄일 수 있으며, 나아가 수수료 수입을 증대시킬 수 있다. 특히 범용 선불 전자화폐의 경우 자금이 전자적 가치로 저장되어 있는 동안 유동자금에 대한 이자소득을 향유할 수 있어야 한다. 전자화폐의 발급 및 사용이 급증하게 되면 이러한 유동자금에 대한 이자소득 역시 급증할 것으로 보인다. 사용자에 대한 신용정보 조회 없이도 익명으로 사용이 가능하기 때문에 사용자의 신용상태에 대한 프라이버시 정책이 더욱 강화되어야 한다.

• 판매자의 경우 전자 화폐는 대금 지급시 오프라인으로 사용되기 때문에 온라인 직불카드 및 신용카드 보다 적은 거래 수수료가 든다. 그리고 장표를 이용하여 대금을 결제하는 신용카드 보다 거래 처리 비용을 절감하여 신속성이 보장된다.

- 전자화폐의 사용은 판매점의 피고용인에 의한 판매 대금 횡령, 절도 및 도난의 위험을 감소시켜준다. 판매점 단말기에 집적된 전자적 가치는 점포주만이 관리할 수 있어서 현찰의 경우 발생할 수 있는 부정산 손실을 방지할 수 있다.

- 판매자의 IC 카드상의 판매자가 메모리 영역을 이용하여 새로운 소비자 프로그램을 개발할 수 있으므로 새로운 고객의 확보가 가능하다.

---

## ② 네트워크기반 신용카드 지불

네트워크를 통한 신용카드 지불은 기본적으로 기존의 실세계에서 신용카드로 지불하는 것과 거의 같다. 인터넷상에서는 그 특성상 유통되는 상품들 중에 상당히 적은 액수의 상품들이 많이 있는데, 이러한 상품들의 거래를 위해서는 트랜잭션 비용의 절감이 필수적이다. 온라인상에서 상품, 디지털 콘텐츠, 서비스 등을 구매하고 카드 결제가 가능하도록 지원하며, 국내 전 카드사와 해외카드가 결제가 가능하다. 구매자가 카드결제를 이용하기 위해서는 본인을 확인하기 위한 인증절차를 거쳐야 한다. 각 카드사에서는 ISP(국민, BC 카드), 안심클릭 인증 등을 통해 안전 결제 서비스를 제공하고, 공인인증서의 인증방식을 따른다. 또한 카드사에 따라 선포인트 할인 서비스를 제공한다. 선포인트 할인 서비스란 카드로 구매하는 고객들에게 카드사가 약정된 금액만큼의 할인을 우선 지원하고, 고객은 그 할인받은 만큼의 금액을 매월 이용실적별 적립되는 포인트를 이용하여 상환하는 방식을 말한다. 이 외에도 각 카드사는 카드 포인트 결제 서비스를 제공하고 있다.

### ③ 전자수표

현실 세계에서 사용되고 있는 종이로 된 수표를 그대로 인터넷상에서 구현한 것이 전자수표이다. 전자수표의 사용자는 은행에 신용 계좌를 갖고 있는 사용자로 제한된다. 이 시스템은 발행자와 인수자의 신원에 대한 인증을 반드시 해야 하는 문제를 갖고 있다. 여기에 여러 가지 보안 기법들이 사용되고 있는데 이 때문에 트랜잭션 비용이 많이 든다. 그러나 전자수표는 상당히 큰 액수의 거래, 즉 기업과 기업간의 상거래에 대한 지불 수단으로 적합하며, 종이로 된 실세계의 수표보다는 처리 비용이 적기 때문에 종이 수표 사용보다는 적은 액수의 지불에서 사용이 가능하게 될 것이다.

### ④ 전자대금이체

최근 인터넷을 기반으로 한 가상 은행들이 생겨나고 있다. 인터넷 가상은행은 모든 것을 웹상에서 사용자와 인터페이스 함으로써 운영되고, 전자자금이체를 이용한 지불 방식은 현재도 홈뱅킹이나 ATM 기기로도 가능하다. 가상 은행이 홈뱅킹이나 ATM보다 편리한 점은 좀 더 폭 넓은 서비스를 시간이나 공간의 제약 없이 제공할 수 있으며, 인터넷을 이용한 프로세스 처리가 무척 값싸기 때문에 수수료가 훨씬 적거나 없다는 점이 장점이다.

### ⑤ 전자어음

전자어음이란 기존의 어음과 같이 인터넷상에서 상품이나 서비스를 구매하고 최장 90일 이내에 사이버 어음으로 결제를 해주는 서비스 또는 발행인, 수취인, 금액 등의 어음 정보가 전자 문서 형태로 작성된 약속된 어음이다.

### ⑥ 전자상품권

전자상품권은 경제자율화를 위한 규제 개혁의 일환으로 상품권법이 폐지됨에 따라 등장했다. 이때 유통업체와 제조업체들은 물론 외식업과 일반 소매점들도 상품권을 발행할 수가 있게 되었는데, 특히 인터넷을 활용한 전자상거래가 활성화되면서 상품권을 사이버 공간에서 사고파는 형태의 매매와 함께 더 나아가 전자상품권이 나오게 된 것이다. 전자상품권이란 플라스틱 카드 형태를 가진 실물상품권으로 발행, 판매, 회수, 정산, 폐기 등의 일련의 과정을 전산적인 방법으로 관리하는 상품권을 의미한다. 상품권 발행 원가 및 운영관리 편리성에서도 지류상품권과 대비해서 탁월한 효과가 있으며, 직접적인 매출 증가와 다양한 프로모션을 전개할 수 있는 상품이다(자료원: 나이스정보통신).

### ⑦ 상품권결제

지류상품권 앞면의 금액 부분을 스크래치 하여 나오는 상품권 PIN 번호를 결제창에 입력하여 온라인 콘텐츠 구매시 온라인에서 현금처럼 사용할 수 있게 하는 서비스이다. 해당 상품권의 홈페이지에 가입하여 ID/PW를 이용하여 결제하는 서비스이며, 사용자가 이미 지불한 금액을 받음으로써 미수가 없으며 안전한 회수가 가능하다는 장점을 가지고 있다.

### ⑧ EBPP

EBPP(Electronic Bill Presentment and Payment) 시스템이란 각종 세금이나 요금 청구서를 인터넷을 통해 보내고 인터넷을 통하여 대금을 결제하도록 지원하는 서비스이다. 기존에는 청구서 발송자가 고객에게 서비스 청구 내역 고지서나 지로를 우편으로 발송하면 고객은 청구 내역을 확인한 다음에 금융 기관을 통하여 요금을 지불했지만, EBPP 서비스를 통하면 청구서 발송자는 고객에게 E-mail이나 웹사이트를 통해 청구 내역을 고지하고 고객은 컴퓨터 스크린에 고지된 내역을 살펴보고 단지 마우스를 클릭하여 간단하게 대금 지불이 끝나도록 되어 있다.

### ⑨ 티머니

티머니(T-money)는 한국 스마트 카드에서 발행하는 교통 카드이다. 대한민국에서 교통카드 및 전자화폐로 사용할 수 있는 스마트 카드이다. 티머니는 별도의 신청 없이 구입 즉시 사용이 가능하며, 잔액이 부족할시 반드시 충전을 해야 사용이 가능하다. 티머니를 사용하기 위해서는 티머니 카드를 직접 사용해도 되며, 휴대폰이나 스마트폰에 티머니 전용프로그램을 설치한 후 교통, 유통, 온라인에서 사용하면 된다. 지하철, 시내버스(광역, 마을버스 포함), 택시에서 사용이 가능하지만 서비스가 안 되는 지역도 일부 존재한다. 편의점, 홈플러스, 베이커리, 롯데리아, 교보문고 등에서 사용이 가능하며, 온라인에서는 모바일 티머니 카드로만 사용이 가능하다.

### ⑩ P2P 전자지불

• P2P 전자지불이란 이메일(E-mail)을 통해 개인이 타인에게 송금할 수 있도록 하는 결제 수단이다. 대표적인 업체로는 페이팔, 구글월렛, 스퀘어 등이 있다. 대부분의 온라인 P2P 지불결제는 다음과 같은 과정을 통해 이루어진다(배찬권, 2002).
 – 송금인이 온라인 P2P 지불결제 서비스에 등록(기존 계좌 이용 가능)
 – 송금은 P2P를 통해 신용카드나 은행 계좌에서 인출
 – 수취인 계좌로 전달(E-mail이 수취인에게 발송)
 – 수취인도 온라인 P2P 지불결제 서비스에 등록(기존 계좌 이용 가능)

• P2P는 다양한 경로를 통해 수취인의 계좌에서 수수료를 인출한다. 서비스 수수료는 원칙적으로는 수취인이 부담을 하며 요율은 지불결제 방식, 신용이력 등을 포함한 다양한 요인에 의하여 결정된다. 이는 신용카드 이용한도 및 할부 구매시 수수료율의 산정방식과 비슷하다고 보면 된다.

• P2P(Peer-to-Peer) 지불 방식 서비스의 대표적인 것이 미국의 페이팔이다. 현재 유사한 서비스를 제공하고 있는 업체들이 20여개가 넘는다고 알려져 있으며, 구글월렛, 스퀘어와 경쟁을 하고 있다.

## (2) 모바일 결제관리

모바일 지급결제(M-Payment)는 개인이 휴대폰, PDA, 스마트폰, 스마트패드 등 무선 이동통신 단말기기를 사용해 자금이체나 상거래 대금의 결제 등을 이용하는 서비스를 말한다.

### ① 모바일폰의 유형에 따른 분류

휴대폰 결제는 휴대폰 번호와 주민번호를 입력 후 휴대폰으로 SMS를 전송 받아 전송된 인증번호를 입력하여 결제를 하고 휴대폰 요금에 합산하여 청구하는 방식의 서비스이다.

### ② 이용기능에 따른 분류

모바일 지급 결제는 기술 방식에 따라서 분류할 수도 있다. 금융 IC카드를 내장하거나, 탈착하는 것에 따라서 카드/비카드 방식, 그리고 무선네트워크의 이용 정도에 따라 온라인/오프라인 방식 등으로 구분된다.

▶ 이용 기술에 따른 모바일 결제 서비스 종류

| 구분 | 종류 | 내용 |
|---|---|---|
| 스마트카드 (IC칩) 내장 또는 탈착 여부 | 카드 기반 (H/W식) | • 스마트카드(칩)에 결제정보를 담아 인증 및 결제<br>ex) 싱글슬롯, 듀얼슬롯, 듀얼칩, NFC카드 등 |
| | 비(非)카드 기반 (S/W식) | • 무선 네트워크를 통해 실시간 인증 및 대금 결제<br>ex) Phone Bill<br>• 휴대폰 메모리에 결제정보를 저장하는 모바일 지갑(Mobile Wallet) 방식(클라이언트형, 서버형) |
| 무선네트워크 이용 여부 | 온라인 방식 | • 무선인터넷에 접속, 모바일뱅킹 or 무선 PG를 이용한 온라인 쇼핑몰 등에서 대금 지급결제(통화료 부담)<br>ex) Phone Bill, Remote Payment |
| | 오프라인 방식 | • 휴대폰과 POS 단말기/ATM 사이에서 근거리 통신기술인 RF, 블루투스, 2D바코드, NFC칩 등을 이용한 대금지급 결제(통화요금 부담 無) |

### ③ 금융기관의 참여 정도에 따른 분류

모바일 지급 결제는 금융기관의 참여 정도에 따라 직접결제 방식과 간접결제 방식 등으로 구분할 수 있다. 직접결제 방식은 금융기관이 이동통신사와 직접 제휴를 하거나, 간접적으로 모바일 지급결제 서비스에 참여하여 서비스를 제공하는 것으로, 휴대폰의 메모리나, 바코드 등을 활용하여 선불/직불카드 기능을 탑재하거나 은행의 계좌기반으로 실시간 계좌이체를 제공하는 방식이 있다. 그리고 USIM칩 내에 신용카드 및 전자화폐 등의 기능을 탑재하는 전자지갑 또한 포함된다.

| 금융기관의 참여 정도 | 직접결제 방식 | • 금융기관이 이통사와 제휴하여 서비스 제공<br>• 선불/직불, 신용카드, 계좌이체 등 |
|---|---|---|
| | 간접결제 방식 | • 이동통신업체가 지급결제 서비스 제공 주체<br>• 지급결제과정 전반을 이동통신업체가 관리/책임부담<br>ex) Phone Bill(휴대폰 통합과금), SKT의 네모서비스 |

### ④ 결제시기에 따른 분류

모바일 결제시기는 후불, 선불, 직불방식 등으로 나누어진다. 먼저 후불방식은 이통사가 고객의 휴대폰 요금에 통합하여 과금하는 폰빌과 모바일 신용카드 이용대금에 통합하는 것으로 구분해 볼 수 있다. 선불방식은 50만원 한도 내에서 먼저 충전하여 사용하는 것으로 전자화폐 및 T-머니 등이 대표적이며, 직불방식으로는 은행계좌와 직접적으로 연결하여 이루어지는 모바일 계좌이체 PG와 모바일 체크카드 등이 있다.

▶ 결제시기에 따른 분류

| 결제방식 무선환경 | | 근거리통신<br>(오프라인, RFID, NFC) | 원거리 통신<br>(온라인, 무선인터넷) |
|---|---|---|---|
| 후불 | 휴대폰 과금 | - | 휴대폰 소액결제(폰빌) |
| | 신용카드 | IC카드 연계, 칩 신용카드 | |
| 선불 | 전자화폐, 선불카드 | 모바일 T머니, T-CASH, 올레 Cash 등 | |
| 직불 | 은행계좌 기반 | 계좌이체 PG, 모바일 체크카드 | |

## 1 인터넷 마케팅의 이해

글로벌 마켓은 기존의 전통적인 마케팅 방법으로는 성공하기 힘들다. 고객이 원하는 상품이 있다면, 고객이 찾는 가장 적합한 상품을 바로 당신이 갖고 있다고 알려줘야 하는데 이런 문제를 해결할 가장 바람직한 수단이 바로 E-마케팅이다. 2001년 당시 118조 원이었던 국내 전자상거래 시장 규모는 2012년 1000조 원을 넘었으며, 현재도 꾸준히 성장하고 있다. 통계청(2019)에 따르면 우리나라 전자상거래에서 온라인 쇼핑의 경우 약 9조 6000억 원 정도이며, 이 중 모바일 쇼핑 거래액은 약 6조 1800억 원 정도로 추정하고 있다. 사람들 생활패턴의 변화로 온라인 쇼핑 안에서 모바일 쇼핑이 차지하는 부분이 점점 증가하고 있다. 이처럼, 변화하는 새로운 시장상황 하에서 전통적인 마케팅 방식이 아닌 새로운 방식의 마케팅이 요구된다. 따라서 E-마케팅은 새로운 개념이 아닌 기존의 마케팅 개념에 IT 환경을 접목하여 확장한 것이다. 즉, IT라고 불리는 정보기술이라는 새로운 매체를 마케팅 활동에 도입한 것이라고 할 수 있다.

### 1 인터넷 마케팅의 정의

- 인터넷을 비롯한 정보통신 기술의 발달과 변화는 고객과의 양방향 커뮤니케이션을 가능하게 하였고, 고객의 개별적 요구를 맞춰서 마케팅을 전개하는 것을 가능하게 하였다. 따라서 E-마케팅은 상품이나 서비스를 판매할 수 있도록 디지털 기술을 사용함을 의미한다. 컴퓨터와 정보기술 활용을 통해서 일대일, 개인화, 다이렉트 마케팅 등의 다양한 마케팅을 활용하고 있다. 특히, E-마케팅은 개인화된 마케팅을 할 수 있고 작은 규모의 회사라도 저렴한 가격으로 대량 시장에 접근할 수 있다. E-마케팅이라는 것은 마케팅의 가장 기본인 고객과의 커뮤니케이션부터 마케팅 전략을 수립하고 그것들을 수행함에 있어서 부분적으로나 전체적으로 IT를 사용하는 마케팅이라고 할 수 있다(노규성 외 2014, 스마트시대의 전자상거래).

- E-마케팅은 기존의 전통적인 마케팅의 확장으로 2가지 관점에서 변화를 가져왔다. 첫 번째는 고객이 기존의 오프라인에서만 구매할 수 있던 제품을 인터넷을 통해 소비자가 온라인에서 직접 구매할 수 있도록 변화하였다. 즉, 백화점이나 오프라인 매장에서 구매하고 확인할 수 있었던 제품들을 온라인에서 제품을 확인하고 구매할 수 있게 되었다. 두 번째는 고객에게 접근하는 마케팅 활동의 방법 관점이 변화하였다. 인터넷이라는 가상공간을 사용하므로 전통적인 오프라인 마케팅에서의 마케팅 활동이 인터넷이라는 가상공간에서 그대로 적용되기 어렵기 때문에 온라인 마케팅에서는 다양한 방식을 사용하고 있다. 예를 들면, 인터넷은 오프라인과는 달리 컴퓨터를 통해 정보를 교환함으로써 오프라인에서 중요시되는 매장과 판매원의 개념이 상대적으로 약하며, 소프트웨어와 같은 디지털 상품들은 통신네트워크를 통해 그대로 판매될

수 있기 때문에 오프라인상의 유통이나 물류의 문제는 상대적으로 중요하지 않을 수 있다.

## ② 인터넷 마케팅의 장·단점

### (1) 인터넷 마케팅의 장점

① 쌍방향 의사소통으로 고객만족 및 고객서비스를 향상시킬 수 있다. E-마케팅의 시작은 인터넷을 통한 상호 작용성에서 출발하며, 고객이 재고유무, 실시간 예약 및 구매 등을 직접할 수 있다. 또한 제품 및 서비스에 대한 고객반응, 선호도, 신뢰도와 불만사항을 즉시 파악할 수 있다.

② 경비를 줄일 수 있다. 오프라인 판매의 경우 매장지출비 및 인건비 등의 고정적인 경비의 지출이 부담이 될 수 있다. 하지만 E-마케팅은 고정지출비를 절약할 수 있다. 또한 오프라인보다 재고관리 비용과 불량재고에 의한 리스크와 비용을 경감시킬 수 있다.

③ 시간과 공간의 제약을 극복할 수 있다. E-마케팅은 24시간 365일 계속 진행할 수 있기 때문에 인터넷이 연결된 장소라면 어느 곳에서든지 해당 웹사이트에 접속이 가능하다는 점이다. 한정된 인원을 수용할 수밖에 없는 오프라인 매장과 달리 전 세계 어느 곳에서도 상품 및 서비스를 받을 수 있다. 또한 지금은 웹사이트에 접속하여 해당 금액을 결제하는 즉시 자료를 다운로드 할 수 있어 시간과 비용을 절감한다.

④ 정보전달의 양적 제한이 사라진다. 기존의 신문이나 텔레비전을 통한 홍보 활동은 비용의 제약 때문에 이용자에게 제공할 수 있는 정보의 양에 한계가 있다. 하지만 웹사이트를 통한 E-마케팅은 적은 비용으로도 대량의 홍보를 할 수 있다. 특히, 한·두 가지 매체를 통해 광고하는 기존과 달리 영상, 그래픽, 음향, 이미지, 애니메이션, 동영상, 문자 등 다양한 멀티미디어 기술을 이용한 광고가 가능하다. 또한 기업·제품광고 뿐만 아니라 다양한 정보를 결합한 정보형 광고도 가능하다.

⑤ 유통구조의 단순화를 가져올 수 있다. 웹사이트를 통한 E-마케팅은 유통과정(도매상, 소매상)을 생략할 수 있기 때문에 유통구조의 단순화가 가능하다. 웹사이트를 통한 상품 안내와 주문이 동시에 이루어지는 직거래로 이루어진다. 이렇게 유통단계가 생략됨으로써 인터넷 판매가격은 기존의 오프라인보다 저렴한 가격이 형성될 수 있다. 또한 물건을 사용할 때 발생하는 불만 및 불편사항을 판매자와 직접 연결해서 고객 서비스를 받을 수가 있다.

⑥ 고객의 요구사항 파악과 관계강화에 용이하다. 인터넷을 통해서 판매한 제품이나 서비스에 대한 고객의 문의에 신속하게 응답할 수 있으며, 고객이 원하는 바를 단시간에 파악할 수 있다.

## (2) 인터넷 마케팅의 단점

① 온라인 결제 부분의 단점을 가지고 있다. 신용카드로 온라인 결제를 하려면 ISP, 공인인증서와 해당카드사의 앱이 필요하다. 이는 해외 바이어들과의 거래를 막는 제한요건이 된다. 페이팔에선 고객이 신용카드를 가지고만 있으면 별도의 복잡한 절차 없이 수초 만에 결제가 완료된다. 실제로 페이팔에선 70% 정도가 신용카드로 결제가 이뤄지며 은행을 통한 결제도 매머드급 은행이라면 최대 2시간 내에 결제할 수 있다.

② 보안상의 문제가 이슈가 될 수 있다. 웹사이트를 통해 경쟁사들의 동향이나 정보를 쉽게 파악할 수 있으며, 회원가입을 해야하는 전자상거래의 특성상 소비자의 정보 유출사고가 생길 수 있다는 불안감을 가지고 있다. 소비자 정보의 유출사고는 기업이나 소비자에게 모두 심각한 문제를 발생시킬 수 있다.

③ 대량광고(Mass Advertising)가 가능하다는 것이다. 기업은 저렴한 비용을 통해서 다양한 매체를 통해 불특정 다수에게 상품을 광고할 수 있다. 하지만 이러한 광고의 발송이 고객에게 반감을 부르는 경우가 있다. 따라서 조금 더 타겟고객을 세밀하게 설정하여, 광고를 진행할 필요가 있다.

## ③ 인터넷 마케팅과 전통적 마케팅의 비교

E-마케팅과 전통적 마케팅의 정의를 비교하면, 고객의 만족, 가치와 경쟁력 확보라는 부분에서는 공통점을 가지고 있다. 하지만, IT라는 정보기술을 통한 전자적 수단이 추가되기 때문에 전략과 운영에 있어서 차이점이 발생한다. 차이점은 아래의 표와 같다.

▶ 인터넷 마케팅과 전통적 마케팅의 비교

| | 전통적 마케팅 | 인터넷 마케팅 |
|---|---|---|
| 마케팅 채널 | 일방적 | 쌍방향적 |
| 마케팅 활동 | 매스 마케팅 | 일대일 마케팅 |
| 중심점 | 이미지 중심 | 정보 중심 |
| 거래대상지역 | 일부지역 | 전 세계 |
| 거래시간 | 제약된 영업시간 | 제약 없음 |
| 관점 | 제품중심 | 관계중심 |
| 고객특성 | 수동적 고객 | 능동적 고객 |
| 유통채널 | 간접경로 | 직접경로 |
| 마케팅 목표 | 시장점유율 | 고객점유율 |
| 마케팅 비용 | 많이 소요됨 | 적게 소요됨 |
| 마케팅 효과 측정 | 어려움 | 쉬움 |

<자료원: 노규성 외 2015, 빅데이터 시대의 전자상거래를 참조하여 재구성>

# ④ E-마케팅 4P의 변화

E-마케팅은 디지털 환경에서 소비자와 쌍방향으로 소통하기 때문에 기존과 달리 소비자와 생산자가 직접 소통하여 기업이 소비자가 원하는 정보를 공개한다. 또한 소비자들 간의 정보의 공유가 자유롭고 활발하게 이루어지기 때문에 상품의 품질과 가격에 관한 정보를 입수하는 것이 보다 용이하게 이루어진다고 할 수 있다. 이러한 정보의 공유를 통해서 기존의 제안을 받는 '수동형 소비자'가 아니라 전략적 구매를 하며 제품 생산에도 능동적으로 참여하는 '능동형 소비자'로 소비자가 변화하고 있다. 따라서 오늘날 기업은 생존을 위해서 소비자 개인의 취향을 제품 또는 서비스에 반영하는 것이 더욱 중요해 졌다. 이와 관련하여, 기존 기업 태도의 기반이던 **'파레토 법칙(80대 20법칙)'**에 따라서 상위집단을 대상으로 고객관리를 하였다면, 현재는 **'롱테일 법칙'**에 따라 모든 고객을 대상으로 고객관리 및 마케팅을 실행하고 있다. 이러한 시장의 패러다임 아래서 마케팅의 핵심요소인 4P(제품—Product, 유통—Place, 가격—Price, 촉진—Promotion) 역시 변화하고 있다.

## (1) 제품의 변화

- 무형 혹은 디지털화된 제품들의 수요가 팽창하게 되어 이러한 제품들은 컴퓨터 앞에서 소비된다. 백과사전으로 유명한 브리태니커는 자사 사이트의 유료화를 통해 전통적 출판물의 생산을 최소화하였고 월스트리트저널은 기존 매체의 내용에 쌍방향성을 가미한 시도로 많은 유료 회원들을 확보한 바 있다. 이와 같이 미디어, 예술의 많은 분야가 온라인과의 접목을 통하여 마케팅 능력을 강화해 가고 있다.

- 제품의 디지털화를 통해 제품의 개념들에 변화가 일어나고 있다. 예를 들어 중저가형 소프트웨어 제품의 판매에서 패키지 제품의 개념은 비중이 적어지고 있다. 소프트웨어 제품의 경우 어느 정도의 기간 동안 사용하고, 계속 사용하기를 원하면 온라인으로 결제를 하고 사용을 지속한다. 그리고 판매 후 서비스도 온라인으로 손쉽게 이루어진다. 이는 기존의 샘플 혹은 데모 사용 후 실제 제품 구매 및 사용, 서비스의 제품 개념이 온라인상으로 동시에 모두 제공되는 것이다. 또한 이를 통하여 패키지와 유통관련 비용을 줄여 기업과 소비자 모두의 이익을 실현한다.

- 브랜드 네임은 그 중요성을 더해가며 도메인 네임과의 강력한 연계성을 가질 필요가 있다. 인터넷상에서 제품에 대한 실증적인 비교를 행하기가 용이하지 않다는 점을 감안하자면 무형의 브랜드 가치는 하나의 메타 상품으로서의 의의를 가지며 PR, 구전효과, 적극적인 프로모션 활동의 전개를 통해 이를 제고하기 위한 노력에 힘을 기울여야 한다. 그 예로 야후나 아마존, 구글 등이 있는데 이들의 주요한 성장요인 중의 하나는 상표의 충성도이다. 따라서 이들 회사는 막대한 비용을 온라인뿐만 아니라 오프라인에 투자하여 상표 충성도를 제고하고 고객의 신뢰를 쌓기 위한 노력들에 힘을 기울이고, 새로운 제품 혹은 브랜드를 출시할 경우 오프라인상의 상표권 등록뿐만 아니라 온라인상의 다양한 도메인 확보에도 유의할 필요가 있다.

## (2) 유통의 변화

- 유통은 기존의 '생산자–도매상–2차 도매상–소매업자–소비자' 단계로 분업화되어 있던 구조에서 디지털 패러다임 하에서는 이를 극복하기 위한 대규모의 '중간상 배제' 현상이 나타난다. 생산자와 소비자 사이를 중개하는 기능 그 자체가 배제되었다. 소비자는 인터넷을 이용하여 세계의 어느 상품이라도 직접 생산자에게 주문할 수 있게 되었다. 소비자들은 중개과정이 생략된 만큼 싸고 빠르게 물건을 손에 넣을 수 있고 기업은 고객의 정보가 직접 자사에 입력되므로 그것을 기초로 새로운 상품의 생산을 자극하게 된다.
- 물리적인 상품의 유통뿐만 아니라 콘텐츠의 유통이 더욱 활성화 될 것이며, 디지털 기술과 인터넷이 접목되어 혁신적인 변화를 촉발할 것이다. 우리가 사용하는 스마트폰 앱이나 MP3 파일의 유통들이 그 예가 될 수 있다. 제품을 인터넷에서 다운로드함으로써 중간상을 배제하고 이를 통해 공급자와 소비자 간에 이익을 도모할 수 있다. 또한, 영화 · 방송 · 광고 · 출판 · 음악 등 이른바 커뮤니케이션 산업 군에 속하는 영역의 콘텐츠들은 아날로그에서 디지털로 바뀜에 따라 이전보다도 훨씬 부가가치를 높일 수 있게 되며, 디지털 콘텐츠는 무한히 확대 재생산될 수 있다. 유통적인 측면에서는 인터넷이라는 사이버 공간을 경유함으로써 막대한 비용 절감 효과를 얻을 수 있게 될 것이다.

## (3) 가격의 변화

- 기존에는 초고가적전략(Skimming Pricing), 침투가격전략(Pricelining) 등의 전략을 활용하여 제품의 가격을 일방적으로 결정하고 수요와 공급에 따라 변동이 일어났다. 따라서 소비자는 최종가격을 확인하고 구매 혹은 비구매의 두가지 선택을 할 수밖에 없었다. 그러나 인터넷 환경 속에서 기업들은 소비자의 참여와 관심을 끌고 경쟁 우위 확보를 위해 가격에 민감해지며, 이에 따라 전통적 시장에서는 생각하기 힘든 형태의 가격 전략 양상이 나타난다.
- 오프라인에서 여러 절차를 거치는 것과 달리 온라인에서는 웹상에서 가격만 수정하면 되기 때문에 가격 수정이 훨씬 쉽게 이루어 질 수 있다. 또한 인터넷상에서는 쌍방향 커뮤니케이션이 가능하기 때문에, 구매자와 판매자간의 상호작용과 가격협상이 용이하다. 비용의 감소와 상호작용성을 토대로 나타난 가격설정환경이 **역동적 가격설정**(Dynamic Pricing)이다. 이는 제품의 가격이 언제든지 실시간으로 바뀔 수 있는 환경을 말한다. 이와 같은 예는 인터넷 경매사이트에서 쉽게 찾아 볼 수 있는데 전통적인 경매뿐만 아니라 구매자가 자신에게 제품을 공급해줄 판매자들의 가격조건을 비교하여 가장 유리한 구매를 할 수 있는 **역경매**, 구매자 여럿이 공동으로 물건을 구매하여 박리다매의 이점을 실현하는 **공동구매** 등의 형태로 나타나고 있다. 이러한 역동적 가격설정이 오프라인에서도 소비자들이 같은 제품의 인터넷 가격을 비교하고 구매하는 소비행태를 만들었다. 따라서, 기업들은 제품 가격의 저가화에만 치중할 것이 아니라 고부가가치화 전략에도 관심을 기울일 필요가 있다.

## (4) 촉진의 변화

- 전통적인 마케팅에서 촉진 전략은 크게 **광고, 홍보, 판촉, 대인판매**로 구분된다. 광고모형에 있어서는 AIDMA(Attention → Interest → Desire → Memory → Action)의 일련의 과정을 단계적으로 따르며 고객에게 접근하게 된다. 즉, 소비자의 구매 심리를 주목, 흥미, 욕망, 기억, 구매 행동의 5단계로 구분하여 고객들이 어떤 광고 자극에 대해 주목(Attention)하고 흥미(Interest)를 보이며 갖고 싶다는 욕구(Desire)를 느끼게 되는지, 그리고 그 욕구가 어떻게 기억(Memory)에 남아 구매 행위(Action)로 전환되는지에 대해 관심을 기울인다.

- E-마케팅에서는 이러한 직접적인 대인판매 개념의 효과를 3차원 쇼핑룸, 디지털 비디오를 활용한 채팅, 가상현실을 활용하여 얻을 수 있다. 따라서 여기에서는 이러한 대인판매 대신 **어나운스먼트**(Announcement) 관점에서 촉진 요소들을 이해하고자 한다. 어나운스먼트란 '인터넷 상에서 거의 비용을 들이지 않고 홍보를 할 수 있는 다양한 모든 방법'을 의미하며, 검색 엔진의 랭킹 관리, 게시판, 이메일 활용 등의 다양한 방법들이 포함될 수 있다.

- 또 다른 촉진 측면의 고려 요소로는 인터넷이 지닌 '측정 가능성'을 들 수 있다. 기존의 매스미디어가 전수조사를 하기 보다는 표본추출 방식을 활용하여 시청률 등을 파악하는 데 비해, 인터넷은 비교적 정확하게 다양한 접속 및 구매 상황들을 빠르게 파악할 수 있으며, 심지어 한 사람 한 사람의 광고 접촉 현황까지도 추출하고 분석할 수 있다. 따라서 기업들은 이러한 데이터들을 충분히 파악하고 분석함으로써 보다 고객지향적인 서비스를 제공할 수 있는 토대를 마련할 수 있다. 온라인 이벤트나 온라인 리서치의 경우도 마찬가지로 그 집행 결과들을 신속히 파악할 수 있어 빠른 분석과 대응을 할 수 있다. 이를 통하여 마케터 혹은 기업과 고객은 쌍방향의 대화형 마케팅이 전개되면서 상거래 성사율이 더욱 높아지게 된다.

## 2   인터넷 마케팅

### 1  인터넷 마케팅의 전략

E-마케팅 전략을 수립할 때에는 IT기술 활용으로 인한 마케팅 패러다임의 변화를 충분히 고려하고, 기존의 전략적 특성을 인터넷이라는 공간 속에서도 충분히 활용할 수 있는 방식으로 전략을 수립하여야 한다. 즉, IT기술 활용으로 인하여 시장과 소비자의 특성이 변화였고, 이에 따른 마케팅의 변화와 새로운 역할을 반영하고 기존의 마케팅 전략과의 유기적 통합도 필요하다. 온라인과 오프라인 특성의 차이로 인하여 E-마케팅 전략과 일반적인 마케팅의 전략은 차이가 있다. 이로 인하여 기존 마케팅의 기법이 일부는 사용되지 않거나 새로운 기법을 사용하고 또는 더욱 강화된 형태의 전략을 필요로 하게 된다.

▷ 인터넷 마케팅 전략의 수립 절차

E-마케팅 시장 환경 분석

E-마케팅 시장 목표설정

E-마케팅 시장 전략수립

E-마케팅 시장 전략실행

E-마케팅 시장 관리 및 평가

## (1) 인터넷 시장환경 분석

효과적인 E-마케팅 전략 수립에 있어서 최우선 과제는 인터넷 시장 환경을 분석하는 것인데 이를 분석하는 방법에는 **기업 환경 분석**이 있다. 기업 환경이란 기업의 목표달성에 영향을 미치는 기업 내부와 외부의 모든 집합을 의미한다. 기업은 기본적인 의사결정을 위하여 기업이 처한 환경에 관한 정보를 수집하고 분석함으로써 환경을 이해하고, 이에 대한 대처 방안을 수립하여야 한다. 특히 E-마케팅 환경은 급변하고 있기 때문에, 기업의 생존과 성장을 위해서는 기업을 둘러싸고 있는 환경을 주도면밀히 파악하여 환경이 기업에 미치는 영향을 분석, 검토하는 것이 필요하다. 이러한 환경 분석은 외부 환경과 내부 역량 분석으로 나눌 수 있다. 외부 환경은 사회, 정치, 법률과 같은 거시 환경 분석과 시장구조 분석, 경쟁자 분석, 고객 분석 등이 있다. 내부 역량 분석은 자사의 감정과 약점 분석으로 구성된다. 환경 분석의 목적은 E-마케팅의 전략적 방향을 설정하기 위한 것으로 체계적 정리가 가능하도록 하는 분석방법으로 SWOT분석이 널리 이용된다.

## (2) 인터넷 마케팅 목표 설정

- E-마케팅 환경은 기존의 오프라인 마케팅 환경과는 구별되는 독특한 성격을 가지고 있다. 따라서 E-마케팅 시장이 정보기술의 발달과 더불어 무한한 잠재력과 성장가능성을 지니고 있는 시장임을 감안할 때, 기존의 오프라인 마케팅과 E-마케팅 환경의 차이점을 파악하고 그에 따른 마케팅 목표의 수정과 보완이 이루어져야 한다.

- 기업들은 E-마케팅 목표 수립 시, 기존 오프라인상에서의 전통적인 마케팅 목표인 매출의 증대, 시장점유율의 제고, 고객만족 향상 외에도 인터넷이 가지는 특성과 장점을 고려한 세부적인 목표 설정이 가능하다. 이러한 목표 설정 시 고려해야 할 사항은 **비즈니스 목표와의 일관성, 고객 중심의 마케팅 목표 수립, IT와의 긴밀한 협조, 기업의 역량을 바탕으로 한 목표 설정 및 기술변화의 고려** 등이 있다.

- 목표 수립 시 주로 e-STP전략이 사용되는데, e-STP는 인터넷 고객을 세분화(e-Segmenting)하고, 표적 시장을 선정(e-Targeting)하여, 이 시장에 부응할 수 있도록 제품이나 서비스를 포지셔닝(e-Positioning)하는 세부 전략을 수립하는 일련의 과정을 뜻한다. 기업은 e-STP 전략에 근거하여 보다 세부적인 마케팅 믹스 프로그램을 입안하고 시행하게 된다. 따라서 e-STP는 인터넷 마케팅 전략 수립의 핵심이라 할 수 있다. e-STP전략은 먼저 시장을 몇 개의 기준을 이용하

여 가치가 있는 다수의 시장으로 분류(e-Segmenting)한다. 다음 세분화된 여러 시장 중에서 자사의 능력과 경쟁 등을 고려하여 표적 시장을 선택(e-Targeting)한다. 마지막으로 시장에서 제품 속성이나 다양한 마케팅 믹스요인을 이용하여 자사 제품을 소비자의 마음속에 심어주는 포지셔닝(e-Positioning) 과정을 거친다. 포지셔닝 후에는 포지셔닝 성과를 분석하여 재포지셔닝하는 과정도 필요하다.

### 시장 세분화

시장 세분화란 소비자들의 다양한 욕구, 개성, 행동 등을 기준으로 전체시장에서 비슷한 욕구를 가지고 있는 소비자를 찾아내어 동질적인 부분시장으로 분류함으로써 차별화된 소비자 욕구 충족과 더불어 마케팅 비용 절감을 이루고자 하는 과정이다. 그러나 소비자의 욕구를 세분화하면 할수록 이를 충족하기 위한 비용이 증가하게 되므로 세분화에 따르는 경제성을 고려해야 한다. 즉, 자사의 입장에서 가장 매력적이고 경제성이 있는 세분시장을 표적시장으로 선정해야 한다. 시장 세분화는 마케팅 노력을 사용자가 필요로 하는 것에 초점을 맞추기 위하여 마케팅 노력을 합리적이고 적합한 조정을 하기 위한 것이다. 또한, 자사 제품을 차별화하여 시장기회를 찾고자 할 때, 고객의 동질성에 따라 시장을 확인하고 구분하는 마케팅 활동이다. 즉, 시장 세분화의 기본적인 목적은 기업의 투자효율성을 높이는 것이지만, 시장의 특정 고객 집단에게 경쟁자들보다 더욱 고객 만족을 제공하기 위한 고객지향적 마케팅 전략인 것이다.

### ① 시장 세분화 절차

• 시장 세분화를 수행하기 위한 첫 단계는 **시장 세분화의 목표를 설정**하는 것이다. 이때에는 어떠한 제품을 대상으로 할 것인지, 전체 시장이 어떠한 사람들로 구성되는지, 지역과 시간적인 범위를 어떻게 포괄할 것인지, 시장 세분화가 신제품 개발의 기회를 찾기위한 것인지 혹은 새로운 시장을 개척하기 위한 것인지 등에 대한 문제를 고려하여, 구체적이고 명확한 시장 세분화 목표를 설정하여야 한다. 시장 세분화의 목표가 설정되었다면, 이러한 목표와 관련된 **변수들을 선정**하고, **시장 세분화 변수를 결정**해야 한다. 시장 세분화 변수란 효과적인 E-마케팅 활동을 위해 동질적인 집단으로 구분할 때 기준이 되는 변수이다.

• 시장 세분화의 목표를 설정한 뒤, 시장을 나눌 기준 변수를 결정하고 나면, 그러한 변수에 의해 **세분된 시장의 전반적 특성을 파악**하여야 한다. 즉, 세분화 변수에 의해 분리된 각 세분 시장을 여타의 변수들을 이용하여 가급적 완전하게 묘사하는 일인데, 각 세분 시장에 대한 묘사가 풍부할수록 추후에 효과적인 마케팅 전략을 수립하기가 용이하다.

### ② 시장 세분화 변수

• 인터넷 시장 세분화를 위해서는 인구 통계적 변수, 심리 분석적 변수, 구매행동 변수, 기술 분석적 변수와 같이 매우 다양한 변수들을 적용할 수 있다. 그러나 이러한 변수들 중 하나만을 시장 세분화 변수로 선택해야 하는 것은 아니며, 몇 개의 기준을 조합한 형태도 사용할 수 있다. 한편, 좋은 세분화 변수가 되기 위해서는 첫째, 인터넷 소비자의 행동을 잘 대표해 줄 수 있는 변수이어야 한다. 둘째, 동일 세분 집단은 최대한 동질적으로, 세분 집단 간은 최대한 이질적으로 구분해 줄 수 있는 변수이어야 하며, 셋째, 측정하기 쉽고 그 특성을 이해하기

쉬워야 한다.

- **인구 통계적 변수**: 인구 통계학적 변수는 가장 보편적으로 사용하고 있는 기준으로, 주로 연령, 성별, 소득, 직업, 교육수준, 가족구성원 수, 가족생활주기, 종교, 인종 등을 기초로 하여 시장을 몇 개의 집단으로 분류하는 것이다. 이는 객관적이고 측정이 쉬운 것이 장점이기는 하지만 갈수록 개별화되고 있는 소비자 행동 간의 차이를 설명하지 못하는 경우가 많다.

- **심리 분석적 변수**: 소비자들의 라이프스타일, 사회계층, 개성 등을 기준으로 상이한 시장을 몇 개의 집단으로 분류하는 것이다. 동일한 인구 통계적 집단 내에 속한 사람들은 매우 다른 심리적 특성을 나타내는데, 특히 **라이프스타일에 의한 세분화를 사이코 그래픽스**라고 한다. 심리적 세분화는 객관적인 측정이 어렵지만, 고객에 대한 깊이 있는 이해가 가능하다.

- **구매 행동 변수**: 고객의 행동과 밀접한 관련이 있는 변수로써 사용 기회, 사용 경험, 사용량, 상표 애호도 등이 있다. 이러한 변수는 구매 행동과 밀접한 관련이 있는 변수이므로, 비슷한 욕구를 갖고 있는 고객들을 가려내는 데 효과적이다.

- **기술 분석적 변수**: E-마케팅을 정보 기술에 바탕을 둔 환경적 특성을 지니기 때문에, 소비자의 행동에 중요한 영향을 미치는 것이 바로 기술에 대한 수용 태도 및 활용 정도이다. 따라서 소비자들이 기술에 대해 갖는 태도, 능력, 그리고 동기에 관한 기술 분석적 변수에 의해 시장을 세분화할 수 있다.

## 표적시장 선정

표적시장이란 판매자가 모든 가능한 기업의 자원을 이용하여 특정 노력을 집중시키는 고객 집단을 의미한다. 표적 시장을 선정한다는 것은 시장 세분화 분석을 통해 얻어진 자료에서 목표로 하는 시장, 즉 얼마나 많은 시장 또는 어느 시장을 어떻게 접근할 것인가를 결정하는 전략 과정이다. 따라서 시장 세분화의 목적은 바람직한 표적고객을 선정하는 데 있다. 시장 세분화가 이루어진 다음 기업은 몇 개의 세분시장에 진출할 것인지, 어떤 세분시장에 중점적으로 접근해 갈 것인지를 결정해서 각 세분시장에 적합한 기업 자원을 집중적으로 투입하게 된다.

### ① 표적시장 선정 기준

이질적인 욕구 또는 선호를 가지고 있는 소비자들을 몇 개의 세분시장으로 나누면 그 중에서 어떤 세분시장을 표적으로 선정하여 공략할 것인가를 결정해야 한다. 또한 표적시장의 선정은 시장 현실의 분석을 바탕으로 바람직한 세분시장의 구성형태를 구상하는 시장보완 전략을 수립할 수 있으며, 세분시장에 따라 주 표적시장과 부 표적시장의 선정도 가능하다. 표적시장을 선정하는 데는 먼저, 객관적으로 보아 매력이 있는 시장이 있어야 한다. 즉 현재의 매출액, 수익률 등의 기준에서 볼 때 시장성이 있어야 하고 기업이 시장에서 성공할 수 있는 기업 고유의 경쟁우위를 갖추고 있어야 한다. 마지막으로 그 시장의 경쟁 정도를 고려해야 한다. 이는 기업 간 경쟁뿐 아니라 잠재적인 후발 기업의 위험, 공급자와 구매자의 교섭력 등을 고려해야 한다.

② 마케팅 전략에 따른 표적시장 선정 전략

세분시장에 대한 평가가 이루어진 후, 선정된 표적시장에 대하여 어떤 방식으로 접근하여야 할까? 물론, 특정의 욕구와 유사한 구매행동을 보이는 집단별로 각각 마케팅 활동을 전개하는 경우가 보다 정교하고 효과적일 것이다. 하지만 전체적인 관점에서 보았을 때, 집단 간의 차별화 방안이 다른 집단의 행위에 어떤 영향을 미치고, 기업의 전체 이익에 어떤 영향을 미치게 될지에 대해서도 분석해야 한다. 이 과정에서 전략적으로 기업에 대한 이익 기여도가 높은 세분고객집단에 대한 충분한 고려가 이루어져야 할 것이다. 위와 같은 모든 요인을 고려해 볼 때, 세분고객을 공략하는 전략은 크게 세 가지로 나누어지는데 **비차별적 마케팅 전략**, **차별적 마케팅 전략**, **집중적 마케팅 전략**으로 나누어진다.

- **비차별적 마케팅**: 고객을 세분화하지 않고, 한가지의 제품이나 서비스로 전체 시장을 대상으로 마케팅 활동을 전개하는 것이다. 이 접근 방법은 소비자들의 니즈와 욕구에 대해 공통적인 부분에 초점을 맞추는 것이다. 대량생산을 통한 원가우위 확보, 광고비 절감, 마케팅 제비용 절감, 제품관리비용 절감 등의 장점이 있으나 다양한 소비자 욕구 충족의 외면으로 높은 이익을 상실할 우려가 있다는 단점이 있다.

- **차별적 마케팅**: 여러 세분고객을 표적으로 하여 각 세분고객마다 차별화된 마케팅 활동을 전개하는 방법이다. 이 전략은 처음에는 한두 개의 세분시장을 집중 공략하여 경쟁우위를 확보한 후 유통 및 생산의 공유를 통해 경쟁기업보다 비교우위를 지닐 수 있는 세분시장으로 확장해 나가는 전략이다. 전체적인 소비자의 만족도와 총매출액이 증가하게 되지만 개발비, 관리비, 광고비 등의 비용도 상승하게 되는데, 이때 지출비용의 상승보다 매출액이 커서 전체적인 수익률이 향상될 것으로 기대될 때 적합한 전략이라 할 수 있다.

- **집중적 마케팅**: 전략적으로 중요한 세분고객집단에 집중적으로 차별적 마케팅 활동을 펼치는 전략이다. 큰 시장에서 낮은 점유율을 차지하기보다는 차라리 규모는 작으나 높은 점유율을 확보하고자 하는 기업에서 주로 적용된다. 자원이 부족하지만 어느 정도의 크기와 높은 이익 확보 가능한 시장에서 활약하기를 원하는 기업에서 많이 채택된다.

포지셔닝

포지셔닝이란 세분화된 시장 중에서 표적시장을 정한 후 표적고객의 마음속에 경쟁제품과 다른 차별적인 자사 제품의 특성을 강화시키고 경쟁우위를 차지하기 위해 기업이 행하는 마케팅 믹스 활동을 말한다. 포지셔닝의 전체적인 개념은 한 제품을 다른 제품과 구별되게 하고 구매를 유발하도록 의미를 부여하는 것이라고 할 수 있다.

① 포지셔닝 전략 과정

포지셔닝의 핵심은 경쟁제품과 차별화되면서 고객들의 마음속에 자사 제품을 포지셔닝 시키는 것이다. 그 과정은 다음과 같다.

- 표적 시장 내에서 경쟁브랜드와 자사브랜드가 차지하는 기존의 제품 포지셔닝 속성을 평가하여 경쟁구조를 파악한다.
- 자사 제품이 경쟁사의 제품에 비해 상대적으로 표적 고객의 욕구를 만족시키는지의 정도를 분

석하고 파악한다.

- 표적 잠재고객의 욕구를 파악하여 고객의 욕구 포지션을 파악한다.
- 결정된 제품 포지션에 최적 포지셔닝을 효과적으로 달성하기 위하여 적합한 마케팅 믹스 전략을 설계, 수립 및 실행한다.

### ② 포지셔닝 전략 유형

- **제품 속성에 의한 포지셔닝**: 기업 자신의 속성이나 특성을 내세우면서 포지셔닝하는 가장 보편적인 방법이다.
- **제품 사용자에 의한 포지셔닝**: 자사가 제공하는 제품이 특정 사용자 그룹을 표적으로 하여 만들어진 최적의 것임을 강조하며 포지션하는 방법이다.
- **제품 편익을 이용한 포지셔닝**: 소비자들이 웹사이트를 방문하고 콘텐츠를 이용하는 것은 그러한 행동을 통해 얻고자 하는 편익이 있기 때문인데, 편익을 이용한 포지셔닝은 바로 이러한 편익을 강조하는 전략이다.
- **경쟁 제품을 이용한 포지셔닝**: 경쟁 사이트나, 경쟁 사이트가 제공하는 콘텐츠에 비해 우월한 점을 강조하는 포지셔닝 전략이다. 이러한 포지셔닝 전략을 위해서는 고객들이 가치 있게 느낄 수 있는 요소를 발견하고, 이들 요소를 다른 사이트의 경우 어떻게 대응하고 있는지에 대해 조사해야 한다.
- **제품범주에 의한 포지셔닝**: 자사 제품을 대체성이 있는 다른 제품범주와 연관시켜 포지션 함으로써 다른 제품범주를 사용하는 소비자들의 제품 전환을 유도하는 방법이다.

### (3) E-마케팅 전략수립 - 4P 전략

마케팅 전략이란 다양한 내외부적인 환경변화에 따른 시장기회의 모색을 통해 시장에서의 경쟁우위를 차지하기 위한 기업의 활동을 말한다. 전통적 마케팅믹스(4P: Product, Price, Promotion, Place)는 제품, 가격, 촉진, 유통이다. 전통적 마케팅에서는 이 4가지를 어떻게 관리하여 소비자들에게 효과적으로 마케팅을 수행 할 수 있는가를 주요 전략으로 삼았다. 그러나 인터넷의 급격한 발달로 더 이상 전통적인 4P를 통해서만 효과적인 마케팅을 수행 하는데 한계가 있다. 웹이라는 특수한 커뮤니케이션 장치를 통한 마케팅의 필요가 대두되었기 때문이다.

### ① 제품전략

제품은 마케팅 전략의 수립에 있어서 가장 중요한 변수이며, 여타 마케팅 변수들을 결정하기 위한 중심축이다. 제품에는 상품, 서비스, 아이디어, 장소, 사람, 정보, 엔터테인먼트 등 교환의 가치가 있는 모든 것들이 포함된다. 인터넷 환경에서 제품은 제품, 서비스, 디지털 제품 그리고 이들의 결합제품으로 구분할 수 있다. 여기서 디지털 제품이란 인터넷 제품 혹은 온라인 제품이라고도 하며, 그 형태와 속성에 따라 디지털화 제품(Digitalized Products)과 디지털 서비스 제품(Digital Service Products)으로 분류할 수 있다. 디지털화 제품은 기존 시장거래를 통하여 이루어질 수 있는 유형 제품이 인터넷을 통하여 광고, 제품소개, 구매선택, 대금지불 등을 하면서 거래되는 제품을 말한다. 디지털 서비스 제품은 인터넷 환경에서 거래되는 소프트웨어, 정보 등 인터넷을 통하여 완전하게 이루어지는 제품을 말한다.

### ② 가격전략

- 전자상거래는 물리적인 매장 구입 혹은 임대비용, 매장을 유지하기 위한 비용이 매우 저렴하거나 거의 없고, 판매시 발생하는 서류작업의 자동화, 중간상인의 배제에 따른 유통비 절감 등으로 가격경쟁이 치열하다. 인터넷에서는 고객이 쉽게 가격을 볼 수 있고, 직접 물건을 선택하므로 제품이 성격이나 내용만큼 가격표시를 명확하게 해야 한다. 또한 정보장벽이 붕괴됨으로써 기업들은 소비자의 참여와 관심을 끌기 위해 고급화, 패키지화, 머천다이징 등을 통해 제품의 부가가치를 높이는 전략에 관심을 기울여야 한다.

- 제품에 적용되는 가격결정 전략은 매우 다양하다. 대부분 오프라인에서의 가격 전략이 온라인에서 적용되고 있다. 이 중에서도 오프라인보다는 인터넷 환경에서 주로 적용되는 가격 결정 전략 유형은 다음과 같다.

  - **역가격화**: 전통적 마케팅에서 가격 결정 권한은 기업 고유의 영역이었다. E-마케팅에는 소비자가 가격 결정을 하는 소비자 중심의 가격 설정 모델이 늘어나고 있다. 경매 사이트가 대표적인 예이다.

  - **무가(無價)화**: 무가화 현상은 '무료화 + α'의 전략으로 가격의 무료화 경쟁이 가속되어 아예 가격이 사라질 뿐만 아니라 제품을 이용하는 만큼 부가 보너스나 포인트를 제공하는 극단적인 형태의 가격 전략을 구사하는 것이다.

  - **패키지(Package)화**: 하나의 프로세스에 관련된 토털 서비스를 제공하거나 각 상품간의 연계성을 확보하여 새로운 부가가치를 제안하여 소비자에게는 상대적 가격 절감 혜택을 주고 기업으로서는 높은 이윤의 구조를 유지하는 전략이다.

  - **머천다이징(Merchandising)**: 유료화된 콘텐츠를 일정 기간이 경과한 후에는 무료로 전환하여 광고 수입을 확보하고 더 기간이 지난 후에는 타사에 제공함으로써 홍보 효과를 기대할 수 있다.

### ③ 유통전략

- E-마케팅 유통 전략은 유통 구조 전략과 물류 체계의 통합 전략으로 나누어 볼 수 있다. 인터넷 유통 구조는 어느 정도 넓은 범위의 시장을 포괄할 것인가를 결정하는 것이며, E-마케팅 물류 체계 통합 전략은 관련업체들 사이의 의사소통 및 물적 유통을 온라인으로 어떻게 통합할 것인가에 대한 전략 방안이다.

- E-마케팅 유통구조의 결정

  어느 정도 넓은 범위의 시장을 대상으로 마케팅 활동을 할 것인가를 결정하는 것으로 제품의 성격, 구매빈도, 브랜드 이미지의 중요성 등에 의하여 결정되며, 그 종류는 다음의 세 가지로 구분할 수 있다.

  - **집중적 시장포괄**: 광범위한 제품 시장을 포괄하기 위하여 여러 종류의 유통 관련업체가 동일한 사이트를 이용하여 마케팅 활동을 전개하는 방식이다. 그러나 이러한 전략을 추구할 경우, 다양한 제품을 고객에게 제공한다는 장점과 매출액의 증대효과가 있으나, 제품 및 기업 이미지를 손상시킬 수도 있다. 이러한 집중적 시장포괄에 적합한 제품은 편의품이나 성숙기의 제품으로 거래빈도를 높여야 하는 경우에 이용될 수 있다.

- **선택적 시장포괄**: 목표로 하는 고객시장이 제한되어 있는 경우 이에 적합한 유통구조를 선택적으로 사용하는 전략 방안이다. 즉, 자사의 웹 사이트 성격에 적합한 유통업체를 선택적으로 이용하는 방법이다. 웹 사이트를 보유하고 있는 업체가 상품이나 서비스를 제공해 줄 업체를 선정할 때 자사의 포지셔닝 개념과 일관성이 있는 업체 또는 제품만을 선정하는 경우이다. 이러한 경우에는 해당 웹 사이트가 나름대로 명성과 시장을 확보하고 있어야 하며 차별화된 콘텐츠로 높은 인지도를 유지하려고 하는 경우에 이용된다.
- **배타적 시장포괄**: 자사의 특성에 맞는 제품 및 서비스 품목별로 단지 하나의 유통업체만을 선정하는 방법이다. 고객 역시 특정한 특성을 가진 집단으로 한정되는 경우에 이용될 수 있는 방법으로 전문성이 높은 제품이나 서비스 또는 기업 이미지나 제품 이미지가 중요한 경우에 이용되는 방법이다.

## ④ 촉진전략

- E-마케팅 촉진활동은 국내외에 거주하는 다양한 고객에게 기업이 홍보 및 상품이나 서비스에 대한 각종 정보를 제공하여 구매를 유도한다. E-마케팅의 촉진활동은 기업에서 정보를 제공하고 소비자들이 찾아와서 원하는 정보를 얻고 이에 대한 피드백을 제공하는 다분히 쌍방향적인 것이어야 한다.
- 매체 수단으로의 E-마케팅 특성
  - **1 VS 1 관계 마케팅**: 대중매체나 기존의 통신매체에 의한 촉진은 마케팅의 기본인 세분화를 충실하게 수행하는 방법이다. 인터넷 매체를 이용함으로써 아주 저렴한 비용으로 개별고객에게 접근할 수 있다는 장점이 있다. 웹 사이트에 방문한 고객들에 관한 정보, 즉 구매심리, 구매행동, 선호도 등에 관한 자료를 축적하고, 인공지능체제를 이용하여 고객정보를 체계적으로 분석함으로써 보다 나은 메시지를 전달할 수 있으며, 개별고객에게 맞는 '맞춤정보'를 제공함으로써 사이트 충성도를 높여 나갈 수 있다.
  - **직접 마케팅**: 전자거래는 직접 마케팅에 보다 효율적인 광고매체로 발전할 수 있는 잠재력을 갖고 있다. 제품이나 서비스 생산업자는 중간상을 거치지 않고 고객과 직접 연결함으로써 중간상의 중요성이 점차 줄어들게 된다. 또한 생산업자는 과거 중간상이 하던 재고, 운송, 구색, 금융, 판매, 애프터서비스 등의 기능을 스스로 하거나 그 기능을 수행하는 외부 업체와 제휴함으로써 인터넷의 직접 마케팅 기능을 효과적으로 수행할 수 있다.
  - **차별적 마케팅**: 가상공간에서 고객들은 자신이 원하는 제품을 찾기 위하여 여러 사이트를 항해하지만, 자신이 원하는 정보를 얻기란 쉬운 일이 아니다. 그래서 제품 및 서비스 제공업자들은 이러한 검색엔진에 자신의 정보를 제공하고, 다른 유사 경쟁업체와 지속적으로 차별화를 기하게 된다. E-마케팅의 초기에는 원가중심의 저가정책, 심지어는 무료로 정보를 제공하는 비차별적 마케팅을 수행했지만, 점차 사이트간의 차별화가 이루어지고 적정 마진을 얻을 수 있는 가격과 고품질의 정보가 포함된 사이트로서의 차별적 마케팅이 이루어지게 된다.

### (4) E-마케팅 전략 수립 - 6C전략

E-마케팅에서 6C전략은 흔히 접점 이후 마케팅 믹스(Front-Office Marketing Mix), 또는 포털(Portal) 전략이라고 한다. 여기서 말하는 6C에는 지식과 정보 전략(Contents Strategy), 고객맞춤 전략(Customization Strategy), 공동체운영 전략(Community Strategy), 의사소통 전략(Communication Strategy), 거래형성 전략(Commerce Strategy), 관계확장 전략(Connection Strategy)이 이에 해당된다.

### ① 지식과 정보 전략

• 인터넷에서 콘텐츠란 고객에게 전달하고자 하는 정보 및 내용을 웹 형태의 기술적 요소와 결합시킨 것으로 모든 텍스트 및 멀티미디어적인 형태가 콘텐츠가 될 수 있다. 따라서 기본적인 콘텐츠의 원형은 '원 소스 멀티 유즈' 형태로 다양하게 게임, 출판, 드라마, 영화, 애니메이션, 캐릭터 등 여러 연관 부가가치 사업으로 확대 재생이 가능하다는 점에서 사업성 측면에서도 매우 중요한 본질적인 요소라 생각한다. 웹 사이트에서 콘텐츠는 가장 핵심적인 역할을 한다. 성공적인 사이트는 한결같이 좋은 내용으로 이뤄져있다. 성공 사이트의 여러 가지 요인(예를 들어 커뮤니티, 콘텐츠, 무료메일 제공) 중에서 대표적으로 꼽을 수 있는 것이 바로 우수한 콘텐츠다.

▷ 6C전략

• 콘텐츠를 기술적인 측면과 정보 구성적인 측면에 초점을 맞추면 3가지 요소로 나눌 수 있다. 홈페이지를 제작한다는 말은 디자인적인 측면이 강조된 뉘앙스를 풍기며, 웹 사이트를 구축한다는 말은 기술적인 색채가 강해 보인다. 한편 디자인이나 기술적인 측면 외에도 언어적 측면인 정보의 내용 또한 간과할 수 없다. 즉, '콘텐츠'라 함은 '정보의 내용과 홈페이지의 디자인과 상호작용을 뒷받침해 줄 수 있는 기술로 구성'된다. 이를 조합하여 **컨텐디자이놀러지**(ContentDesignology)라고 하는데, 이것은 좋은 콘텐츠란 이들 3가지 요소를 적절히 조화시켜 구성해야 한다는 것을 의미한다.

• 콘텐츠의 내용적인 측면에서 접근했을 때, 이러한 콘텐츠는 멀티미디어를 기반으로 하며, 인간의 지적 창의성을 반드시 포함하고 있어야 한다. 엄밀하게 이야기하면 콘텐츠는 소프트웨어와 구분할 필요가 있다. 소프트웨어는 인간의 지적 창의성을 지원해 주는 애플리케이션으로서의 성격이 강하며, 이를 통해 창조되는 지적인 창의물을 콘텐츠로 이해하여야 한다. 특

히 **인터넷 콘텐츠는 '인터랙티브'를 반드시 포함**하고 있어야 하는데, 이것은 매스미디어와 인터넷을 구분하는 가장 중요한 경계점이다. 기업은 개별적인 고객과 상호작용을 할 수 있도록 잘 설계된 콘텐츠를 제공함으로써 고객과의 관계를 창출하고 유지할 수 있도록 하여야 한다.

## ② 고객맞춤 전략

- 고객 맞춤화는 사용자들 개개인에 맞게 사이트가 맞춰지거나 사용자들의 용도에 맞게 맞추어지는 것을 말한다. E-마케팅은 1대1 관계 마케팅을 형성 할 수 있고 로그파일의 기록을 분석하면 시장조사가 자동적으로 이루어지기 때문에, 개인 사용자의 요구에 맞추어 업무를 효율적으로 처리하기 위하여 사이트는 사용자나 조직에 의해 디자인될 수 있다. 고객 맞춤화가 사용자에 의해서 디자인되면 개인화(Personalization)라 하고, 사이트 운영자에 의해 설계되면 맞춤화(Tailoring)라 한다.
  - **개인화**: 일부 웹 사이트들은 사용자들이 자신의 취향에 따라 콘텐츠를 선택하거나, 개인화된 다양한 툴을 사양으로 선택하도록 하고 있다. 사용자의 개인적인 선호가 사용자에 의해 입력되고 저장되면, 그 사이트는 사용자의 로그인 등록정보나 쿠키를 이용하여 고객이 재방문하였을 때 사용자의 등록정보에 따른 선호도에 맞춰 구성하는 것이 특징이다.
  - **맞춤화**: 일부 웹 사이트들은 인터페이스 소프트웨어를 통하여 특정 이용자들의 관심이나 습관 및 욕구를 더욱 적절하고 더 잘 파악하기 위해 사이트를 구현하고 있다. 보다 발전된 엔진의 경우, 이용자가 관심을 보이거나 찾을 것 같은 제품정보 및 콘텐츠를 추천하기도 한다.

## ③ 공동체운영 전략

- 커뮤니티는 공동체를 뜻하는 것으로 인터넷 커뮤니티는 인터넷 공간에서 활동하는 공동체 전반을 가리킨다. 단순 교제, 매니아, 필요에 의한 모임, 공통의 관심사가 커뮤니티를 형성하는 요인이다. 커뮤니티는 클럽, 매니아 커뮤니티, 카페 등의 형태로 나타난다. 가장 많은 형태는 동호회이다. 커뮤니티에 관련된 멤버는 소속감과 공통 관심사를 가지고 있다.
- 커뮤니티는 사이트 방문자 증가와 사이트 발전에 중요한 역할을 한다. 인터넷에서는 이런 동질성을 가진 모임은 쉽게 활성화되기 때문이다. 실제로 커뮤니티에 소속된 구성원들은 사이트에 충성도가 매우 높다. 또한 전문적이다. 그리고 사이트 내에서 가장 활발하게 활동을 하게 되며 자체적으로 많은 자료를 만들어 낼 수 있다.
- E-마케팅에서 가상 공동체의 형성은 중요한 의미가 있다. 가상 공동체를 통해 기업은 소비자 정보를 수집하거나 신제품에 대한 의견을 수렴할 수 있고 소비자를 기업의 마케팅 과정에 참여시킴으로써 기업 혹은 제품에 대한 충성심을 고취시킬 수 있다.
- 가상 공동체는 다음과 같은 몇 가지 특성이 있다.
  - 네티즌들은 맞춤형 정보를 원하고, 자신에게 맞지 않는 정보나 광고에는 거부감을 보인다. 그러나 한편으로는 관심 영역과 동질적 집단에 대한 소속감과 공유의식을 느끼고 싶은 욕구를 사이버 공간에서 표출한다. 네티즌들의 개인화 성향은 전자우편을 통해 충족시켜주고, 커뮤니티 성향은 뉴스그룹, 채팅, 사설게시판(BBS) 등을 통해 충족시켜 줄 수 있다.
  - 가상 공동체는 익명성이 강하고 비대면성이기 때문에 무책임한 루머의 남발, 저질스런 언어구

사, 사이버폭력 등 심각한 사회문제가 야기되기도 하지만, 가상 공동체에서 신뢰감이 형성된다면 실제 공동체보다 더 나은 비즈니스 기회를 포착할 수 있다.

- 친목회, 동창회 등 기존의 공동체는 공간적 제약을 받는 동기성(Synchronous) 때문에 한 장소에 모여 서로의 관심사에 대해 대화하고 일정한 시간이 지나면 헤어진다. 그러나 가상 공동체는 동기성과 비동기성을 함께 지니고 있다. **가상 공동체에서 동기성을 지원하는 도구로는 채팅과 메신저 등이 있고, 비동기성을 지원하는 도구는 웹 게시판, 뉴스그룹, 전자우편 등이 있다.**

### ④ 의사소통 전략

- E-마케팅의 장점은 쌍방향성이 뛰어나다는 것이다. 일방적인 전달이 아니라 개별적인 커뮤니케이션이 가능하다. 개인별 상담과 질문에 대한 응답, 이메일을 통한 답변 등 이런 쌍방향성은 방문자가 직접 사이트에 참여할 수 있는 기회를 제공한다.

- 커뮤니케이션이란 웹 사이트와 이용자들 간의 혹은 이용자들과 기업 간 대화의 소통뿐 아니라 각종 정보의 교환을 의미한다. 이러한 커뮤니케이션은 기업 대 이용자, 양방향 이용자 대 이용자, 이 두 가지 형태를 취할 수 있다.

  - **기업 대 이용자(방송형)**: 기업 대 이용자 의사소통은 기업으로부터 이용자에게 일방적으로 전달되는 정보교환이다. 정보의 이러한 일방적인 의사전달에는 기업에게 보내는 반응을 위한 메커니즘을 제공하지 않고 있다. 일반적으로 웹 사이트와 이용자들 간의 일 대 다수의 관계이다.

  - **양방향 이용자 대 이용자(대화형)**: 대화형 커뮤니케이션은 전자상거래 대화의 일부로 쓰이는 경우가 많으며 주문배치, 추적 및 주문완료에 관한 정보제공을 정기적으로 취하게 된다. 또 다른 양방향 커뮤니케이션은 이용자 입력정보가 사이트에 반영될 때, 관심 분야의 주제에 대해 이용자가 작성한 기사와 공급업자들에 대한 평가 및 피드백이 해당된다.

- E-마케팅은 정보통신기술을 기반으로 하기 때문에 고객과의 효율적인 커뮤니케이션을 수행하기 위해서는 다양한 기술과 도구를 적절히 활용하는 것이 필요하다. 예를 들어 무료 전자우편 계정, 채팅방, 인스턴트메시징 서비스(ICQ), 검색엔진, 이동통신과 연동 등이다. 특히, 인터넷이 가지는 커뮤니케이션 구조는 1:多 뿐만 아니라 1:1, 多:多 커뮤니케이션을 모두 소화할 수 있다.

### ⑤ 거래형성 전략

- 궁극적으로 기업이 E-비즈니스에서 추구하는 것은 수익성이다. E-마케팅에서의 수익성은 일반적으로 **상품 판매, 정보 및 서비스 이용료, 회비, 중개수수료, 광고료, 각종 협찬** 등에 의해서 얻어지고 있으며 그 외에도 여러 가지 방법들이 사용되고 제기되고 있다.

- 상업 사이트는 수익을 목적으로 운영되어야 한다. 직접 수익을 내거나 회사의 수익성을 높이는 것이 운영의 목적이다. 수익성을 위해서는 사이트가 수익모델을 갖추어야 하고 경비를 절감하는 운영이 이뤄져야 한다. 투자에 비해 그 효과가 뚜렷하게 나타나지 않는다는 것이 현재 웹 사이트들이 안고 있는 고민이다. 막대한 비용을 쏟아 부어 마케팅을 했지만 수익을 내지 못하는 사이트들이 적지 않다. 수십만, 수백만의 회원도 수익과 연결되지 않는다. E-비즈니스에 대한 회의론도 역시 뚜렷한 수익성을 갖고 있지 않다는 데 있다. 그래서 E-마케팅 운

영자는 사이트를 통해 수익을 내야 한다는 요구에 직면해 있다. 거래 수익이나 서비스 제공, 부가가치 서비스, 컨설팅 등 수익원을 다양화해야 한다. 광고나 회원유치에만 의존해서는 안 된다. 실제 거래 등 오프라인과 전통기업들의 영업방식이 높은 수익을 내고 있다.

- 상거래란 인터넷 사이트에서 제품 또는 서비스를 판매하는 것으로 정의된다. 기업의 상거래 역량은 거래 처리의 다양한 측면을 지원할 수 있도록 작성된 고객 인터페이스의 형태를 말한다. 즉, 배송정보와 더불어 전형적인 쇼핑 바구니 사양을 보유해야 한다. 상품의 전체 가격과 부가적 서비스, 세금, 배송비용 및 총 합계를 요약된 형태로 제시하여야 한다. 사이트가 전자상거래 능력을 갖추기 위해서는 이와 같은 많은 사양들이 존재하여야 한다. 그렇지만 최근 웹상에서의 정보유출이 심각한 사회적 문제로 대두되고 있으므로 다양한 정보들과 더불어 그에 맞는 정보 보안의 구축도 함께 이루어져야 하겠다. 이러한 기술적인 거래 능력도 중요하지만 기업이 E-비즈니스를 활용하는 궁극적인 목적인 수익 창출을 이루는 것 또한 중요하다. 따라서 인터넷을 기반으로 수익을 창출하는 여러 가지 방법에 대해 고민해 봐야하는데, 다음과 같은 대표적인 수익창출 방법이 있다.
  - **광고 수입과 직접적 상품 판매**: 다음 커뮤니케이션, 네이버 등은 회원 수 증가를 통한 광고수입을 올리고 있고, G-마켓, 옥션 등과 다양한 쇼핑몰들은 다양한 상품을 판매하고 있다.
  - **콘텐츠 유료화**: 미국의 월스트리트저널은 인터넷의 쌍방향성을 활용한 콘텐츠를 제공함으로써 많은 유료회원을 확보하여 유료화 전략의 성공 가능성을 보여주었다.
  - **제휴(Affiliate) 프로그램**: 자사의 웹 사이트에 제휴관계를 맺은 다른 사이트나 쇼핑몰을 홍보하고, 자사의 사이트를 통해 구매한 상품에 대한 일정 비율의 소개비를 받는 형태이다.
  - **데이터베이스 응용**: 데이터베이스를 활용하는 예로는 온라인 리서치 대행, 사용자 통계분석 데이터 판매, 데이터베이스 대여 등을 들 수 있다. 그러나 이러한 사업을 추진할 때에는 현행법상 데이터베이스에 등재된 개인의 정보를 판매할 수 없다는 것을 고려해서 진행해야 한다.
  - **중개를 통한 수수료 확보**: 사이버 증권사 혹은 경매 사이트에서는 거래를 중개해주고 받는 수수료가 수익의 원천이 된다.

### ⑥ 관계확장 전략

- 인터넷은 네트워크, 즉 연결의 산물이다. 그래서 E-마케팅에서 관계의 중요성은 지대하다. 각종 관계와 연결을 통해 많은 것들이 창조되고 개선된다. 특히 파트너와의 협력관계는 매우 중요하다. 전략적 제휴가 바로 커넥션 전략의 일환이다. 선진기업들은 핵심역량을 사내에 두고 그 외의 기능은 아웃소싱을 하는 추세이다. E-비즈니스 기업에서도 아웃소싱의 중요성은 갈수록 강조되고 있다. 과거에는 혼자 힘으로 시장에서 경쟁했던 것에 비해 이제는 외부의 아웃소싱 파트너들을 어떻게 규합하여 최적의 네트워크를 구성하느냐에 따라 경쟁력이 좌우된다고 할 수 있다. 국내의 대형 사이트조차도 웹사이트의 유지보수와 운영을 아웃소싱하는 것이 효과적이라고 판단하고 있다. 사이트 유지보수 등은 프로그래머나 디자이너를 고용하는 것보다는 외부의 전문업체에 의뢰하는 것이 경비를 줄이는 방법이다. 현재 우리 나라는 정보 통신 분야의 풍부한 인력으로 외부의 인력을 활용하기 좋은 여건이다.
- 포털 서비스를 제공하는 기업들은 다양한 서비스나 콘텐츠를 고객에게 제공하기 위해 동종,

혹은 이종간 협력관계를 구축하는 경우가 많다. 이것은 결국 기업－소비자－기업간의 트리플 윈(Triple-win)을 가능하게 함으로써 모두가 이익을 공유할 수 있도록 세심한 주의를 기울여야 한다.

- 기업들이 협력관계를 통해 공동 마케팅을 추진하는 목적은 여러 가지가 있을 수 있다.
  - **상거래 등 프로세스의 역량강화를 통한 시장 확대 및 공동 이익추구**: 인터넷 비즈니스가 복잡하고 다양화됨에 따라 기업들은 더욱 전문화된 분야에 그 역량을 집중시키고, 특정 분야에 전문성을 갖춘 기업들에게 상대적으로 부족한 부분을 보완해 줄 협력업체의 필요성이 증가하고 있다.
  - **협력을 통한 노력과 비용절감 및 경쟁자의 진입장벽 형성**: 각 기업이 특정분야의 전문화를 지향함에 따라 자신들의 열세인 분야에 타 기업과 연계함으로써 적은 노력으로 많은 효과를 누릴 수 있다. 즉, 협력을 통해 신규 사업에 공동 투자함으로써 비용을 절감하고 투자위험을 분산시킬 수 있다. 그리고 초기에 시장규모를 확대할 수 있는 협력자를 확보할 수 있다. 한편 기업 간 공동 마케팅을 수행함으로써 새로운 경쟁자의 진입을 억제하는 효과를 얻을 수 있다.
  - **자원공유를 통한 회원증대 및 표준화 추구**: 기업이 보유한 회원과 콘텐츠를 다른 기업과 공유함으로써 회원 확대 및 방문자 증대를 위한 대융합(Mega Convergence), 대제휴(Mega Alliance), 대경쟁(Mega Competition)의 형태로 전개될 것이다. 이를 위해서는 기존 회원 데이터베이스 통합시도, 기술적 규격 통일, 공동 마케팅 프로모션, 법규와 규제에 대한 공동 대응 등의 노력이 결집되어야 한다.

## ② 인터넷 광고

### (1) 웹을 이용한 광고

- 인터넷 사이트를 통해서 하는 광고로 배너광고, 제휴마케팅, 바이럴 마케팅, RSS 마케팅 등이 있다.
- 배너 광고는 디스플레이 광고라고 불리지만 불특정 다수에게 보여지므로 광고효과가 그리 크지는 않다.
- 제휴마케팅은 웹 사이트의 발행자가 파트너 웹사이트의 방문자, 회원, 매출 등을 발생시키면 그 보상을 받는 마케팅 방식이다. 네이버 쇼핑을 보면 그 안에 여러 제휴 사이트들이 물품을 판매하는데 그것을 구입하면 네이버에서 일정의 수수료를 받는 방식이 바로 이 방식이다.
- E-마케팅의 꽃이라고 볼 수 있는 바이럴 마케팅은 네티즌들에게 자사의 블로그나 동영상 등을 노출시킴으로써 그것들이 인터넷을 통해 입소문처럼 퍼질 수 있도록 하는 마케팅 방식이다.
- RSS는 사이트나 블로그의 글을 RSS 리더를 통해서 특별한 방문이 없이도 받아 볼 수 있는 서비스이다. 매일 아침마다 신문을 배달해주는 것과 같은 이치인데, 구글 알리미가 대표적이다. 여기서 E-마케팅 활동에서 이용하는 웹을 이용한 대표적 광고 형태들에 대하여는 살펴보기로 한다.

배너 광고는 웹페이지 내의 한 구석에 나와 있는 직사각형의 그래픽 형태를 가진 광고로 인터넷 광고의 유형 중 50% 이상을 차지할 만큼 가장 일반적으로 활용된다. 배너를 클릭하면 해당 홈페이지에 접속하거나 해당 광고 메시지와 연결되며, 밴드 폭의 제한으로 가장 단순한 형태의 메시지 전달로 인해 시각적 효과는 한계가 있다. 배너 광고는 표출되는 형식과 방법에 따라 여러 유형으로 나눌 수 있다. 인터넷 광고의 일반적인 형태인 배너 광고는 초기의 이미지 고정형 배너에서 주목률을 높이기 위해 이미지 변환 배너로 발전되어 왔으며, 소비자와의 쌍방향성을 구현하는 쌍방향 배너까지 활용되고 있다.

① 배너 광고의 종류
- **정적형 배너**(Static Banner): 마치 축소된 인쇄광고처럼 한 장의 그래픽으로 되어 있는 정지된 배너이다. 즉, 광고의 내용이 변하지 않는 고정 형태를 유지하는 광고이다.
- **애니메이션 배너**(Animated Banner): 여러 페이지로 구성되어 있어 빠른 속도로 움직이는 역동적인 배너이다. 배너 내에서 순환하는 형식으로 특히 최근에는 3D 애니메이션, 2D 애니메이션 프로그램들을 활용한 GIF 애니메이션으로 제작하는 경우가 늘고 있다.
- **상호 작용성 배너**(Interactive Banner): 사용자의 마우스에 반응하여 움직이거나 데이터를 주고받을 수 있는 형태로 정보검색에서 입력까지 가능한 배너이다.

② 광고의 게재 방식에 따른 배너 광고 분류
- **고정형**: 하나의 배너에 하나의 광고로 구성되어 있는 것을 말한다.
- **키워드형**: 인터넷 사용자가 키워드를 입력하면, 키워드에 따라 배너 광고를 표출시키는 방식으로 검색엔진에서 주로 사용한다. 광고주 입장에서는 소비자가 관심이 있는 키워드와 관련된 자사 제품을 광고할 수 있는 장점이 있다.
- **지정 시간형**: 지정 시간이 되면 실행되는 광고를 말한다.
- **로테이션형**: 여러 광고를 하나의 배너에 차례로 바꿔가면서 나타내는 광고이다. 이 방식은 동일한 웹 페이지를 반복하여 사용한다고 해도, 웹 페이지를 사용할 때마다 다양한 광고들을 접할 수 있기 때문에, 배너 광고의 노출 효과가 더 긍정적으로 발생할 수 있다.

처음 홈페이지가 나타나는 순간 혹은, 페이지가 바뀌는 중간 중간에 풀 스크린의 광고를 삽입하는 형태로, 독립된 창의 형태로 표출할 경우는 팝업광고(Pop-up Advertisement)라고 부른다. 배너 광고에 비해 주목도가 상대적으로 높은 것이 사실이나 고객의 입장에서 볼 때 거부감을 유발시킬 수 있다.

### 이메일 광고

소비자에게 이메일을 발송하는 광고로 단순 메시지뿐만 아니라 이미지, 소리, 동영상 등 다양한 멀티미디어 형태로 광고 메시지를 개개인의 이메일을 통해 전달한다. 이메일은 저렴하고 신속하게 많은 정보를 표적 소비자에게 제공할 수 있으므로 가장 효과적인 광고도구가 될 수 있지만 소비자가 원치 않는 스팸메일은 오히려 부정적인 영향을 가져 올 수 있으므로 무분별한 이메일 광고는 자제해야 할 것이다.

### 동영상 광고

새롭게 주목 받고 있는 인터넷 광고로 배너 광고의 정적인 단조로움에서 벗어나 역동적이라는 점과 더불어 기존 텔레비전 광고, 뮤직비디오, 영화 예고편, 홈쇼핑 채널 등과 결합될 수 있다는 특징이 있다.

### 스폰서십 광고

소비자가 주로 낳이 방문하고 체류하는 사이트나 콘텐츠를 이용하여 브랜드에 대한 인지도를 제고하려고 하는 형태의 광고를 콘텐츠 혹은 스폰서십 광고라고 한다. 광고주가 특정 미디어 또는 그 미디어 내의 특정 일부 콘텐츠를 후원하면서 간접적으로 상표와 제품을 노출시키는 광고로, 광고주가 특정 사이트의 한 부분 혹은 한 페이지를 후원하는 형태인 브랜드 콘텐츠형과 사이트의 운영자와 광고주 간에 더욱 밀접한 관계를 갖는 이벤트 프로모션형이 있다. 이벤트 프로모션형은 보통 브랜드 콘텐츠형 모델에 비해 단기적인 계약이 맺어지며 주로 콘테스트나 이벤트 행사를 위해 일시적으로 만들어지는 경우가 많다.

## (2) 웹을 이용한 홍보(PR)

인터넷 홍보는 기업이 고객뿐만 아니라 기업 주변의 다른 여러 이해 관계자들에게 자신의 좋은 이미지를 구축하고 유지하여 호의를 갖도록 만드는 활동을 말한다. 이것은 저렴한 비용으로 상표 인지도 제고, 정보의 제공 및 교육, 신뢰도 구축, 구체적 소비 행동 유도 등을 위한 효과적인 커뮤니케이션 수단이 될 수 있으므로, 중요한 의미를 갖는다.

### 브로셔웨어

브로셔웨어(Brochureware)는 소비자들에게 제품 혹은 서비스에 관한 정보를 제공하는 사이트를 말한다. 기업에 대한 전반적인 소개와 주요 제품, 재무구조 등에 대한 다양한 정보를 제공하며 저렴한 비용으로 홍보할 수 있는 장점이 있다.

### 커뮤니티

커뮤니티(Community)는 특정 관심사, 직업 등의 연결고리를 통해 자발적으로 모임이나 동호회를 만들어 활동하는 공동체로 특별한 관심을 갖고 있는 고객들에게 홍보할 수 있는 좋은 PR 수단이 될 수 있다. 표적화가 잘 되어 있기 때문에 주제에 맞는 콘텐츠를 제공한다면 회원 확보에 큰 영향력을 행사할 수 있다.

### 온라인 이벤트

온라인 이벤트는 사용자의 관심을 유도하고 사이트 방문을 유발하는 홍보 수단이다. 최고의 온라인 이벤트로 알려진 것은 1999년 Victoria Secret에서 개최했던 온라인 패션쇼이다. 이 이벤트를 위해 막대한 비용을 투자함으로써 동시에 150만 명의 인터넷 이용자들이 사이트를 방문하여 서버를 멈추게 한 일이 있다.

### 온라인 고객 서비스

온라인 고객 서비스는 실시간 채팅, 자동화된 이메일, 이메일 응대 등을 통하여 소비자들의 질문에 대한 답을 제공하는 것이다. 이러한 실시간 응대를 통해서 소비자들과 긴밀한 관계를 형성하고 유지할 수 있다.

### 뉴스 공지

뉴스 공지는 언론 매체에 자사와 관련되어 기사화 될 만한 자료를 제공하는 활동이다. 이는 어느 PR보다 소비자들에게 신뢰도가 높아 홍보 효과가 크다.

### 링크원 활용

하이퍼링크 기술로 인해 인터넷 이용자들이 손쉽게 한 사이트에서 다른 사이트로의 이동이 가능한데 이러한 링크를 기업의 목표고객이 자주 드나드는 사이트에 제공하여 자연스러운 방문을 이끌어 낼 수 있다.

## (3) 웹을 이용한 판매 촉진

오프라인과 달리 인터넷의 가상공간에서는 상대적으로 이용자가 많고 상호작용적인 의사소통이 가능함으로써 제품 출시나 시장조사 자료들을 얻는 데 유용하게 이용될 수 있으며, 비용의 절감, 소비자 정보의 데이터베이스화가 가능하다. 따라서 1:1 마케팅 프로모션이 가능하고 구매의 인센티브를 제공하여 판매 촉진을 실행한다.

### 제휴 프로그램

제휴 프로그램은 온라인상에서 가상적인 선약정관계를 체결한 사이트로부터 배너나 텍스트 링크를 통해 방문한 고객으로 인해 발생한 결과에 대해 일정한 보상을 해주는 방법이다. 원원전략을 추구하며 제휴프로그램을 통한 인터넷 광고는 사후에 그 결과에 대한 보상을 해줌으로써 수익을 취득하는 방식이다.

### 쿠폰

쿠폰(Coupon)은 소비자에게 특정한 콘텐츠를 할인된 가격으로 이용 가능한 수단을 제공함으로써 판매촉진 효과를 활성 시키는 수단이다. 쿠폰은 특히 반복구매와 충성도를 구축하기 위한 것이지만 자사의 웹 사이트에 대한 방문을 유인하는 효과를 볼 수 있으며 제품의 최초 구매도 일으킬 수 있다.

### 콘테스트와 추첨

콘테스트(Contest)는 소비자의 지식이나 기술을 요구하는 문제를 낸 다음, 이를 맞춘 사람에게 일정 보상을 해주는 것이며 추첨은 콘테스트와 비슷하나, 복권과 같이 소비자의 지식이나 기술과 관계없이 운에 의해 당첨자를 결정하는 것이다. 이는 소비자의 충성도를 구축하고 판매와 이익을 다시 증가시키는 데에 필요한 부가적 인센티브를 제공해 줄 수 있으며 소비자가 쉽게 인식할 수 있도록 홈페이지 초기화면에 제시하는 것이 좋다.

### 가격 할인

가격 할인은 가격을 일시적으로 일정 비율만큼 할인해 주는 것을 가리킨다. 가격이라는 제품 속성의 특성을 직접 이용하기 때문에 상표 전환을 유인하고 충성도를 강화시킬 수 있으며 소비자의 주의를 환기시킬 수 있다.

## (4) 검색엔진 마케팅(SEM)

- 고객들이 어떤 정보를 얻거나 회사 홈페이지에 접속할 때 가장 많이 사용하는 것이 포털사이트를 통한 검색 방법이기 때문에 온라인 마케팅 중에 가장 많이 사용되는 것이 검색엔진 마케팅이다. 기업에서는 포털사이트의 위에 링크되게 하기 위해서 일정액의 돈을 지불하는 등의 방법을 사용하고 있다.
- 검색엔진 마케팅이란 검색엔진(구글, 야후, MSN, 네이버, 다음, 파란, 네이트 등과 같은 검색엔진)을 대상으로 하여 기업, 업체 등의 홍보 활동을 하는 마케팅 방법이며, 검색엔진 최적화 및 검색어 광고 등을 통하여 진행이 된다. 검색엔진이란 국가별 국내용 검색엔진과 일반적으로 전 세계 국가권을 포함하는 Global 검색엔진(Search Engine)으로 구분할 수 있다. 그 중 Global 검색엔진을 대표하는 것은 Google, Yahoo, MSN 등이 대표적인 것이며, 그의 국제적 시장 점유율은 매년 증가하고 있다.
- 트래픽에 비용이 발생하는 PPC(Pay Per Click)광고를 활용한 검색엔진 마케팅 광고에는 다음과 같은 광고의 유형이 있다.

- CPC(Cost Per Click): 클릭 당 비용이 발생하는 검색 키워드 광고
- CPM(Cost Per Mille): 일정기간 키워드 검색 노출 유지 광고
- Banner: 키워드 검색과 상관없이 웹사이트 노출 되는 광고
- Text 광고: 특정 영역에 문장으로 링크를 설정하는 광고

### (5) 웹을 이용한 고객관리

- 시장 분석 및 소비자 패턴을 파악할 때 홈페이지나 블로그, Facebook 등을 통해 고객의 다양한 의견을 모을 수 있고 고객과의 지속적인 교류를 통해서 소비자 패턴 및 수요 분석을 실행할 수 있다. 그리고 고객 맞춤형 제품을 홍보할 수 있다. 인터넷 쇼핑몰에 들어가서 쇼핑을 하다 보면 이 상품을 구매한 다른 사람이 같이 구매한 상품들처럼 고객이 추가로 관심이 있을 만한 상품을 보여줌으로써 상품 구매를 유도할 수 있다. 그리고 기타 부가서비스를 웹을 통해 제공할 수 있다. 인터넷을 통해서 회사의 제품을 소개할 뿐만 아니라 그것들을 쉽게 결제할 수 있도록 도와주고 지금까지 구입한 물품들을 보여주는 식의 서비스를 제공함으로써 사용자들에게 편리함을 제공한다.
- 웹을 이용한 고객관리의 대표적인 유형으로 웹 로그분석을 이용한 실시간 온라인 마케팅 시스템 ROMS(Realtime Online Maketing System)를 들 수 있다. ROMS는 온라인 사이트 방문자의 행동을 실시간으로 수집하기 위한 방문자 행동 수집 기술, 고객의 행동정보를 이용한 Context 분석기술, Context 기반의 사용자 프로파일 기술 및 탐지처리 기술을 활용한다. ROMS는 웹사이트의 방문자를 모니터링하고 시스템 사용자가 사이트 방문자에게 실시간으로 마케팅을 실행할 수 있는 시스템이다.

# 컴퓨터 및 통신 일반

## 컴퓨터 시스템

### 1 컴퓨터 시스템의 이해

#### 1 컴퓨터 시스템의 개요

넓은 의미의 컴퓨터는 계산능력을 가진 모든 장치라고 할 수 있다. 하지만 좁은 의미의 컴퓨터는 데이터와 명령어를 입력받아 저장하고, 이를 처리하여 결과를 출력하는 전자장치를 말한다. 컴퓨터의 종류는 데이터 취급 방법, 사용 목적, 저장 능력, 처리 속도에 따라서 분류된다. 컴퓨터는 프로그램과 자료를 입력받아 정해진 과정에 따라 처리하고, 그 결과를 출력하는 전자 장치이다. 이러한 컴퓨터는 종류에 따라 크기와 성능이 다양하지만, 기본적으로 하드웨어와 이를 작동시키는 소프트웨어로 구성되어 있다.

##### (1) 컴퓨터의 구조

컴퓨터의 구성요소는 기계적 요소인 하드웨어(Hardware)와 프로그램 요소인 소프트웨어(Software)로 구분 된다.

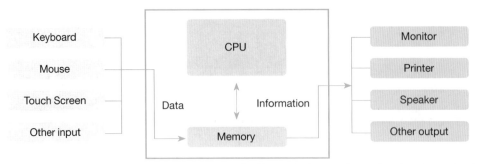

▷ 컴퓨터의 하드웨어 구성

<자료원: http://dinfree.com/lecture/core/101_basic_1.html>

하드웨어

### ① CPU(Central Processing Unit)

중앙처리 장치로 사람의 두뇌에 해당한다. 컴퓨터 성능의 중요한 요소이며, 'Intel core i5, i7' 같은 제품명들이 'CPU'이다. 대형 컴퓨터일수록 고성능 CPU가 사용되며 경우에 따라서 여러 개의 CPU를 하나의 컴퓨터에 내장한다. 스마트폰과 같은 모바일 기기에서는 CPU 이외에 다른 구성요소들을 포함하여 하나의 칩으로 구성한 AP(Application Processor)라는 용어를 사용한다.

### ② RAM(Random Access Memory)

'램'이라고 하며 메모리, 기억장치라고 한다. CPU의 연산결과를 저장하고 처리할 수 있는 공간으로 프로그램 실행 시 프로그램들이 메모리에 읽혀져 동작한다. 메모리 용량이 클수록 여러 프로그램을 실행할 수 있고 높은 성능을 보장한다. 램은 전원이 꺼질 경우 내용이 지워지기 때문에 영구적으로 저장해야 하는 데이터는 HDD로 불리는 디스크 장치를 사용한다.

### ③ HDD(Hard Disk Drive)

'하드디스크'라고 하며 영구적으로 데이터를 저장하기 위한 저장장치이다. 컴퓨터에서 실행하는 프로그램 및 워드, 파워포인트 등의 데이터 파일, mp3, avi 등 파일의 형태로 데이터를 저장하고 관리할 수 있다. 최근에는 메모리 기반의 HDD인 SSD(Solid State Disk)의 가격이 저렴해져 대중화 되고 있다.

### ④ 메인 보드(Main Board)

메인 보드는 컴퓨터의 하드웨어 모듈들이 통합되어 구성된 형태이다. CPU, RAM, HDD 등이 메인 보드에 장착되는 형태로 부품의 교체와 확장이 가능한 구조이다. 컴퓨터에 문제가 있을 때 메인보드를 통째로 교체 할 수도 있고 일부 부품만 교체 할 수도 있다. 최근의 소형화된 노트북이나 스마트폰, 태블릿 등은 워낙 작은 부품들이 결합되어 있어 문제 발생 시 개별부품의 교체가 불가능 해 보드를 통째로 교체해야 하는 경우가 있다.

### ⑤ GPU(Graphical Processig Unit)

컴퓨터에서 그래픽 처리를 전문적으로 다루는 하드웨어이다. 기존에는 단순히 그래픽 카드라고 해서 2D, 3D 화면을 처리하는 정도에서 활용 되었으나 최근에는 GPU의 성능이 고도화되어 머신러닝이나 인공지능 등 보다 빠른 계산처리가 필요한 경우 CPU를 보조하여 사용한다. 특히 VR, AR, 고해상도 동영상 처리 등 시각적인 요소가 중요해 지면서 GPU가 빠른 속도로 발전하고 있다.

## 소프트웨어

운영체제는 'OS'라고 하며 컴퓨터라 하는 하드웨어 장치를 사람이 사용할 수 있도록 환경을 제공하는 소프트웨어이다. 즉, 어떠한 형태의 컴퓨터라도 사람이 사용하기 위해서는 운영체제가 필요하다. 운영체제는 하드웨어의 사양에 따라 기능의 차이가 많아 심지어는 화면이 없거나 키보드나 마우스를 사용할 수 없는 환경도 있다. 그리고 운영체제는 시스템 하드웨어를 관리할 뿐만 아니라 응용 프로그램을 실행하기 위한 환경을 제공한다. 프로그램에 메모리와 CPU를 할당하고 디스크를 사용할 수 있도록 하는 것도 운영체제의 역할이다. 기본적인 운영체제의 기능은 다음과 같다.

### ① 프로세스 관리(Process Management)

운영체제에서 응용 프로그램의 실행은 프로세스 생성으로 이루어진다. 프로세스를 생성하고 종료, 프로세스간 통신 등 프로그램 실행을 위한 가장 기본적인 기능이다.

### ② 메모리 관리(Memory Management)

응용 프로그램에 메모리를 할당하고 사용하지 않는 메모리를 회수하는 역할과 함께 디스크를 사용해 부족한 메모리는 가상메모리로 운영하는 등의 관리 기능이다.

### ③ 파일시스템(File System)

하드디스크를 물리적 혹은 논리적으로 분할하고 운영체제에서 사용할 수 있도록 마운팅(Mounting) 기능을 제공한다. 파일이나 디렉토리를 생성하고 관리할 수 있으며 운영체제에 따라 관리할 수 있는 파일시스템 종류(FAT, NTFS, APFS 등)가 다를 수 있다.

### ④ 장치 드라이버(Device Driver)

컴퓨터에 연결된 각종 하드웨어를 응용 프로그램에서 사용할 수 있도록 연결해 주는 소프트웨어이다. 예를 들어 프린터를 컴퓨터에 연결했을 때 정상적으로 사용하기 위해서는 해당 프린터 장치에 대한 드라이버 소프트웨어를 설치해야 한다. 응용 프로그램과 달리 운영체제의 일부로 동작한다.

### ⑤ 네트워크(Networking)

컴퓨터와 컴퓨터를 연결해주며, 인터넷 역시 컴퓨터 네트워크가 전 세계적으로 연결된 개념이며 운영체제는 TCP/IP, UDP 등의 프로토콜을 이용해 컴퓨터간 네트워크 연결을 지원한다.

### ⑥ 보안(Security)

보안은 광범위한 영역으로 운영체제에 있어 메모리나 프로세스에 대한 보호를 기본으로 파일시스템, 네트워크에 대한 보안 기능을 기본적으로 제공한다. 또한 다중 사용자 시스템의 경우 사용자 관리 및 권한 관리 등도 보안영역에 속한다.

### ⑦ 입출력(I/O, Input/Output)

컴퓨터에 연결된 장치들로부터 데이터를 입력받을 수 있도록 하고 처리된 결과를 내보내는 기능이다. 입력은 마우스, 키보드, 터치모니터 등과 같은 입력 장치를 통해 이루어지며 출력은 모니터, 스피커, 프린터 등 출력 장치를 통해 이루어진다. 각각의 장치를 사용하기 위해서는 장치 드라이버가 필요하며 운영체제는 입출력에 필요한 폴링과 인터럽트 같은 기능을 제공한다.

### ⑧ 폴링

폴링은 운영체제가 장치 사용을 감시하기 위해 동작여부를 수시로 체크하는 것을 말하며 이러한 방식은 비효율적이기 때문에 장치에서 이벤트 발생시 해당 이벤트를 통지해 주는 인터럽트 개념이 주로 사용된다.

## 운영체제

현재 대표적인 운영체제는 다음과 같다.

### ① 마이크로소프트 윈도우즈(MS Windows)

대표적인 PC용 운영체제로 가장 많은 사람들이 사용한다. 국내 시장 점유율이 높고 여러 회사에서 제조된 컴퓨터에서 모두 사용할 수 있다는 장점이 있다. 단점은 상용 제품으로 이용에 따른 라이센스 비용 상승이 문제가 될 수 있으며 아직까지도 윈도우10에 최적화 되지 않은 앱들이 많이 있고 고해상도 대응에 일관성이 없을 뿐 아니라 스마트폰, 태블릿 등과의 연계나 통합이 깔끔하지 못하다.

### ② 애플 맥OS(Mac OS)

윈도우와 함께 대표적인 PC용 운영체제로, 국내보다는 서구권에 사용자가 더 많으며 고해상도 지원이 통일화 되어 있고 사용이 편리하다. 특히 아이폰, 아이패드 등의 애플 제품들과 유기적인 연계가 뛰어나다는 장점이 있다. 또한 유닉스 기반의 환경이 잘 갖춰져 있고 비교적 성능과 안정성이 뛰어나 개발자들에게 더욱 인기가 있다. 단점은 가격이 비싸며 국내 인터넷 뱅킹 등 이용에 불편하다는 것 등을 꼽을 수 있다.

### ③ 안드로이드(Android)와 iOS

스마트폰 운영체제로 구글의 안드로이드와 애플의 iOS가 있다. 하드웨어가 달라 운영체제 호환이 안 되며 각각의 운영체제 모두 장단점이 있지만 성능이나 기능에는 크게 차이가 없다. 소형화된 장비에 MS 윈도우 설치가 어렵거나 스마트폰처럼 편리한 환경을 제공하기 위해 최근에는 여러 장비에 안드로이드 탑재가 많아지고 있다. 엄밀하게 말하면 안드로이드나 iOS의 핵심 OS 영역은 유닉스(리눅스) 계열이다.

### ④ 리눅스(Linux)

리눅스는 유닉스(Unix) 기반의 공개 운영체제이다. 유닉스는 대표적인 컴퓨터 운영체제로 예전에는 주로 서버컴퓨터용 운영체제였으나 리눅스가 개발된 이후 PC에서도 유닉스를 사용할 수 있게 되었다. 뛰어난 안정성과 확장성, 무료 라이센스 때문에 많은 곳에서 리눅스를 사용하고 있다. 안드로이드 스마트폰 운영체제의 핵심(커널)도 리눅스다.

## 2  서버의 이해

### ① 서버의 개념

- 서버(Server)는 클라이언트에게 네트워크를 통해 정보나 서비스를 제공하는 컴퓨터 시스템으로 컴퓨터 프로그램(Server Program) 또는 장치(Device)를 의미한다. 특히, 서버에서 동작하는 소프트웨어를 서버 소프트웨어(Server Software)라 한다. 주로 리눅스 등의 운영 체제를 설치한 대형 컴퓨터를 쓰지만, 그렇지 않은 경우도 있다.

- 서버는 프린터 제어나 파일 관리 등 네트워크 전체를 감시·제어하거나, 메인프레임이나 공중망을 통한 다른 네트워크와의 연결, 데이터·프로그램·파일 같은 소프트웨어 자원이나 모뎀·팩스·프린터 공유, 기타 장비 등 하드웨어 자원을 공유할 수 있도록 도와주는 역할을 한다.

- 서버는 사용자(클라이언트)의 요청에 의하여 서비스를 하는데 이와 같이 구성된 시스템을 '클라이언트-서버' 시스템이라고 하며, 이는 하나 이상의 응용 프로그램을 상호 협력적인 환경에서 운용하는 분산처리 형태를 의미한다. 즉, 서비스를 요청하는 클라이언트와 클라이언트의 요청을 처리하는 서버와의 협동작업을 통해서 사용자가 원하는 결과를 얻는 처리방식이 '클라이언트-서버' 시스템이다.

- 클라이언트의 수가 5~20대 정도인 소규모 LAN의 경우에는 한 대의 서버로 충분히 모든 서비스를 소화할 수 있으나, 대규모 LAN의 경우에는 여러 대의 서버를 배치하고, 파일 관리는 파일 서버, 프린터 제어는 프린터 서버, 인터넷 등의 외부와의 교환은 통신 서버가 담당하는 등 각각 역할을 세분하게 된다.

## ② 서버의 종류

### ① 애플리케이션 서버

- 애플리케이션 서버는 2가지 의미로 사용된다. 애플리케이션 서버(하드웨어)는 웹 서버와 데이터베이스 서버의 중간에 위치하여 웹 애플리케이션 서버(WAS)가 동작하는 하드웨어를 일컫는다. 애플리케이션 서버(소프트웨어)는 웹용 프로그램을 동작시킬 수 있도록 해주는 소프트웨어 플랫폼을 의미한다.

### ② 카탈로그 서버

- 카탈로그 서버는 사용자가 분산 네트워크에서 정보를 중앙 집중식으로 검색할 수 있게 해주는 단일 액세스 지점을 제공한다. 즉, 대규모 네트워크에서 데이터베이스, 파일 및 정보를 인덱싱하고 키워드 및 기타 검색을 허용한다.

### ③ 데이터베이스 서버

- 데이터베이스 서버는 '클라이언트 – 서버' 모델에 정의된 대로 다른 컴퓨터 프로그램이나 컴퓨터에 데이터베이스 서비스를 제공하는 역할의 데이터베이스 응용 프로그램을 사용한다.

### ④ 파일 서버

- 컴퓨팅 환경에서 파일 서버(File Server)는 워크스테이션이 접근 가능한 컴퓨터 파일(문서, 사운드 파일, 사진, 영화, 그림, 데이터베이스 등)을 공유하고 있는 기억 공간에 위치를 제공하는 것이 주요 목적인 네트워크에 추가된 컴퓨터를 말한다. '서버(Server)'라는 용어는 클라이언트 서버 구조로 된 기기의 역할을 강조하며 여기서 클라이언트는 이 기억 공간을 사용하는 워크스테이션을 말한다. 파일 서버는 일반적으로 어떠한 계산도 수행하지 않으며 클라이언트의 중간에 어떠한 프로그램도 실행하지 않는다. 데이터의 빠른 저장과 워크스테이션이 중대한 계산을 제공하는 데이터 수신이 파일 서버의 주된 설계 목적이다.

### ⑤ 게임 서버

- 게임 서버(Game Server)란 멀티플레이 비디오 게임을 즐기기 위해 게임 클라이언트에 쓰이는 서버로, 자신의 컴퓨터나 다른 사람의 컴퓨터에서 실행된다. 게임 서버는 **리슨(Listen) 서버와 전용(Dedicated) 서버**로 구별된다.
- 리슨 서버는 게임 클라이언트와 같은 프로세스로 실행되며, 별도의 서버 없이 다른 플레이어가 호스팅 하는 서버에 접속해서 플레이를 하거나 혹은 다른 플레이어를 초대할 수 있다. 다만 게임을 끌 때 서버도 같이 꺼진다는 것이 단점이기에, 해당 플레이어가 게임을 종료하면 그 서버의 호스트를 다른 플레이어로 변경하는 과정을 거친다. 랜 파티에서 즐겨 쓰이는 방식이기도 하다.
- 전용 서버는 클라이언트 프로세스와 별개로 실행된다. 별도의 고성능 네트워크상에 있는 전용 컴퓨터에서 실행되며, 플레이어들은 전용 서버에 접속해서 쾌적한 게임 플레이를 즐길 수 있다.

## ⑥ 메일 서버

- 메일 서버는 사용자 간에 메일을 주고받기 위해서 사용되는 컴퓨터 시스템을 의미한다. 또한 메시지 전송 에이전트(Message Transfer Agent, MTA)는 전자우편을 SMTP(Simple Mail Transfer Protocol)를 이용해 다른 전자우편 서버로 전달하는 프로그램이다. 종류로는 Sendmail, Qmail, Postfix, 마이크로소프트 익스체인지 서버 등이 있다. 메일 전송 에이전트(Mail Transfer Agent)라고도 한다.

- 메일 서버는 SMTP, POP3, IMAP의 3종류가 있다. 이메일을 수신하기 위해서는 POP3나 IMAP를 사용하고, 발송하기 위해서는 SMTP를 사용한다.

  - **POP3**: POP3(팝쓰리)는 Post Office Protocol Version 3의 약자로, 사용자가 메일 서버에서 이메일을 읽을 수 있도록 고안된 통신 규약이다. 텔넷으로 서버에 접속하여 유닉스 명령어 등을 이용하여 이메일을 읽는 것은 서버에 저장되어 있는 메시지에 직접 접근하여 읽는 것이지만, POP3 서버를 통해 이메일을 읽는 것은 서버에서 이메일 복사본을 클라이언트로 다운로드한 후 읽는 방식이다. 즉, 서버에 저장된 메일의 제목이나 보낸 사람을 보고 메일을 선택적으로 다운로드한 후, 클라이언트에서 해당 메일의 내용을 읽을 수 있다.

  - **IMAP**: IMAP(아이맵)은 'Internet Message Access Protocol'의 약자로, 서버로부터 이메일을 읽을 수 있도록 고안된 표준 프로토콜이다. 최신 버전은 'IMAP Version 4'이다. IMAP은 POP 방식처럼 메일의 제목이나 보낸 사람만 보고 메일을 다운로드할 것인지 선택할 수는 없으나, IMAP 서버를 사용하면 메일 저장 폴더 등을 서버에 만들고, 저장된 메시지에 직접 접근하여 삭제, 검색할 수 있다. 즉, 클라이언트에 다운로드 받아 확인하는 것이 아니라 서버에 직접 접속하여 메시지를 관리하는 것이다.

  - **SMTP**: SMTP(에스엠티피)는 'Simple Mail Transfer Protocol'의 약자로, 메일 발송을 위한 통신 규약이다. SMTP는 사용자가 이메일을 발송해 달라고 요청하면, 보내는 메일에 오류가 발견되더라도 그냥 발송한다. 단, 메일 헤더 부분의 수신자 주소를 읽어서 전달하는데, 해당 메일의 수신 서버가 없거나 또는 서버는 있는데 그 서버에 해당 아이디를 가진 이용자가 없다면, 에러 메시지를 첨부해서 송신자에게 되돌려 보낸다.

## ⑦ 프록시 서버

- 프록시 서버(Proxy Server)는 클라이언트가 자신을 통해서 다른 네트워크 서비스에 간접적으로 접속할 수 있게 해주는 컴퓨터 시스템이나 응용 프로그램을 가리킨다. 서버와 클라이언트 사이에 중계기로서 대리로 통신을 수행하는 것을 가리켜 '프록시', 그 중계 기능을 하는 것을 '프록시 서버'라고 부른다.

- 프록시 서버 중 일부는 프록시 서버에 요청된 내용들을 캐시를 이용하여 저장해 둔다. 이렇게 캐시를 해 두고 난 후에, 캐시 안에 있는 정보를 요구하는 요청에 대해서는 원격 서버에 접속하여 데이터를 가져올 필요가 없게 됨으로써 전송 시간을 절약할 수 있게 됨과 동시에 불필요하게 외부와의 연결을 하지 않아도 된다는 장점을 갖게 된다. 또한 외부와의 트래픽을 줄이게 됨으로써 네트워크 병목 현상을 방지하는 효과도 얻을 수 있게 된다.

## ⑧ 웹 서버

- 웹 브라우저와 같은 클라이언트로부터 HTTP 요청을 받아들이고, HTML 문서와 같은 웹 페이지를 반환하는 컴퓨터 프로그램이다. 웹 서버(Web Server)는 HTTP를 통해 웹 브라우저에서 요청하는 HTML 문서나 오브젝트(이미지 파일 등)를 전송해주는 서비스 프로그램을 말한다. 웹 서버 소프트웨어를 구동하는 하드웨어도 웹 서버라고 해서 혼동하는 경우가 간혹 있다.
- 웹 서버의 주된 기능은 웹 페이지를 클라이언트로 전달하는 것이다. 주로 그림, CSS, 자바스크립트를 포함한 HTML 문서가 클라이언트로 전달된다.
- 흔히 웹 브라우저 또는 웹 크롤러로 부르는 클라이언트는 HTTP를 통해 리소스를 요청하며 서버는 해당 리소스를 반환하거나 처리할 수 없을 경우 에러 메시지를 전달한다. 이러한 리소스는 일반적으로 서버의 보조 기억 장치에 있는 실제 파일을 가리키지만 반드시 그런 것은 아니며 웹 서버가 어떻게 수행하느냐에 따라 달라질 수 있다.
- 주된 기능은 콘텐츠를 제공하는 것이지만 클라이언트로부터 콘텐츠를 전달 받는 것도 웹 서버의 기능에 속한다. 이러한 기능은 파일 업로드를 포함하여 클라이언트에서 제출한 웹 폼을 수신하기 위해 사용된다.
- 보통 대다수의 웹 서버는 Active Server Page(ASP), PHP 등의 서버 사이드 스크립트 언어(Server-side Scripting)를 지원한다. 이는 서버 소프트웨어의 변경 없이도 웹 서버가 수행할 동작을 분리된 서버 사이드 스크립트 언어에 기술할 수 있다는 의미이다. 보통 서버 사이드 스크립트 언어를 통해 구현되는 기능이란 HTML 문서를 동적으로 생성하는 것을 말한다. 이렇게 동적으로 생성된 HTML 문서는 동적 컨텐츠라 하는데 주로 데이터베이스의 정보를 조회해서 보여주거나 수정하기 위해 사용된다. 동적 컨텐츠와 대비되는 개념으로 정적 컨텐츠가 있는데, 일반적으로 동적 컨텐츠보다 더 빠르게 동작하고 쉽게 캐시될 수 있지만 반환되는 컨텐츠의 내용이 항상 동일하다.
- 웹 서버는 월드 와이드 웹뿐만 아니라 프린터, 라우터, 웹캠과 같은 임베디드 장치, 그리고 근거리 통신망(Local Network)에서도 사용된다. 시스템의 모니터링 또는 장치 관리를 위한 목적으로 사용되는데, 이렇게 웹 서버는 클라이언트에 다른 소프트웨어의 설치 없이 대부분의 운영체제에 포함된 웹 브라우저만으로 서비스를 제공할 수 있다는 장점이 있다.

# ⑨ DNS 서버

• DNS(Domain Name System)는 인터넷에서 사용되는 주소 체계로 '.com' 또는 '.net'과 같은 특정 최상위 도메인(TLD)의 모든 도메인 네임 및 해당하는 IP주소 및 관련 값들을 저장, 관리하는 분산형 데이터베이스 또는 그에 해당하는 기능을 갖는 물리적인 서버 장치를 지칭한다. 예를 들어 웹 주소 또는 URL을 입력하면 DNS가 입력된 이름과 해당 위치의 IP 주소를 일치시키고 사용자를 해당 사이트에 연결시켜 주는 데이터베이스 서버이다. DNS는 'www.codns.com'의 IP주소를 '121.125.74.99'라는 주소 정보를 저장하고 관리하는 모양새가 '전화번호부'를 연상케 한다.

• 공용 DNS의 경우에는 매일 수십억 개 이상의 요청을 처리하는 하드웨어 시스템으로 누군가가 브라우저에 웹 주소를 입력할 때마다 세계 어느 곳에서든 해당 도메인 네임 서버가 요청(쿼리)을 받고, 해당하는 IP주소를 연결함으로써 요청한 웹사이트가 올바르게 연결되도록 하는 인터넷의 중추적인 역할을 담당한다.

• DNS가 만들어진 이유는 단순하다. 원격의 컴퓨터/호스트에 접속하기 위해서는 IP주소를 이용하여야 하지만, 숫자의 연속인 IP주소를 일일이 외울 수 없기에 쉽게 기억할 수 있는 이러한 주소 체계가 만들어진 것이다. 이러한 방식의 사용은 초기 인터넷이 다듬어지던 ARPANET 시절로 ARPANET 컴퓨터들의 숫자 주소와 호스트 이름을 매핑하는 'HOSTS.TXT'라는 이름의 텍스트 파일을 관리하면서 부터라고 한다.

  – DNS 서버의 종류

  ■ Top-Level Domain(TLD) DNS서버 – com, org, net 등과 같은 상위 레벨 도메인과 모든 국가의 상위 레벨 도메인에 대한 관리를 담당하는 DNS 서버이다.

  ■ Authoritative DNS 서버 – Authoritative DNS 서버는 DNS 레코드 정보를 저장, 관리한다. 일반적으로 DNS 호스팅 공급자 또는 도메인 등록기 관리/DDNS 서비스 등록 기관 등의 DNS 서버와 회사, 기관, 개인이 일반적으로 구축하는 도메인 네임서버가 이에 속한다.

  ■ Cache DNS 서버 – 일반적으로 우리가 사용하는 통신사 등의 서버는 IP매핑을 위한 도메인 정보도 갖지 않고, 도메인 호스트의 질의에 대해 DNS cache나 다른 네임서버가 가진 데이터로 응답(Non-authoritative Answer)만을 제공하는 서버로 Local DNS 서버 또는 퍼블릭 도메인 네임 서버로도 불리우며 엄격한 계층 구조에 포함 되지도 않는 서버이다. 실제적으로 Authoritative DNS 서버보다 많이 사용되는 서버이다.

## 1 바이러스의 이해

제작자가 악의적 목적으로 사용자에게 피해를 주기 위해 만든 프로그램 및 매크로, 스크립트로 컴퓨터에서 작동하는 실행 가능한 모든 형태를 말한다. 악성코드의 종류는 바이러스, 웜, 트로이목마, 스파이웨어, 애드웨어, 매크로, 랜섬웨어, 루트킷 등이 있다.

▶ 악성코드 유형

| 악성코드 | 내용 |
|---|---|
| 바이러스<br>(Virus) | • 대부분의 매체와 일반 최종 사용자는 뉴스에 보도되는 모든 악성코드 프로그램을 컴퓨터 바이러스라고 부른다. 다행히도 대부분의 악성코드 프로그램은 바이러스가 아니다.<br>• 컴퓨터 바이러스는 피해자의 파일이 실행되었을 때 바이러스도 실행되어 다른 정상적인 호스트 파일(또는 이에 대한 포인터)을 수정한다. 요즘은 순수한 컴퓨터 바이러스가 흔하지 않으며 전체 악성코드의 10%가 되지 않는다. |
| 웜<br>(Worm) | • 웜은 컴퓨터 바이러스보다 훨씬 오래 전인 메인프레임(Mainframe) 시대부터 있었다. 이메일로 인해 1990년대에 유행했고 컴퓨터 보안 전문가들은 메시지 첨부 파일로 도착하는 악성 웜에 약 10년 동안 시달렸다. 한 사람이 웜에 감염된 이메일을 열면 기업 전체가 즉시 감염되었다.<br>• 웜의 감염 특성은 자기 복제이다. 효과적인 웜은 최종 사용자의 행동 없이 확산된다는 점에서 치명적이다. 반면에 바이러스는 최소한 최종 사용자가 실행시켜야 다른 파일과 사용자를 감염시킬 수 있다. 웜은 다른 파일과 프로그램을 이용한다. |
| 트로이 목마<br>(Trojan) | • 해커들은 컴퓨터 웜 대신에 트로이 목마 악성코드 프로그램을 선택했다. 트로이 목마는 정상 프로그램으로 가장하지만 악성 지침에 포함되어 있다. 컴퓨터 바이러스보다 역사가 길지만 그 어떤 유형의 악성코드보다도 현대의 컴퓨터를 더욱 자주 감염시키고 있다.<br>• 트로이 목마가 작동하려면 반드시 피해자가 실행시켜야 한다. 트로이 목마는 일반적으로 이메일을 통해 도착하거나 사용자가 감염된 웹 사이트를 방문할 때 제공된다. |
| 하이브리드와<br>이국적 형태 | • 현재 대부분의 악성코드는 전통적인 악성 프로그램들의 조합이며 트로이 목마와 웜의 일부를 포함하는 경우가 많고 바이러스가 포함될 때도 있다.<br>• 일반적으로 악성코드 프로그램은 최종 사용자에게 트로이 목마로 표시되지만 실행해 보면 웜과 마찬가지로 네트워크상의 다른 피해자를 공격한다. 오늘날의 여러 악성코드 프로그램이 루트킷(Rootkit) 또는 스텔스 프로그램으로 여겨지고 있다. |
| 랜섬웨어<br>(Ransomware) | • 데이터를 암호화하여 볼모로 잡고 암호 화폐로 몸값을 지불할 때까지 기다리는 악성코드 프로그램이 지난 수 년 동안 악성코드 중 큰 비중을 차지했고 그 비율은 여전히 증가하고 있다. 랜섬웨어로 인해 기업, 병원, 경찰서, 도시 등이 심각한 피해를 입는 경우가 많다.<br>• 대부분의 랜섬웨어 프로그램은 트로이 목마이기 때문에 일종의 소셜 엔지니어링을 통해 확산되어야 한다. |
| 파일리스(Fileless)<br>악성코드 | • 파일리스 악성코드는 악성코드와 다르지는 않지만 익스플로잇 공격을 수행하고 버티는 방법에 대한 설명에 가깝다. 전통적인 악성코드는 파일 시스템을 이용해 이동하고 새로운 시스템을 감염시킨다.<br>• 현재 전체 악성코드 중 50% 이상을 구성하고 있으며, 증가하고 있는 파일리스 악성코드는 파일 또는 파일 시스템을 직접 사용하지 않는 악성코드이다. |

| | |
|---|---|
| 애드웨어<br>(Adware) | • 운이 좋다면 유일하게 마주친 악성코드 프로그램이 해킹된 최종 사용자를 원치 않고 잠재적으로 악의적인 광고에 노출시키는 애드웨어일 것이다.<br>• 일반적인 애드웨어 프로그램은 사용자의 브라우저 검색을 다른 제품 광고가 포함된 유사한 웹 페이지로 재전송할 것이다. |
| 스파이웨어<br>(Spyware) | • 스파이웨어는 사랑하는 사람의 컴퓨터 활동을 확인하고 싶어 하는 사람들이 자주 사용한다. 물론, 표적 공격에서 범죄자는 스파이웨어를 사용하여 피해자의 키 입력을 기록하고 암호 또는 지적 재산에 접근할 수 있다.<br>• 애드웨어와 스파이웨어 프로그램은 일반적으로 제거가 가장 쉬우며, 그 이유는 다른 유형의 악성코드만큼 목적이 비도덕적이지 않은 경우가 많기 때문이다. 악성 실행 파일을 찾아 실행되지 않도록 하면 그만이다. |

<자료원: http://www.itworld.co.kr/news/110181>

최근에는 특히 트라이목마 혹은 랜섬웨어가 가장 많은 비율을 차지하고 있으며, 한국 인터넷 진흥원 인터넷 보호나라에서는 랜섬웨어의 정의와 감염경로, 주요 랜섬웨어를 소개하고 있다.

### 랜섬웨어 감염 경로

#### ① 신뢰할 수 없는 사이트

신뢰할 수 없는 사이트의 경우 단순한 홈페이지 방문만으로도 감염될 수 있으며, 드라이브 바이 다운로드(Drive-by-Download) 기법을 통해 유포된다. 이를 방지하기 위해서 사용하는 PC의 운영체제 및 각종 SW의 보안 패치를 항상 최신으로 업데이트 하는 것이 중요하다. 또한 음란물, 무료 게임 사이트 등은 보안 관리가 미흡한 사이트로 이용 자제를 권고한다.

#### ② 스팸메일 및 스피어피싱

출처가 불분명한 이메일 수신시 첨부파일 또는 메일에 URL 링크를 통해 악성코드를 유포하는 사례가 있으므로 첨부파일 실행 또는 URL 링크 클릭에 주의가 필요하다. 최근 사용자들이 메일을 열어보도록 유도하기 위해 '연말정산 안내', '송년회 안내', '영수증 첨부' 등과 같이 일상생활과 밀접한 내용으로 위장하고 있어 출처가 명확한 첨부파일도 바로 실행하기보다는 일단 PC에 저장 후 백신으로 검사하고 열어보는 것을 권고한다.

#### ③ 파일공유 사이트

토렌트(Torrent), 웹하드 등 P2P 사이트를 통해 동영상 등의 파일을 다운로드 받고 이를 실행할 경우, 악성코드에 감염되는 사례가 있어 이에 대한 주의가 필요하다.

#### ④ 사회관계망서비스(SNS)

최근 페이스북, 링크드인 등 사회관계망서비스(SNS)에 올라온 단축 URL 및 사진을 이용하여 랜섬웨어를 유포하는 사례가 있다. 특히 SNS 계정 해킹을 통해 신뢰할 수 있는 사용자로 위장해 랜섬웨어를 유포할 수 있기 때문에 이에 대한 주의가 필요하다.

## ⑤ 네트워크망

네트워크를 통해 최신 보안패치가 적용되지 않은 PC를 스캔하여 악성코드를 감염·확산한다. 이를 방지하기 위해서는 사용하는 PC의 운영체제와 SW의 최신 보안 패치를 적용하여 항상 최신의 보안 상태를 유지하여야 한다.

▶ 주요 랜섬웨어

| 주요 랜섬웨어 | 내용 |
|---|---|
| 워너크라이<br>(WannaCry) | • 17년 5월 12일(현지 시간 기준) 스페인, 영국, 러시아 등을 시작으로 전 세계에서 피해가 보고된 악성코드로, 다양한 문서파일(doc, ppt, hwp 등) 외 다수의 파일을 암호화<br>• 마이크로소프트 윈도 운영체제의 SMB(Sever Message Block, MS17-010)를 이용하여 악성코드를 감염시킨 후, 해당 PC 또는 서버에서 접속 가능한 IP를 스캔하여 네트워크로 전파<br>• 워너크라이 랜섬웨어에 감염되면, 파일들을 암호화한 바탕화면을 변경하고, 확장자를 '.WNCRY' 또는 '.WNCRYT'로 변경<br>• 워너크립터는 변종이 지속적으로 발견되고 있으며, 미진단 변종이 존재할 수 있으므로 MS Windows 최신 보안 패치를 반드시 적용해야 함 |
| 록키<br>(Locky) | • 16년 3월 이후 이메일을 통해 유포, 수신인을 속이기 위해 'Invoice, Refund' 등의 제목 사용<br>• 자바 스크립트(Java Script) 파일이 들어있는 압축파일을 첨부하고 이를 실행 시에 랜섬웨어를 다운로드 및 감염<br>• 록키 랜섬웨어에 감염되면, 파일들이 암호화되고, 확장자가 '.locky'로 변하며, 바탕화면과 텍스트 파일로 복구 관련 메시지 출력<br>• 최근의 록키 랜섬웨어는 연결 IP 정보를 동적으로 복호화하고, 특정 파라미터를 전달하여 실행하는 경우만 동작 |
| 크립트XXX<br>(CryptXXX) | • 지난 2016년 5월, 해외 백신사의 복호화 툴 공개 이후에 취약한 암호화 방식을 보완한 크립트XXX 3.0 버전이 유포<br>• 초기에는 앵글러 익스플로잇 키트(Angler Exploit Kit)를 이용하였으나, 최근에는 뉴트리노 익스플로잇 키트(Neutrino Exploit Kit)를 사용<br>• 크립트XXX에 감염되면 파일 확장자가 '.crypt' 등으로 변하고, 바탕화면 복구안내 메시지 출력<br>• 비트코인 지불 안내 페이지에는 한글 번역 제공<br>• 실행파일(EXE)이 아닌 동적 링크 라이브러리(DLL)형태로 유포<br>• 정상 rundll32.exe를 svchost.exe 이름으로 복사 후 악성 DLL을 로드하여 동작<br>• 현재 버전은 네트워크 연결 없이도 파일들을 암호화 |
| 케르베르<br>(CERBER) | • CERBER는 말하는 랜섬웨어로 유명<br>※ 감염 시에 'Attention! Attention! Attention!? Your documents, photos, databases and other important files have been encrypted' 음성 메시지 출력<br>• 웹사이트 방문 시 취약점을 통해 감염되며, 감염되면 파일을 암호화 하고 확장자를 '.cerber'로 변경, 최근 이메일 통해 유포되는 정황 발견<br>• 악성코드 내에 저장 되어 있는 IP 주소와 서브넷 마스크 값을 사용하여 UDP 패킷을 전송, 네트워크가 연결되지 않더라도 파일은 암호화<br>• 윈도우 볼륨 쉐도우(Windows Volume Shadow)를 삭제하여 윈도우 시스템 복구가 불가능하게 만듦 |

| | |
|---|---|
| 크립토락커<br>(CryptoLocker) | • 13년 9월 최초 발견된 랜섬웨어의 한 종류로 자동실행 등록 이름이 크립토락커(Crypto Locker)로 되어 있는 것이 특징<br>• 웹사이트 방문 시 취약점을 통해 감염되거나, E-Mail 내 첨부파일을 통해 감염되며, 확장자를 'encrypted', 'ccc'로 변경<br>• 파일을 암호화한 모든 폴더 내에 복호화 안내파일 2종류를 생성<br>(DECRYPT_INSTRUCTIONS.* / HOW_TO_RESTORE_FILES.*)<br>• 윈도우 볼륨 쉐도우(Windows Volume Shadow)를 삭제하여 윈도우 시스템 복구가 불가능하게 만듦 |
| 테슬라크립트<br>(TeslaCrypt) | • 15년 국내에 많이 유포된 랜섬웨어로 16년 5월경 종료로 인해 마스터키가 배포되었음<br>• 취약한 웹페이지 접속 및 이메일 내 첨부파일로 유포되며, 확장자를 'ecc', 'micr' 등으로 변경<br>• 드라이브 명에 상관없이 고정식 드라이브(DRIVE_FIXED)만을 감염 대상으로 지정하며, 이동식 드라이브나 네트워크 드라이브는 감염 대상에서 제외<br>• 악성코드 감염 시 'Howto_Restore_FILES.*'와 같은 복호화 안내문구를 바탕화면에 생성 |

## 1　정보통신의 이해

### ① 정보통신망의 개념 및 분류

#### (1) 정보통신망의 정의 및 개요

정보통신망이란 둘 이상의 지점 간에 통신을 하기 위한 변환 수단(신호 변환기), 선택 수단(교환기), 전달 수단(전송로) 등의 요소로 조직된 집합 체계이다. 정보 통신망의 구성요건에는 8가지가 있는데 다음과 같다.

- 접속의 임의성
- 접속의 신속성
- 정보 전달의 투명성
- 통신 품질의 균일성
- 신뢰성
- 융통성
- 번호 체계의 통일성
- 요금제의 합리성

- **정보통신망의 기본 요소**: 단말장치, 전송로, 교환장치
- **정보통신망의 논리적 구조**: 노드(Node), 링크(Link), 사용자 프로세서(User Processor)

▶ 정보통신망의 기본 요소

| 단말 장치 | 정보를 전기 신호로 변환하여 통신 회선에 송출하거나 신호를 받아서 원래의 정보로 복원시키는 장치 |
| --- | --- |
| 전송 장치 | 전기적인 수단에 의해서 정보 전달을 행하는 장치 |
| 교환 장치 | 다수의 단말기 접속 요구에 응하여 착신 단말기까지의 접속 경로를 설정하는 장치 |

▶ 정보통신망의 구성 요소

| 전달 기능 | 음성, 데이터 등의 정보를 실제로 교환 및 전송하는 기능을 제공 |
| --- | --- |
| 신호 기능 | 전기통신망에서 접속의 설정, 제어 및 관리에 관한 정보의 교환을 제공 |
| 제어 기능 | • 단말과 교환 설비 간, 네트워크 간의 접속에 필요한 수단들을 제어<br>• 통신 시스템이 정상적으로 동작하기 위한 유지 보수 및 관리 기능을 함 |

## ② 정보통신의 구성 요소

### ▶ 통신망의 분류 및 구성

| 분류 | 모양 | 내용 |
|------|------|------|
| 성형<br>(Star) | | • 중앙에 컴퓨터나 교환기가 있고, 그 주위에 단말 장치들을 분산시켜 연결시킨 형태<br>• 온라인 시스템의 전형적인 방법<br>• 단말기 고장 발생시 고장지점의 발견이 용이<br>• 통화량 처리능률이 높음<br>• 중앙의 컴퓨터나 교환기가 고장시 전체시스템의 기능이 고장<br>• 회선 교환 방식에 적합 |
| 망형<br>(Mesh) | | • 전화망에서는 최상위층인 총괄국 간과 같은 중요한 국가 간 또는 통신양이 많은 전화국 간 등에 사용<br>• 공중 통신망에 이용, 광대역 통신망(WAN)에 많이 이용<br>• 단말기와 단말기를 통신 회선으로 연결시킨 형태<br>• 통신 회선이 가장 많이 필요<br>• 통신 회선의 장애시 다른 경로를 통하여 데이터 전송 가능 |
| 링형<br>(Ring) | | • 컴퓨터와 단말기의 연결을 서로 이웃하는 단말들끼리만 연결한 방식<br>• 양방향으로 데이터 전송이 가능<br>• 통신 장애시에 융통성을 가질 수 있음<br>• 근거리 통신망(LAN)에 주로 이용<br>• 고장 발견이 용이 |
| 버스형<br>(Bus) | | • 1개의 통신 회선에 여러 대의 단말 장치를 접속하는 방식<br>• 주로 근거리 통신망에서 데이터 양이 적을 때 사용<br>• 회선이 하나이므로 구조가 간단<br>• 한 노드의 고장은 그 노드에만 영향을 주고 다른 노드에는 영향을 주지 않음<br>• 단말장치의 증설이나 삭제가 용이 |
| 트리형<br>(Tree) | | • 중앙에 컴퓨터가 있고, 일정한 지역의 단말기까지는 하나의 통신 회선으로 연결시키며, 그 이웃하는 단말기는 일정지역에 설치된 단말기로부터 다시 연장되는 형태<br>• 같은 신호를 다수의 노드로 분배하는 단방향 전송에 적합<br>• CATV망 등에 많이 이용 |
| 격자망<br>(Matrix) | | • 2차원적인 형태를 갖는 망으로 네트워크 구성이 복잡하고 신뢰성이 우수하며, 광역 통신망에 적용<br>• 화상 처리 등의 특수한 분산 처리망으로 적합 |

전자상거래
운용사

-------------------------------
-------------------------------
-------------------------------

필기

# PART

# 2

## 실전모의고사

# 실전모의고사 1회

## 인터넷 일반

### 01
다음 중 인터넷 게임 네티켓에 해당하지 않는 것은?

① 상대방에게 항상 경어를 사용한다.

② 매일 보는 상대는 가볍고 친근감 있게 대해도 된다.

③ 게임 중에 일방적으로 퇴장하는 것은 무례한 일이다.

④ 이겼을 때는 상대를 위로하고 졌을 때는 깨끗하게 물러서야 한다.

### 02 [기출]
다음 글상자에서 설명하고 있는 용어는?

> 정보를 인가된 사용자만 볼 수 있는 것으로 보장하며, 원하는 경우에 홀로 남을 수 있는 개인적인 소유물에 대해 통제를 하고 본인의 동의 없이는 감시받지 않을 권리

① 정확성      ② 소유권

③ 프라이버시      ④ 완전성

### 03
다음 중 인터넷의 보안요소가 아닌 것은?

① 인증      ② 비밀보장

③ 데이터무결성      ④ 무인봉쇄

### 04 [기출]
다음 글상자의 괄호 안에 들어갈 알맞은 용어는?

> ( )의 원래 의미는 건물에서 발생한 화재가 더 이상 번지는 것을 막는 것이다. 이러한 의미를 인터넷에서는 네트워크 보안 사고나 문제가 더 이상 확대 되는 것을 막고 격리하려는 것으로 이해할 수 있다.

① 침입탐지시스템      ② 침입방지시스템

③ 방화벽      ④ 암호화

### 05
다음 글상자에서 설명하는 웹 관련 용어는?

> 정보의 저장과 관리를 위해 그래픽, 음성, 영상 등이 결합되어 있는 정보를 말한다. 즉, 일반 텍스트 문서에 대한 다른 미디어(Image, Sounds, Movie)들을 포함하고 있는 문서를 말한다.

① 하이퍼링크      ② 하이퍼미디어

③ 하이퍼텍스트      ④ URL

### 06 [기출]
다음 중 시스템이 작동하지 못하는 기간을 일컫는 용어로 가장 올바른 것은?

① 언더타임      ② 킬타임

③ 데드타임      ④ 다운타임

### 07
다음 중 HTML의 〈BODY〉 태그 중 하이퍼링크 색상 조정 특성이 아닌 것은?

① alink      ② link

③ vlink      ④ bgcolor

## 08

기출

다음 중 HTML 문서에서 사용자로부터 input 원소를 사용하여 이름이나 주소 등을 입력 받을 때 사용하기 위한 type 속성 값으로 가장 올바른 것은?

① text  ② string

③ search  ④ submit

## 09

다음 글상자에서 설명하는 인터넷 서비스는?

> 인터넷 사용자들이 이용하는 전자게시판 서비스로 다양한 뉴스 그룹을 만들어 서로의 의견을 교환하는 곳

① IRC  ② Gopher

③ USENET  ④ Telnet

## 10

기출

다음 중 인터넷 윤리의 기초가 되는 4가지 도덕 원리가 아닌 것은?

① 정보의 원리  ② 존중의 원리

③ 책임의 원리  ④ 해악 금지의 원리

## 11

다음 중 웹 표준의 장점이 아닌 것은?

① 페이지 제작의 부담 감소 및 관리용이

② 검색엔진에 효율적으로 노출될 수 있도록 최적화

③ exploer 및 지정된 웹브라우저에서 접속이 가능

④ 파일 사이즈와 서버공간을 절약

## 12

다음 글상자에서 설명하고 있는 용어는?

> 무료 소프트웨어를 다운받을 때 함께 다운되어 사용자의 온라인 활동을 추적하고, 컴퓨터에 저장되어 있는 정보를 탐색하는 등 컴퓨터의 CPU와 저장장치를 사용자가 알지 못하는 용도로 이용하는 소프트웨어

① 하드웨어 키 로거  ② 애드웨어

③ 스파이웨어  ④ 웹로그

## 13

다음 글상자에서 설명하는 웹 접근성 지침은?

> • 시간을 바탕으로 한 미디어에 대한 대안을 제공해야 한다.
> • 정보와 구조의 손실 없이 콘텐츠를 다른 방식(예를 들면 더욱 간단한 형태로)들로 표현할 수 있어야 한다.
> • 사용자들이 보다 쉽게 보고 들을 수 있는 전경에서 배경을 분리한 콘텐츠를 만들어야 한다.

① 인지성  ② 운용성

③ 이해성  ④ 내구성

## 14

기출

다음 글상자에서 설명하고 있는 용어는?

> SNS 등에서 사용되는 것으로, # 뒤에 특정 단어를 쓰면 그 단어에 대한 글을 모아 분류해서 볼 수 있도록 지원하는 것을 말한다.

① 구문 검색  ② 자연어 검색

③ 논리 합  ④ 해시 태그

## 15

다음 글상자에서 설명하고 있는 웹디자인 도구는?

> • CIP, 로고, 캐릭터, 심벌 등을 제작하기에 적합한 소프트웨어이다.
> • 벡터 방식으로 데이터를 처리하여 정교한 도형을 그릴 수 있다.
> • 파일 확장자 : AI

① 포토샵  ② 일러스트레이터

③ 플래시  ④ 코렐드로우

## 16

기출

다음 글상자에서 설명하고 있는 용어는?

> 인터넷 쇼핑몰 등에서 인터넷 사기로 인한 피해를 입지 않도록 제3자에게 소비자의 결제 대금을 예치하고 상품 배송이 완료되면 통신판매업자에게 대금을 지급하는 서비스를 말한다.

① 위탁 판매
② 에스크로
③ 안전결제 ISP 서비스
④ 이중 서명 서비스

## 17

다음 중 HTML 〈A〉 태그의 특성이 아닌 것은?

① title
② name
③ href
④ media

## 18

기출

다음 중 IPv4와 IPv6에 대한 설명으로 가장 올바르지 않은 것은?

① IPv4 주소는 32비트로 구성되며 네트워크 식별자와 호스트 식별자 부분으로 구별
② IPv6는 하위 32비트에는 IPv4의 주소를 채우고 상위 비트는 모두 0으로 채우는 방식을 사용
③ 국내에서 IPv4 주소는 2011년부터 신규 할당이 중단
④ 기존의 IPv4의 주소를 IPv6로 표현 불가능

## 19

다음 중 HTML의 논리태그에 대한 설명으로 잘못된 것은?

① 〈EM〉은 텍스트를 기울임
② 〈ARG〉는 서명이나 참조를 위한 기울임
③ 〈STRONG〉은 텍스트를 굵게 표현
④ 〈VAR〉은 변수이름 표현을 위한 기울임

## 20

기출

다음 중 웹 페이지에서 사용할 수 있는 그래픽 파일 포맷이 아닌 것은?

① JPEG
② AU
③ GIF
④ PNG

## 전자상거래 일반

## 21

기출

다음 중 홈페이지에 대량 접속을 일으켜 시스템을 다운시키고 해당 사이트의 업무를 마비시키는 웹 서비스 공격은?

① DDos
② 웜
③ 트로이 목마
④ 피싱

## 22

다음 중 네트워크를 통한 상품의 구매와 판매를 의미하는 용어는?

① 전자상거래
② E-비즈니스
③ 비즈니스
④ 판매

## 23

기출

다음 중 여러 검색 엔진들을 한데 모아서 검색하기 편하게 만든 검색 엔진을 무엇이라고 하는가?

① 메타형 검색방식
② 주제별 검색방식
③ 키워드 검색방식
④ 멀티액션 검색방식

## 24

다음 중 소비자 관점의 전자상거래 장점이 아닌 것은?

① 시간적 · 공간적 제약이 없다.
② 상품의 정보를 쉽게 얻을 수 있다.
③ 영업시간의 제약이 없다.
④ 쌍방향 커뮤니케이션으로 니즈를 반영한다.

**25**  기출

다음 중 재화를 공급자로부터 수요자에게 이동시켜 시간적, 공간적 가치를 창조하는 물리적인 경제활동을 무엇이라고 하는가?

① 물류　　　　　　② 재고
③ 유통　　　　　　④ 생산

**26**

다음 중 기업과 기업간의 전자상거래 유형은?

① B2B　　　　　　② B2C
③ C2C　　　　　　④ C2B

**27**  기출

다음 중 인터넷 마케팅 전략을 위한 마케팅 믹스의 구성 요소가 아닌 것은?

① 제품　　　　　　② 가격
③ 유통　　　　　　④ 생산

**28**

다음 중 SNS 상거래의 유형이 아닌 것은?

① 소셜링크형
② 소셜웹형
③ 공동구매형
④ 온오프라인 구매형

**29**  기출

다음 글상자에서 설명하고 있는 배너광고 유형은?

> 하나의 배너에 여러 가지 광고를 순차적으로 보여주는 광고 게재 방식이다. 동일한 웹페이지에서도 방문할 때 마다 다양한 광고를 접할 수 있다.

① 고정형　　　　　② 로테이션형
③ 지정시간형　　　④ 키워드형

**30**

다음 중 제안서에 포함되는 내용으로 가장 올바르지 않은 것은?

① 개발개요　　　　② 개발과정
③ 교육훈련　　　　④ 벤치마킹

**31**  기출

다음 중 웹디자인 시 쉽게 발생할 수 있는 디자인 실수들에 대한 개선점으로 가장 올바르지 않은 것은?

① 유연성 없는 검색 엔진 : 검색 내용의 중요성에 따라 목록의 순서를 제시하고, 키워드 검색의 인식률 제고
② 웹페이지로 표현된 문서 : 매뉴얼 제공이나 인쇄를 요하는 문서를 포함한 모든 콘텐츠를 PDF 파일로 표현
③ 고정된 폰트 사이즈 : 폰트 사이즈 변경이 가능하도록 아이콘 제시
④ 광고처럼 보이는 콘텐츠 : 배너형태, 지나친 애니메이션, Pop-up 창 등을 피하고 배너 형태를 최소화

**32**

다음 글상자의 괄호 안에 알맞은 용어는?

> 사이트 기획단계에 메인화면의 디자인과 메뉴구조, 개략적인 사이트 맵 등에 대하여 (　　)을 제작하여 상호 논의과정을 거쳐야한다.

① 스토리　　　　　② 보드
③ 시안　　　　　　④ 내비게이션

**33**  기출

다음 글상자의 괄호 안에 알맞은 용어는?

> (　　　　)이란 어떤 제품이나 서비스에 브랜드 네임이 가져다주는 추가적인 가치로 소비자의 인지도, 브랜드 이미지 등을 통해 형성된다.

① 브랜드 자산　　　② 도메인 자산
③ 인터넷 광고 자산　④ 제품 포지션 자산

**34**

다음 중 물류관리의 목표가 아닌 것은?

① 물류비용 절감

② 새로운 서비스 창출

③ 인건비용 절감

④ 고객서비스 향상

**35** 기출

다음 글상자에서 설명하고 있는 용어는?

> • 금융(Finance)과 기술(Technology)의 합성어로 결제, 송금 등 금융서비스와 결합된 새로운 형태의 기술을 의미
> • 온라인 결제서비스 '아마존 페이먼트(2007)' 출시, '아마존 윌렛(2014)' 등이 전자상거래 분야에서의 대표적인 사례

① IC 카드

② 전자화폐

③ 신용카드

④ 핀테크

**36**

다음 글상자의 괄호 안에 가장 알맞은 용어는?

> 물류정보시스템이란 정보주체간 수배송, 포장, ( ), 보관 등의 활동이 유기적으로 결합된 정보관리 차원의 효율화를 지원하는 정보시스템이다.

① 하역

② 운송

③ 이동

④ 상차

**37** 기출

다음 중 고객관계관리(CRM)에 대한 설명으로 가장 올바른 것은?

① 이미 형성되어 있는 고객과의 관계만을 강화시키는 데 목적이 있다.

② 전자상거래 기업보다는 오프라인 기업에게 더욱 더 유리하다.

③ CRM은 주로 마케팅 부서에서 담당을 하고 있다.

④ 고객정보를 분석하고 통합하여 개별고객의 특성에 기초한 마케팅 활동으로 최근에는 대부분의 기업이 활용을 하지 않고 있다.

**38**

다음 글상자에서 설명하고 있는 용어로 가장 올바른 것은?

> 마케팅의 가장 기본인 고객과의 커뮤니케이션부터 마케팅 전략을 수립하고 그것들을 수행함에 있어서 부분적으로나 전체적으로 IT를 사용하는 마케팅이라고 할 수 있다.

① e-마케팅

② m-마케팅

③ s-마케팅

④ u-마케팅

**39** 기출

다음 글상자에서 설명하고 있는 용어는?

> 미국의 미래학자 토플러가 만든 합성어로, 생산에 참여하는 소비자를 의미한다. 에너지 부문의 사례를 들어보면 우리나라의 경우 태양광 등으로 전기를 자체 생산, 소비하는 경우, 남는 전기를 소비자가 직접 판매할 수 있게 하는 제도를 시행하고 있다.

① 디슈머

② 로지슈머

③ 프로슈머

④ 블랙컨슈머

**40**

다음 중 IC카드형 전자지불수단은?

① 몬덱스

② Ecash

③ 첵프리

④ 넷체크

## 41

다음 글상자에서 설명하는 운용서버의 종류는?

> 일반적으로 우리가 사용하는 통신사 등의 서버는 IP매핑을 위한 도메인 정보도 갖지 않고, 도메인 호스트의 질의에 대해 DNS cache나 다른 네임서버가 가진 데이터로 응답(Non-authoritative Answer)만을 제공하는 서버로 Local DNS서버 또는 퍼블릭 도메인 네임서버로도 불리우며 엄격한 계층 구조에 포함되지도 않는 서버이다.

① Cache

② Top-Level Domain(TLD)

③ Authoritative

④ DOM

## 42   기출

다음 중 네트워크 가치는 가입자 수에 비례해 증가하며 어느 시점부터 그 가치는 비약적으로 높아진다는 법칙은?

① 황의 법칙
② 길더의 법칙
③ 사노프의 법칙
④ 메트칼프의 법칙

## 43

다음 중 컴퓨터와 인간의 기능을 비교하여 설명한 것으로 가장 올바르지 않은 것은?

① 기억 기능은 두뇌를 통해 계산하고 판단하는 기능이다.
② 출력 기능은 입, 손, 발 등을 통해 외부에 반응하는 기능이다.
③ 입력 기능은 눈, 귀, 코, 피부 등을 통해 외부자극을 수용하는 기능이다.
④ 제어 기능은 두뇌를 포함해서 신체의 각 부분의 활동을 적절히 제어 · 통제하는 기능이다.

## 44   기출

다음 글상자에서 설명하고 있는 현상은?

> 대부분의 인터넷 쇼핑몰들은 소비자에게 제품정보 제공 및 판매부터 배송서비스까지 지원하고 있다.

① 프로세스 축소
② 프로세스 확장
③ 프로세스 변형
④ 프로세스 교차

## 45

다음 글상자에서 설명하는 정보통신망의 기본 요소는?

> 정보를 전기 신호로 변환하여 통신 회선에 송출하거나 신호를 받아서 원래의 정보로 복원시키는 장치

① 교환장치
② 전송장치
③ 전송로
④ 단말장치

## 46   기출

다음 중 레이저 기술을 이용하는 광학 장치에 해당하는 저장장치는?

① DVD
② 하드디스크
③ 플래시 드라이브
④ 자기테이프

## 47

다음 중 파일시스템에 대한 설명으로 올바른 것은?

① 응용 프로그램의 실행은 프로세스 생성으로 이루어진다.
② 물리적 혹은 논리적으로 분할하고 운영체제에서 사용할 수 있도록 마운팅(Mounting) 기능을 제공한다.
③ 응용 프로그램의 실행은 프로세스 생성으로 이루어진다.
④ 연결된 각종 하드웨어를 응용 프로그램에서 사용할 수 있도록 연결해 주는 소프트웨어이다.

**48** 기출

다음 중 인터넷 네트워크 구조의 하나로 광케이블을 이용해서 지하도 터널을 통해 하나의 대도시 지역을 연결하는 통신망 구조는?

① LAN
② MAN
③ WAN
④ VAN

**49**

다음 글상자에서 설명하는 서버의 종류는?

> 워크스테이션이 접근할 수 있는 컴퓨터 파일(문서, 사운드 파일, 사진, 영화, 그림, 데이터베이스 등)을 공유하고 있는 기억 공간의 위치를 제공하는 것이 주목적인 네트워크에 추가된 컴퓨터를 말한다.

① 카탈로그
② 파일
③ 게임
④ 애플리케이션

**50** 기출

다음 중 무선 네트워크 기술이 아닌 것은?

① 지그비
② 이더넷
③ Wi-Fi
④ 블루투스

**51**

다음 글상자에서 설명하는 정보통신망의 구성요소는?

> 전기통신망에서 접속의 설정, 제어 및 관리에 관한 정보의 교환을 제공

① 전달기능
② 제어기능
③ 신호기능
④ 통신기능

**52** 기출

다음 중 클라우드 컴퓨팅의 장점과 가장 거리가 먼 것은?

① 인터넷 접속 유무에 영향을 받지 않는다.
② 초기 구입비용이 적고 휴대성이 높다.
③ 컴퓨터 가용률이 높다.
④ 데이터 저장 공간의 제약을 극복할 수 있다.

**53**

통신망의 분류 중 서로 이웃하는 단말들끼리만 연결하는 방식은?

① 링형
② 망형
③ 성형
④ 버스형

**54** 기출

다음 중 웹 쿠키의 용도와 가장 거리가 먼 것은?

① 전송 데이터 보안
② 웹 클라이언트 인증
③ 이용자 성향 분석
④ 웹 세션 관리

**55**

다음 중 클릭당 비용이 발생하는 키워드 광고 유형은?

① CPC
② CPM
③ Banner
④ text광고

**56** 기출

다음 중 매크로 바이러스가 활성화 되기 위해 필요한 소프트웨어는?

① 운영체제
② 웹서버
③ 컴파일러
④ 워드프로세서

**57**

다음 글상자에서 설명하는 서버는?

> 클라이언트가 자신을 통해서 다른 네트워크 서비스에 간접적으로 접속할 수 있게 해주는 컴퓨터 시스템이나 응용 프로그램을 가리킨다.

① 웹 서버　　　　　② DNS서버
③ 프록시 서버　　　④ 메이서버

**58**

다음 중 의류 판매용 인터넷 쇼핑몰을 위한 전자상거래 시스템을 구성하려고 할 때 필요한 요소와 가장 거리가 먼 것은?

① 웹서버　　　　　② 데이터 마트
③ 데이터베이스　　④ 결제시스템

**59**

다음 글상자에서 설명하는 용어는?

> 운영체제가 장치 사용을 감시하기 위해 동작여부를 수시로 체크하는 것

① 메모리 관리　　　② 폴링
③ 프로세스 관리　　④ 장치 드라이버

**60**

다음 중 컴퓨터 CPU에 포함되는 장치가 아닌 것은?

① 연산장치　　　　② 네트워크 인터페이스
③ 제어장치　　　　④ 레지스터

# 실전모의고사 2회

## 인터넷 일반

### 01
기출

다음 글상자에서 설명하고 있는 정보 윤리적 차원의 문제는?

> • 개인에 대한 정보가 어떤 조건하에서 다른 사람에게 공개되어질 수 있는가와 연관된 문제
> • 데이터베이스에 저장해야 하는 개인 정보는 무엇이며, 그 곳에 있는 정보는 얼마나 안전한가?

① 정확성 문제
② 재산권 문제
③ 접근성 문제
④ 사생활 침해 문제

### 02

다음 글상자에서 설명하는 정보검색의 주요 용어는?

> 검색어로 사용된 경우에 무시해 버리는 단어나 문자열을 뜻한다.

① 리키즈
② 개비지
③ 불용어
④ 시소러스

### 03
기출

다음 중 RSS에 대한 설명으로 가장 올바르지 않은 것은?

① 최근에는 새로운 표준인 RDF로 대체되고 있다.
② 웹사이트의 콘텐츠를 다른 사이트에서도 쉽게 이용할 수 있게 제공하는 콘텐츠 신디케이션을 지원한다.
③ XML 기반의 포맷을 사용한다.
④ 뉴스 · 날씨 · 쇼핑 · 블로그 등 업데이트가 빈번히 이루어지는 웹사이트에서 업데이트 된 정보를 사용자들에게 자동적으로 간편하게 제공하기 위한 방편으로 이용 된다.

### 04

다음 중 HTML의 공통 특징으로 올바르지 않은 것은?

① 모양과 행동양식을 정해주는 명령어를 Tag라고 한다.
② HTML의 확장자는 '.html', '.htm'이다.
③ 문서 내에서의 공백은 한칸으로만 인정한다.
④ 태그는 대소문자 구분을 한다.

### 05
기출

다음 글상자에서 설명하고 있는 서비스는?

> 인터넷 서비스를 이용하기 위해서는 개별 컴퓨터에 '218.55.99.171'과 같은 숫자로 표시되는 주소가 부여 된다. 그러나 이러한 주소는 기억하기 어렵기 때문에 동일한 컴퓨터에 'www.korcham.net'과 같은 기호식 주소를 지정한다. 인터넷상에서 데이터를 전달하는 하부 프로토콜은 숫자로 표현되는 주소가 필요하므로 기호식 주소를 숫자 방식 주소로 변환하는 서비스가 필요하다.

① DNS
② DHCP
③ ARP
④ SNMP

### 06

다음 중 HTML 문서작성을 위한 태그에서 여백을 조정하는 태그로 올바르지 않은 것은?

① bottommargin
② leftmargin
③ topmargin
④ alignmargin

## 07

다음 중 개인용 컴퓨터에서 작업한 웹 문서 파일들을 웹 서버로 이동시킬 때 사용하기에 적합한 인터넷 서비스는?

① 텔넷　　　　　　　② DNS

③ DHCP　　　　　　④ FTP

## 08

HTML 특수문자 태그 중 "&"를 출력하는 태크는?

① &amp;　　　　　　② &lt;

③ &rt;　　　　　　④ &quot;

## 09

다음 중 웹 디자인 시 고려해야 할 요소와 가장 거리가 먼 것은?

① 상호 작용성　　　　② 다형성

③ 차별성　　　　　　④ 일관성

## 10

다음 글상자의 자바스크립트 기본 문법은?

> var 변수명 [ = 초기값] [ , 변수명 [ = 초기값] ]

① 변수　　　　　　　② for

③ 배열　　　　　　　④ if

## 11

다음 중 웹 서버 구축에 사용되는 스크립트 언어가 아닌 것은?

① CGI　　　　　　　② JSP

③ ASP　　　　　　　④ PHP

## 12

웹 접근성에 대한 설명으로 올바른 것은?

① 웹 표준 준수를 통한 브라우저 호환성 확보

② 웹 표준을 공통으로 포함

③ W3C 웹 접근성 이니셔티브(WAI)

④ HTML, CSS 등에 대한 WC3규격(문법) 준수

## 13

다음 중 웹 문서가 제공되는 위치와 제공되는 특정 정보 자원을 지칭하는 용어로 가장 올바른 것은?

① IP　　　　　　　② MAC

③ HTTP　　　　　　④ URL

## 14

다음 중 자바스크립트의 논리연산자 "||"의 계산으로 올바른 것은?

① 반복을 실행한다.

② 논리 합을 실행한다.

③ 부정을 의미한다.

④ 논리 곱을 실행한다.

## 15

다음 중 컴퓨터 프로그램에 대한 지적재산권의 보호를 규정하고 있는 법률은?

① 반도체칩보호법　　② 실용신안법

③ 저작권법　　　　　④ 디자인보호법

## 16

HTML 〈UL〉의 〈type〉 값으로 올바르지 않은 것은?

① circle　　　　　② disc

③ start　　　　　　④ square

## 17

다음 글상자에서 설명하고 있는 용어로 가장 올바른 것은?

> • HSDPA보다 한층 진화된 휴대전화 고속 무선 데이터 패킷 통신 규격
> • 휴대전화 네트워크의 용량과 속도를 증가시키기 위해 고안된 4세대 무선 기술을 향한 한 단계

① ISDN　　　　　　② 와이파이

③ 2G　　　　　　　④ LTE

## 18

다음 중 HTML에서 〈Font〉 태그의 특성값으로 올바르지 않은 것은?

① center  ② title
③ face  ④ color

## 19 기출

다음 중 플래시의 응용 분야가 아닌 것은?

① 대화형 웹페이지  ② 비디오게임
③ 전자결제  ④ 애니메이션

## 20

웹디자인 설계에서 상업 웹사이트의 경우, 기본 디자인 관점으로 올바르지 않은 것은?

① 겉모습  ② 친근성
③ 가시도  ④ 콘텐츠

## 전자상거래 일반

## 21

다음 중 사내에 물류기능 부서를 두고 운영하는 경우는?

① 1PL  ② 2PL
③ 3PL  ④ 4PL

## 22 기출

다음 글상자에서 설명하고 있는 용어는?

> 웹페이지 내의 한 구석에 나와 있는 직사각형의 그래픽 형태를 가진 광고로 인터넷 광고의 유형중 50% 이상을 차지할 만큼 가장 일반적으로 활용되는 광고

① 팝업 광고  ② 이메일 광고
③ 배너 광고  ④ 스폰서십 광고

## 23

다음 중 사용여부가 '연계계좌 + 잔고한도'인 카드 지급 수단은?

① 전자화폐  ② 신용카드
③ 직불카드  ④ 선불카드

## 24 기출

다음 중 종이수표 대비 전자수표의 특성에 대한 설명으로 가장 올바르지 않은 것은?

① 수표 사용에 유효기간이 없다.

② 개인 · 기업 등이 수표를 발행할 수 있다.

③ 은행이 필요시 수표를 검증할 수 있다.

④ 수표 검증의 자동화로 처리 시간 및 비용 소요가 적다.

## 25

다음 중 E-마케팅 전략의 수립 절차에서 가장 먼저 수행이 되어야 하는 것은?

① 목표설정

② 전략수립

③ 시장 환경 분석

④ 관리 및 평가

## 26 기출

다음 중 전자상거래의 특징으로 가장 올바르지 않은 것은?

① 실시간으로 정보를 주고받을 수 있다.

② 시간과 장소에 구애를 받지 않는다.

③ 고객과의 일대일 마케팅이 가능하다.

④ 고객의 요구사항이 많아 전통적 상거래보다 실시간 대응이 어렵다.

## 27

다음 글상자에서 설명하고 있는 전략은?

미국의 월스트리트저널은 인터넷의 쌍방향성을 활용한 콘텐츠를 제공함으로써 많은 유료회원을 확보하여 유료화 전략의 성공 가능성을 보여주었다.

① 제휴 프로그램
② 콘텐츠 유료화
③ 데이터베이스 응용
④ 중개를 통한 수수료 확보

## 28

기출

다음 글상자에서 설명하고 있는 시스템은?

웹사이트의 이면에서 동작하는 각종 데이터베이스, 업무처리시스템, 웹사이트 관리 시스템 등을 말한다. 예를 들면 쇼핑몰의 경우 트래픽 관리, 고객관리, 콘텐츠 관리 등 시스템적으로 지원해야 하는 일들을 충족시키기 위한 시스템이다.

① 고객관리시스템
② 데이터베이스관리시스템
③ 프론트엔드시스템
④ 백엔드시스템

## 29

다음 중 테스트 리포트를 작성하여 수정 보완하는 작업을 무엇이라고 하는가?

① 테스트
② 코딩
③ 소스
④ 디버깅

## 30

기출

다음 글상자는 전통적인 상거래와 전자상거래 방식을 비교 설명한 것이다. 다음 중 가장 올바르지 않은 것은?

| 구분 | 전통적인 상거래 | 전자상거래 |
|------|----------------|-----------|
| 가) 거래대상지역 | 일부지역 | 전 세계 |
| 나) 거래시간 | 제약된 영업시간 | 24시간, 365일 |
| 다) 마케팅 활동 | 쌍방향 1:1 마케팅 | 일방적인 마케팅 |
| 라) 판매 거점 | 오프라인 | 온라인 |

① (가)
② (나)
③ (다)
④ (라)

## 31

다음 글상자의 괄호 안에 알맞은 용어는?

ASP나 PHP 등의 서버사이드 언어나 스크립트 언어를 이용하여 프로그래밍 작업이 진행되는데 프로그래밍 과정은 (    )를 만들어 내는 작업이다.

① 소스
② 코드
③ 소스코드
④ HTML

## 32

기출

다음 글상자에서 설명하고 있는 전자상거래 결제 유형은?

각종 세금이나 공과금 청구서를 인터넷을 통해 보내고 인터넷을 통하여 대금을 결제하도록 지원하는 서비스이다.

① EBPP
② 신용카드
③ 비트코인
④ 계좌이체

## 33

다음 글상자에서 설명하고 있는 물류는?

파손 또는 제품의 진부화로 제반 기능의 수행이 불가하거나 기능수행 후 소멸을 목적으로 처분하는 물류활동

① 판매물류
② 조달물류
③ 유통물류
④ 폐기물류

**34** 기출

다음 글상자에서 설명하고 있는 전자상거래 유형은?

경기도에서 서울로 이사 온 주민이 전입신고와 자동차 등록이전, 건강보험 주소변경을 위해서 이전에는 동사무서와 구청, 은행 등을 직접 방문해서 신고를 했지만, 현재는 전자정보 단일창구를 통해 주소의 일괄적인 갱신이 가능하다.

① B2C  ② G2C
③ C2C  ④ B2B

**35**

다음 중 클릭 당 비용이 발생하는 검색 키워드 광고는?

① CPC  ② CTR
③ CPM  ④ CTM

**36** 기출

다음 중 전자상거래 발전 과정으로 볼 때 가장 최근의 사실은?

① EDI, E-mail 등 전자메시징 기술의 출현과 확산
② WWW 출현
③ 무선인터넷 기술 상용화
④ Bigdata와 IoT 기반의 전자상거래 고도화

**37**

다음 중 웹사이트를 외주용역개발 방식으로 진행할 경우 발송하는 것은?

① 제안서  ② 요청서
③ 계약서  ④ 제안요청서

**38** 기출

다음 중 E-마케팅의 장점이 아닌 것은?

① 정보전달의 양적 제한이 생김
② 시간 절약이 가능함
③ 판매 경비 절약이 가능함
④ 고객 만족 및 고객 서비스의 향상이 가능함

**39**

다음 중 이동전화나 휴대 단말기를 이용하여 지불처리가 가능한 전자상거래는?

① e-commerce  ② m-commerce
③ s-commerce  ④ u-commerce

**40** 기출

다음 중 전자상거래가 성공하기 위한 조건에 대한 설명으로 가장 올바르지 않은 것은?

① 상품의 품질과 보증이 우선시 되어야 한다.
② 효과적인 물류체계를 통해 신속하고 안전하게 배달되어야 한다.
③ 모든 기업에게 기회를 주고 자유경쟁이 가능한 환경을 만들어야 한다.
④ 다양한 상품보다는 한 가지 상품만 구비하여 이에 대한 정보만을 제공한다.

**컴퓨터 및 통신 일반**

**41** 기출

다음 중 매크로 기능을 제공하는 엑셀이나 워드 등 Visual Basic 매크로 기능을 악용하여 컴퓨터에 피해를 입히며, 주로 E-메일을 통해 전파되는 바이러스는?

① 매크로 바이러스  ② E-메일 바이러스
③ 부트 바이러스  ④ 파일 바이러스

**42**

다음 중 컴퓨터의 주요 특성으로 가장 올바르지 않은 것은?

① 범용컴퓨터의 경우는 특정한 전문분야에 한정된 목적으로만 사용된다.

② 데이터를 정확하고 자동적으로 처리하여 결과를 제공한다.

③ 빠른 작업 처리 속도와 처리결과에 대한 높은 신뢰도를 제공한다.

④ 통신망을 이용하여 지구촌 어느 곳이든 정보를 고속으로 이동 가능하다.

**43** 기출

다음 중 32비트 윈도우 운영체제에서 활용이 가능한 주기억장치의 최대 용량은?

① 2GB
② 4GB
③ 8GB
④ 16GB

**44**

다음 글상자에서 설명하고 있는 용어는?

> 뛰어난 안정성과 확장성, 무료 라이센스 때문에 많은 곳에서 사용하고 있다. 안드로이드 스마트폰 운영체제의 핵심(커널)이다.

① unix
② windows
③ linux
④ mac os

**45** 기출

다음 중 컴퓨터와 사람, 사람과 컴퓨터 간의 인터페이스 역할을 하고, 컴퓨터 자원을 효율적으로 제어하고 운영하기 위한 프로그램은?

① 운영체제
② 펌웨어
③ 하드웨어
④ 어셈블러

**46**

다음 글상자에서 설명하는 악성코드 유형은?

> 데이터를 암호화하여 볼모로 잡고 암호 화폐로 몸값을 지불할 때까지 기다리는 악성코드 프로그램이 지난 수 년 동안 악성코드 중 큰 비중을 차지했고 그 비율은 여전히 증가하고 있다.

① 바이러스
② 파일리스
③ 애드웨어
④ 랜섬웨어

**47** 기출

다음 중 클라이언트에게 네트워크를 통해 정보나 서비스를 제공하는 컴퓨터 혹은 프로그램을 무엇이라고 하는가?

① 서버
② 클라우드
③ 프로그램
④ 운영체제

**48**

다음 중 랜섬웨어 감염경로 중 P2P 사이트를 통해 파일을 다운받아 실행할 경우 감염되는 경로는?

① 신뢰할 수 없는 사이트
② 파일공유 사이트
③ 스팸메일 및 스피어피싱
④ 네트워크망

**49** 기출

다음 중 디도스의 예방책에 대한 설명으로 가장 올바르지 않은 것은?

① 최신 버전의 보안 시스템을 유지하는 것이 좋다.

② E-메일을 확인 시 발신인이 불분명하거나 수상한 첨부파일은 모두 삭제한다.

③ 인터넷 로그인 계정의 패스워드를 자주 변경하면 안 된다.

④ 보안제품은 항상 최신 버전의 엔진을 유지한다.

## 50

다음 글상자에서 설명하는 컴퓨터 하드웨어는?

CPU의 연산결과를 저장하고 처리할 수 있는 공간으로 프로그램 실행 시 프로그램들이 메모리에 읽혀져 동작한다. 메모리 용량이 클수록 여러 프로그램을 실행할 수 있고 높은 성능을 보장한다.

① ram
② main board
③ hdd
④ gpu

## 51 기출

다음 중 디지털 신호를 전화선으로 보내기 위해 아날로그 신호로 변조한 뒤, 받는 쪽에서는 그 신호를 반대로 '복조'해 주는 기기를 무엇이라고 하는가?

① ATM
② 모뎀
③ 허브
④ 라우터

## 52

다음 글상자에서 설명하는 랜섬웨어는?

• 취약한 웹페이지 접속 및 이메일 내 첨부파일로 유포되며, 확장자를 'ecc', 'micr' 등으로 변경
• 드라이브 명에 상관없이 고정식 드라이브(DRIVE_FIXED)만을 감염 대상으로 지정하며, 이동식 드라이브나 네트워크 드라이브는 감염 대상에서 제외
• 악성코드 감염 시 (Howto_Restore_FILES.*)와 같은 복호화 안내문구를 바탕화면에 생성

① 케르베르
② 테슬라크립트
③ 크립토락커
④ 록키

## 53 기출

다음 글상자에서 설명하고 있는 용어는?

• 컴퓨터 시스템을 감염시켜 접근을 제한하고 일종의 몸값을 요구하는 악성 소프트웨어
• 몸값과 소프트웨어의 합성어로 시스템을 잠그거나 데이터를 암호화해 사용할 수 없도록 하고 이를 인질로 금전을 요구하는 악성 프로그램

① 스팸
② 랜섬웨어
③ 백신
④ 보이스피싱

## 54

정보통신망의 논리적 구조로 올바르지 않은 것은?

① 노드
② 사용자 프로세서
③ 링크
④ 전송로

## 55 기출

다음 글상자에서 설명하고 있는 용어는?

전 세계 다른 사용자들과 컴퓨터로 대화를 나눌 수 있는 기능으로 온라인 대화방을 말한다.

① IRC
② Telnet
③ Gopher
④ E-mail

## 56

다음 글상자에서 설명하는 서버로 가장 올바른 것은?

상인이 고객에게 실제로 전자상거래 서비스 하기 전에 실제 상황과 동일한 환경에서 상품을 로드하여 디스플레이, 가격 등을 확인하여 자신이 원하는 상태로 상품이 로드되었는지를 사전에 검토하는 기능을 수행하는 서버이다.

① 머천트 서버
② 스테이징 서버
③ 트랜잭션 서버
④ 인터넷정보 서버

## 57

기출

다음 중 수신 되는 정보량이 수신 시스템에서 처리하는 양을 초과하지 못하도록 하는 기능은?

① 흐름제어　　　　　② 에러제어

③ 동기제어　　　　　④ 순서제어

## 58

다음 글상자에서 설명하는 이메일 프로토콜은?

> 메일을 보내기 위한 표준 포맷이다. SMTP는 7bit ASCII 문자만을 지원하므로, 이 외의 형태의 데이터를 가지는 데이터는 제대로 전송할 수 없다. 8bit 이상의 코드를 가지는 문자나 파일을 메일 프로그램/서버에서 자동으로 (　　)형식으로 변환하여 전달한다.

① pop3　　　　　② imap

③ mime　　　　　④ smtp

## 59

기출

다음 중 유선 인터넷의 서비스 특징에 대한 설명으로 가장 올바르지 않은 것은?

① 편재성(Ubiquity)　　② 접근성(Reachability)

③ 보안성(Security)　　④ 이동성(Mobility)

## 60

다음 중 통신망의 분류 중 트리형에 대한 설명으로 올바르지 않은 것은?

① 중앙에 컴퓨터가 있고, 일정한 지역의 단말기 까지는 하나의 통신 회선으로 연결시키며, 그 이웃하는 단말기는 일정지역에 설치된 단말기로부터 다시 연장되는 형태

② 화상 처리 등의 특수한 분산 처리망으로 적합

③ 같은 신호를 다수의 노드로 분배하는 단방향 전송에 적합

④ CATV망 등에 많이 이용

# 실전모의고사 3회

## 인터넷 일반

### 01

다음 중 정보윤리의 도덕적 원칙 중 서로를 보살피고 배려해야 할 책무를 강조하는 것은?

① 존중　　　　　　　② 책임
③ 정의　　　　　　　④ 해악금지

### 02 [기출]

다음 중 HTML 문서 안에서 CSS 스타일을 정의할 때 사용되는 HTML 원소는?

① css　　　　　　　② embed
③ style　　　　　　④ source

### 03

다음 중 네티켓의 핵심규칙 10계명으로 올바르지 않은 것은?

① 온라인에서의 자신을 낮추어라.
② 인간임을 기억하라.
③ 현재 어떤 사이버 공간에 접속해 있는지 알고, 그곳의 문화에 맞게 행동하라.
④ 실생활에서 적용되는 것과 똑같은 기준과 행동을 고수하라.

### 04 [기출]

다음 중 개인정보 처리 원칙에 대한 설명으로 가장 올바르지 않은 것은?

① 개인정보처리자는 개인정보의 처리 목적을 명확하게 하여야 하고 그 목적에 필요한 범위에서 최소한의 개인정보만을 적법하고 정당하게 수집하여야 한다.
② 개인정보처리자는 개인정보의 처리 목적에 필요한 범위에서 적합하게 개인정보를 처리하여야 하며, 그 목적 외의 용도로 활용하여서는 안 된다.
③ 개인정보처리자는 개인정보에 대해 익명처리가 가능한 경우에도 익명 처리를 하여서는 안 된다.
④ 개인정보처리자는 개인정보 처리방침 등 개인정보의 처리에 관한 사항을 공개하여야 하며, 열람청구권 등 정보주체의 권리를 보장하여야 한다.

### 05

다음 중 유즈넷 네티켓으로 올바르지 않은 것은?

① 많은 사람들이 자신의 기사를 보고 있다는 것을 항상 명심한다.
② 회답할 때에는 뉴스 그룹 전체에 회답할 지를 잘 판단한다.
③ 기사들을 반드시 읽어보고 그룹의 분위기, 서술 방식 등을 파악한다.
④ 프로그램을 올릴 때에는 사전에 바이러스 감염 여부를 점검한다.

### 06 [기출]

다음 중 모든 HTML 원소에서 공통적으로 사용할 수 있는 글로벌 속성에 해당되지 않는 것은?

① href　　　　　　　② id
③ lang　　　　　　　④ title

**07**

다음 글상자에서 설명하는 용어는?

거미줄처럼 연결되어 있는 전세계의 산재된 정보들을 웹 브라우저를 통해 편리하게 이용할 수 있도록 해주는 인터넷 서비스로, 다양한 형태의 멀티미디어 데이터를 지원한다.

① WWW
② Gopher
③ IRC
④ USENET

**08** 기출

다음 중 HTML 문서에서 불릿 문자를 이용하는 리스트 표현에 사용되는 태그는?

① OL
② DL
③ BL
④ UL

**09**

다음 글상자에서 설명하는 인터넷 보안 요소는?

송신자나 수신자가 전송 메시지를 부인하지 못하도록 막는 것을 의미한다. 따라서 메시지가 송신됐을 때 수신자는 그 메시지가 실제로 송신자에 의해서 송신됐음을 확인할 수 있게 된다.

① 비밀보장
② 데이터 무결성
③ 부인봉쇄
④ 접근제어

**10** 기출

다음 중 HTML 문서의 HEAD 원소 안에 사용될 수 없는 원소는?

① SCRIPT
② TITLE
③ STYLE
④ DOM

**11**

다음 중 스마트폰 이용자 10대 안전수칙으로 올바르지 않은 것은?

① 발신인이 불명확하거나 의심스러운 메시지는 스마트폰으로 열람하기
② 비밀번호 설정 기능을 이용하고 정기적으로 비밀번호 변경하기
③ 블루투스 기능 등 무선 인터페이스는 사용시에만 켜놓기
④ 다운로드한 파일은 바이러스 유무를 검사한 후 사용하기

**12** 기출

다음 중 HTML 문서에 외부 CSS 파일을 삽입하기 위해 사용할 수 있는 원소는?

① meta
② embed
③ base
④ link

**13**

다음 중 마침 태그 없이 자주 쓰이는 태그가 아닌 것은?

① 〈BR〉
② 〈IMG〉
③ 〈LINK〉
④ 〈BODY〉

**14** 기출

다음 중 반응형 웹 사이트를 구축할 때 사용하는 CSS 미디어 쿼리 구문 중에서 웹페이지 설계를 지원하는 속성은?

① @device
② @media
③ class
④ transform

**15**

다음 중 〈BODY〉 태그 중 〈BR〉 태그의 역할로 올바른 것은?

① HTML 문서에서 입력한 문장을 그대로 출력
② HTML 문서에서 줄 바꿈
③ HTML 문서의 오른쪽 여백 지정
④ 문단을 나누는 태그

## 16

방송통신심의위원회는 인터넷상의 불건전 정보로부터 청소년을 보호하고 성인의 볼 권리를 보장하기 위해 인터넷 내용 등급 서비스를 제공하고 있다. 다음 중 이를 위한 등급기준을 나타내는 용어는? 기출

① 그린 아이넷　　　② POWDER

③ PICS　　　　　④ SafeNet

## 17

다음 중 HTML의 논리 태그 중 변수이름 표현을 위한 기울임 태그는?

① ⟨CODE⟩　　　② ⟨EM⟩

③ ⟨VAR⟩　　　④ ⟨SAMP⟩

## 18

다음 중 HTML 문서를 보여주는 창 안에 또 다른 HTML 문서를 보여주는 창을 만들 때 사용되는 HTML 태그는? 기출

① body　　　② iframe

③ img　　　④ html

## 19

다음 중 ⟨A⟩ 태그의 target 특성 값으로 올바르지 않은 것은?

① _blank　　　② _parent

③ _title　　　④ _self

## 20

컴퓨터에서 인터넷을 사용하기 위해서는 네트워크 설정에서 여러 가지 TCP/IP 속성들을 설정할 필요가 있다. 이때 동일 네트워크상에 존재하지 않는 목적지 주소를 갖는 패킷들은 라우터를 통해 외부 인터넷으로 내보내기 위한 설정을 해야 하며, 이러한 라우터 주소를 설정하는 TCP/IPv4 속성 항목은 다음 중 어느 것인가? 기출

① 서브넷 마스크　　　② 기본 게이트웨이

③ DNS 서버　　　　④ DHCP

전자상거래 일반

## 21

다음 중 소비자들에게 제품 혹은 서비스에 관한 정보를 제공하는 웹사이트를 통해 홍보하는 방법을 무엇이라고 하는가? 기출

① 브로셔웨어　　　② 커뮤니티

③ 인터넷 광고　　　④ 콘테스트

## 22

다음 중 현금형 전자지불수단은?

① NetCheck　　　② Check-Free

③ Ecash　　　　④ E-Check

## 23

다음 중 사용자들 개개인에 맞게 사이트가 맞춰지거나 사용자들의 용도에 맞게 맞춰지는 전략은? 기출

① 지식과 정보 전략

② 공동체 운영 전략

③ 관계 확장 전략

④ 고객 맞춤 전략

## 24

다음 글상자에서 설명하고 있는 용어는?

> 특정 관심사, 직업 등의 연결고리를 통해 자발적으로 모임을 갖는 공동체

① 추첨

② 커뮤니티

③ 브로셔웨어

④ 링크원

## 25

기출

다음 글상자의 괄호 안에 들어갈 알맞은 용어는?

> DHL은 ( )을/를 활용하여 스마트 트럭(Smart Truck) 서비스를 제공하고 있다. 스마트 트럭은 실시간 교통 상황, 수신자의 상황, 지리적, 환경적 요소와 관련된 데이터를 수집하여 최적화된 배송 경로를 실시간으로 제공하는 배송차량이다.

① Data Mining     ② Big Data

③ ERP     ④ SCM

## 26

다음 중 기업과 소비자간의 전자상거래 유형은?

① C2C     ② C2G

③ B2C     ④ C2B

## 27

기출

다음 중 인터넷 등과 같은 네트워크상에서 다수의 공급자와 다수의 구매자간에 거래를 할 수 있도록 구축된 온라인 시장은?

① E-마켓플레이스

② 전자문서교환

③ 사이버무역

④ 전자무역

## 28

다음 글상자에서 설명하고 있는 물류는?

> 조달업자로부터 생산자의 자재창고까지 수배송과 입고된 자재를 보관, 재고관리 작업을 계획하고 실행 통제하는 활동

① 생산물류

② 조달물류

③ 판매물류

④ 반품물류

## 29

기출

다음 글상자의 괄호 안에 들어갈 알맞은 용어를 차례대로 나열한 것은?

> 전자상거래는 인터넷이 보급되기 전에 이미 ( ), ( ) 등의 형태로 존재하였다.

① ERP, CALS     ② EDI, RFID

③ EDI, CALS     ④ CALS, Internet

## 30

다음 중 소비자의 지식이나 기술을 요구하는 문제를 낸다음, 이를 맞춘 사람에게 일정 보상을 해주는 것은?

① 추첨

② 인센티브

③ 콘테스트

④ 제휴 프로그램

## 31

기출

기업이 사내에 물류기능 부서를 두고 운영하는 경우를 무엇이라고 하는가?

① 자사물류     ② 자회사물류

③ 제3자물류     ④ 제4자물류

## 32

다음 중 일정기간 키워드 검색 노출 유지 광고는?

① CTC     ② CTM

③ CTR     ④ CPM

## 33

기출

다음 중 제3자 물류에 대한 설명으로 가장 올바른 것은?

① 외부 물류업체에게 물류업무를 아웃소싱해서 물류업무를 추진하는 형태

② 사내 물류조직을 별도로 분리하여 자회사로 독립하여 물류업무를 추진하는 형태

③ 사내 물류조직을 두고, 물류업무를 수행하는 형태

④ 사내 물류조직을 두고, 관련 기업에 물류업무를 맡아하는 형태

**34**

다음 중 전통적인 마케팅에 비해 E–마케팅이 가지는 장점이 아닌 것은?

① 일대일 마케팅      ② 정보 중심

③ 고객점유율      ④ 매스마케팅

**35**

다음 중 구매 후 일어나는 온라인 효과 측정 내용으로 가장 올바른 것은?

① 재구매 빈도      ② 사이트 방문

③ 방문객 수      ④ 구매 수

**36**

다음 중 이동전화나 휴대 단말기를 이용하여 지불처리가 가능한 전자상거래는?

① e-commerce      ② m-commerce

③ s-commerce      ④ u-commerce

**37**

다음 글상자에서 설명하는 물류의 구성요소로 가장 올바른 것은?

> 기존의 유통망에서 반대로 상품이 이동하는 과정으로 회수물류, 폐기물류라고 하기도 한다. 이는 유통과정에서 상품에 문제점이 발생하였을 경우에 제품을 회수하는 것이다.

① 하역      ② 포장

③ 부품 및 서비스 지원      ④ 역물류

**38**

다음 중 정보의 검색 결과에서 불필요하게 검색된 정보를 가리키는 용어는?

① 불용어      ② 리키즈

③ 개비지      ④ 시소러스

**39**

다음 글상자에서 설명하고 있는 용어로 가장 올바른 것은?

> • 표적에 맞춘 광고는 거래 참여자에 의해 부가가치 콘텐츠로 인식된다.
> • 과도하거나 잘못된 표적 광고는 웹사이트에 방해 요소가 된다.

① 광고수수료      ② 거래수수료

③ 정기사용료      ④ 허가수수료

**40**

다음 글상자에서 설명하고 있는 물류는?

> 제품창고에서 출고 후 배송센터로 수송 및 배송되는 단계의 물류 흐름을 계획 및 실행 관리

① 조달물류      ② 폐기물류

③ 판매물류      ④ 반품물류

## 컴퓨터 및 통신 일반

**41**

다음 글상자에서 설명하는 운영체제의 기능은?

> 광범위한 영역으로 운영체제에 있어 메모리나 프로세스에 대한 보호를 기본으로 파일시스템, 네트워크에 대한 보안 기능을 기본적으로 제공

① 파일시스템      ② 장치드라이버

③ 보안      ④ 네트워크

**42**

다음 중 데이터를 저장하는 단위를 크기 순서대로 나열한 것은?

① 바이트 – 워드 – 비트

② 비트 – 바이트 – 워드

③ 바이트 – 비트 – 워드

④ 비트 – 워드 – 바이트

## 43

다음 중 컴퓨터 구성요소 중 하드웨어로 올바르지 않은 것은?

① cpu        ② hdd

③ ram       ④ ios

## 44

다음 중 악성 코드의 유형으로 올바른 것은?

① 트로이목마(Trojan Horse)

② APT(Advanced Persistent Threat)

③ 디도스(DDoS)

④ 피싱(Phishing)

## 45

다음 글상자에서 설명하는 운영체제는?

> 대표적인 PC용 운영체제로 가장 많은 사람들이 사용한다. 국내 시장 점유율이 높고 여러 회사에서 제조된 컴퓨터에서 모두 사용할 수 있다는 장점이 있다. 단점은 상용 제품으로 이용에 따른 라이센스 비용 상승이 문제가 될 수 있다.

① Android       ② MS Windows

③ Mac OS       ④ iOS

## 46

다음 중 ROM에 저장되어 있다가 컴퓨터 전원이 켜지면 실행되어 운영체제를 주기억장치로 로드하는 역할을 수행하는 프로그램을 가리키는 용어는?

① BIOS       ② 장치관리자

③ 부트스트랩       ④ 인터럽트

## 47

다음 글상자에서 설명하는 이메일 프로토콜은?

> 서버로부터 이메일을 읽을 수 있도록 고안된 표준 프로토콜이다. 메일의 제목이나 보낸 사람만 보고 메일을 다운로드할 것인지 선택할 수는 없으나, 메일 저장 폴더 등을 서버에 만들고, 저장된 메시지에 직접 접근하여 삭제, 검색할 수 있다. 즉, 클라이언트에 다운로드 받아 확인하는 것이 아니라 서버에 직접 접속하여 메시지를 관리하는 것이다.

① IMAP       ② POP3

③ SMTP       ④ PROXY

## 48

다음 중 서버가 제공하는 서비스가 아닌 것은?

① 메일       ② 파일시스템

③ 데이터베이스       ④ 운영체제

## 49

다음 글상자에서 설명하는 DNS 서버의 종류는?

> com, org, net 등과 같은 상위 레벨 도메인과 모든 국가의 상위 레벨 도메인에 대한 관리를 담당하는 DNS 서버로 루트존 서버

① Cache

② Top-Level Domain(TLD)

③ Non-authoritative

④ Authoritative

## 50

다음 중 국내 인터넷주소 자원을 관리하고 도메인 이름의 등록 및 최상위 루트 DNS의 관리 운영을 담당하는 국내기관은?

① 한국정보통신산업기술진흥원

② 한국정보화진흥원

③ 한국인터넷정보센터

④ 한국통신

## 51

다음 글상자에서 설명하는 악성코드는?

악성코드 프로그램이 해킹된 최종 사용자를 원치 않고 잠재적으로 악의적인 광고에 노출시킴

① 트로이목마      ② 랜섬웨어

③ 애드웨어      ④ 파일리스

## 52 `기출`

다음 중 리눅스(Linux) 운영체제에 관한 설명으로 가장 올바르지 않은 것은?

① 웹 응용 서비스들의 액티브X 의존도가 심해 보안 문제를 일으키기 쉽다.

② 공개소스 개발 방식으로 개발되었으며, 소스코드가 무료로 제공된다.

③ 우분투, 레드햇, 데비안, 페도라 등 다양한 배포판들이 존재하며, 배포판에 따라 기본적으로 포함되는 소프트웨어들이 달라진다.

④ 대형컴퓨터나 소형컴퓨터 모두에서 사용할 수 있다.

## 53

다음 중 통신망의 분류 중 버스형의 설명으로 올바르지 않은 것은?

① 주로 근거리 통신망에서 데이터 양이 적을 때 사용

② 단말기 고장 발생시 고장지점의 발견이 용이

③ 1개의 통신 회선에 여러 대의 단말 장치를 접속하는 방식

④ 회선이 하나이므로 구조가 간단

## 54 `기출`

특정 서비스에 다수의 서버가 배정되어 있을 경우 이들 사이의 부하 균형(Load Balancing)을 지원할 수 있는 네트워크 장비는?

① 리피터      ② L4 스위치

③ 브리지      ④ 라우터

## 55

다음 글상자에서 설명하는 서버의 종류는?

멀티플레이 비디오 게임을 즐기기 위해 게임 클라이언트에 쓰이는 서버로, 자신의 컴퓨터나 다른 사람의 컴퓨터에서 실행된다.

① 게임      ② 카탈로그

③ 파일      ④ 메일

## 56 `기출`

다음 중 컴퓨터를 이용한 정보처리 기술과 정보의 전송을 담당하는 통신기술이 상호 결합된 통신시스템의 구성요소로 가장 거리가 먼 것은?

① 컴퓨터      ② 입출력 장치

③ 통신 소프트웨어      ④ 콘텐츠

## 57

다음 중 기본적인 운영체제의 기능으로 올바르지 않은 것은?

① 보안      ② 입출력

③ 네트워크      ④ gpu

## 58

기출

다음 중 보조기억장치가 아닌 것은?

① 광디스크　　　　② DVD
③ DRAM　　　　　④ USB

## 59

다음 글상자에서 설명하는 랜섬웨어 감염 경로는?

> 출처가 불분명한 이메일 수신시 첨부파일 또는 메일에
> URL 링크를 통해 악성코드를 유포하는 사례가 있으므로
> 첨부파일 실행 또는 URL 링크 클릭에 주의가 필요하다.

① 사회관계망서비스
② 스팸메일 및 스피어피싱
③ 네트워크망
④ 파일공유 사이트

## 60

기출

다음 중 컴퓨터 운영체제의 목적으로 가장 올바르지 않은 것은?

① 컴퓨터 신뢰도의 향상
② 컴퓨터 사용 가능도의 증가
③ 컴퓨터 처리 능력의 향상
④ 컴퓨터 응답 시간의 지연

## 인터넷 일반

**01**

다음 중 하이퍼링크의 경로를 지정할 때 참고사항으로 올바르지 않은 것은?

① 상대 경로란 현재의 위치에서 현재 위치를 표시하는 방법이다.

② 현재 폴더의 상위폴더에 연결할 문서가 있는 경우: href="../파일명"

③ 현재 폴더와 같은 폴더에 연결할 문서가 있는 경우: href="파일명"

④ 현재 폴더의 상위 폴더에 있는 다른 폴더에 연결할 문서가 있는 경우: href="../폴더명/파일명"

**02** 기출

다음 글상자에서 설명하고 있는 지수는?

우리나라는 일반국민과 정보소외(취약)계층(장애인, 저소득층, 장·노년층, 농어민)의 정보화 수준을 측정하여 이들간에 차이를 줄여 나가고자 노력하고 있다. 이때 일반국민 대비 정보소외계층간의 정보격차 해소를 위해 활용되는 지표를 말한다.

① 정보소외지수　　② 정보격차지수
③ 정보지체지수　　④ 정보과잉지수

**03**

다음 중 HTML의 〈IMG〉 태그 중에 'src' 특성에 대한 설명으로 올바른 것은?

① 이미지 정렬 방식을 지정

② 이미지의 테두리 두께를 지정

③ 이미지의 설명 문장을 지정

④ HTML 문서에 표시할 이미지 파일의 경로 지정

**04** 기출

다음 중 정보사회의 순기능이 아닌 것은?

① 개인정보 노출로 인한 사생활 침해가 발생한다.

② 누구나 정보를 공유할 수 있다.

③ 정보의 수요와 공급이 다원화되어 있다.

④ 가상공간의 등장으로 사회 참여 기회가 확대된다.

**05**

다음 중 HTML 논리태그 중 머리글자 약어를 표현하는 태그로 올바른 것은?

① 〈CODE〉

② 〈DFN〉

③ 〈ACRONYM〉

④ 〈CITE〉

**06** 기출

다음 글상자에서 설명하고 있는 정의는?

독자적으로 실행될 수 있고 자신을 유지하기 위해 내부에서 호스트 자원들을 삼키게 되며, 다른 기계로 자신을 완전하게 작동 가능한 형태로 전파하는 프로그램

① 웜　　　　　② 랜섬웨어
③ 바이러스　　④ 트로이목마

**07**

다음 중 HTML에서 〈META〉의 특성 중 파일에 대한 설명을 표시하는 것으로 올바른 것은?

① Distribution

② Description

③ Status

④ Revision

**08**

다음 중 HTML의 시작 태그와 종료 태그로 이루어진 모든 명령어들을 의미하는 용어는?

① 요소　　　　　② 태그
③ 변수　　　　　④ 속성

**09**

다음 중 HTML 공통 특징으로 올바르지 않은 것은?

① HTML의 확장자는 '.html', '.htm'이다.
② 태그는 일반적으로 '⟨tag⟩, ⟨/tag⟩'처럼 시작태그와 종료태그를 짝을 이루어 사용되지만 단독으로 사용되는 태그도 있다.
③ 모양과 행동양식을 정해주는 병령어를 특성이라고 한다.
④ 모든 태그는 '⟨ ⟩'로 구성된다.

**10**

다음 중 자바스크립트에서 사용하는 타입에 대한 설명으로 가장 거리가 먼 것은?

① Number – 실수, 부동소수점 방식
② String – 문자열
③ Boolean – True, False
④ null – 숫자 0

**11**

다음 중 HTML의 물리태그 중 'TT'의 기능으로 올바른 것은?

① 글자를 타자체로 표현
② 글자에 취소선 표시
③ 글자를 위첨자 표시
④ 글자를 기울여서 표현

**12**

다음 글상자에서 설명하고 있는 용어로 가장 올바른 것은?

> 자기 조절 능력이 상실되어 지나친 인터넷 이용 때문에 일상생활(가정, 직장, 학교 등)에서 행동 심리적 문제가 발생하는 상태로, 질환으로 분류되는 것으로는 가장 포괄적인 개념

① 네티켓　　　　　② 게임 중독
③ 인터넷 중독　　　④ 인터넷 해킹

**13**

다음 중 일정한 자바스크립트 코드를 조건에 따라 계속해서 반복하기 위한 구문은?

① while　　　　　② if
③ switch　　　　　④ for

**14**

다음 글상자에서 설명하고 있는 용어는?

> IP 기술을 이용해 전화 통화를 전송하는 서비스로, 기존의 전화나 케이블 기업과 몇몇 ISP를 비롯한 전문회사들은 사용자들이 전화번호가 있는 사람들이라면 누구나에게, 같은 지역에 있든지 혹은 먼 거리에 있든지, 휴대전화든지, 국제 전화든지간에 통화를 할 수 있도록 지원하는 서비스

① Opt-In　　　　　② P2P
③ IPTV　　　　　④ VoIP

**15**

다음 중 웹 콘텐츠 접근성 지침 중 운용성에 관련된 내용으로 올바르지 않은 것은?

① 읽기 및 콘텐츠를 사용하는 사용자에게 충분한 시간을 제공해야 한다.
② 웹 페이지의 탑재와 운용을 예측할 수 없는 방법으로 제작해야 한다.
③ 키보드로 모든 기능을 사용할 수 있도록 해야 한다.
④ 알려진 방법으로 발작을 일으킬 수 있는 콘텐츠를 디자인하지 않아야 한다.

## 16

기출

다음 중 소스 코드를 컴파일 하지 않고도 실행할 수 있는 프로그래밍 언어는?

① C
② JavaScript
③ Java
④ C++

## 17

다음 글상자에서 설명하는 웹디자인의 설계 중 디자인의 관점은?

> 사이트에 담긴 정보는 사이트와 관련되어 있어야 한다.

① 콘텐츠
② 가시도
③ 겉모습
④ 표준화

## 18

다음 글상자에서 설명하고 있는 용어는?

> 웹이 개발되기 전까지 가장 활발히 사용하던 서비스로 텍스트 메뉴별로 인터넷 정보를 검색하는 방법

① Gopher
② 유즈넷
③ IRC
④ 텔넷

## 19

다음 중 HTML 〈OL〉의 'type' 태그 중 'disc' 값이 나타내는 것은?

① 목록을 속이 흰 점으로 표시
② 기본값이며 목록을 아라비아 숫자로 표시
③ 목록을 대문자 로마 숫자로 표시
④ 목록을 속이 검은 점으로 표시

## 20

기출

다음 중 정보검색을 하기 위해 키워드 앞, 뒤에 붙여 어두나 어미를 확장시켜 검색된 결과를 나오도록 할 때 사용하는 것은?

① _
② !
③ *
④ ?

---

## 21

기출

다음 중 전자적인 매체를 통해 지급, 결제, 가치 이전 등 현금 본연의 기능을 수행할 수 있는 수단을 의미하는 용어는?

① 전자자금이체
② 전자수표
③ 전자상품권
④ 전자화폐

## 22

다음 중 공급자 관점에서의 전자상거래 단점이 아닌 것은?

① 업무의 전산화로 시간과 비용 절감
② 보안시스템과 결제시스템 구축에 따른 추가적인 비용 부담
③ 진입장벽이 낮아 치열한 경쟁
④ 거래 및 결제 시 개인정보의 누출 우려

## 23

기출

다음 중 전자상거래 사이트에서 모든 질문을 통합하고, 응답될 수 있도록 질문을 전달하고, 모든 커뮤니케이션을 관리하는 것을 무엇이라고 하는가?

① 고객관리
② 콜센터
③ 채팅룸
④ 에이전트

## 24

다음 중 정부와 소비자간의 전자상거래 유형은?

① G2G
② G2C
③ G2B
④ B2B

## 25

기출

다음 글상자에서 설명하고 있는 인터넷 광고 유형으로 가장 올바른 것은?

> 멀티미디어 등의 풍부한 메시지를 전달 할 수 있는 매체를 이용한 광고이며, 배너광고와 연결되어 배너광고를 보다 풍부하게 표현하는 방법

① 동영상 광고      ② 팝업 광고

③ 전면 광고      ④ 리치미디어 광고

## 26

다음 중 이메일을 통해 개인이 타인에게 송금할 수 있도록 하는 결제 수단은?

① P2P 전자지불

② 모바일결제

③ 간편결제

④ 모바일뱅킹

## 27

기출

다음 중 전자상거래에 따른 유통환경의 변화로 가장 거리가 먼 것은?

① 유통 구조의 복잡화

② 디지털 상품의 경우 주문과 동시에 배송이 가능

③ 단순히 운송을 넘어 보관 및 재고까지 효율적 관리 가능

④ 물류 전담 기업의 활성화

## 28

다음 중 소비자 관점에서의 전자상거래 단점으로 가장 거리가 먼 것은?

① 오프라인보다 사기의 가능성이 높음

② 사업자에 의한 신뢰성 부족

③ 정보탐색의 한계가 존재

④ 상품 규격의 표준화 문제 및 물류와 배달 체계의 의존성이 큼

## 29

기출

다음 중 자재창고에서 생산공정이 이루어지는 곳까지 운송, 하역하고 공정 완료 후 제품창고에 입고까지의 물류 활동을 무엇이라고 하는가?

① 조달물류      ② 생산물류

③ 반품물류      ④ 판매물류

## 30

다음 중 공급자 관점의 전자상거래 장점이 아닌 것은?

① 중간 유통 생략으로 유통비 절감

② 정보탐색과 사전조사를 통해 계획구매 가능

③ 쌍방향 커뮤니케이션으로 고객 분석 가능

④ 업무의 전산화로 시간과 비용 절감

## 31

기출

다음 중 전자지불의 특징으로 가장 거리가 먼 것은?

① 기존의 결제방법보다 매우 편리하다.

② 인증서 등으로 안정성이 보장되어 있다.

③ 다른 지불수단보다 전자지불수단은 불특정 다수가 사용이 가능하다.

④ 개인정보가 타인에게 노출되어서는 안 되는 익명성을 가지고 있다.

## 32

다음 중 전통적인 비즈니스와 비교하여 E-비즈니스가 가지는 특성과 가장 거리가 먼 것은?

① 시장이 형성하는 가격

② 판매 전 생산

③ 전략적 자산으로서의 장소

④ 소비자 정보 리스트

**33** 기출

다음 글상자에서 설명하고 있는 인터넷 광고 유형은?

> 개인이나 기관에서 수행하는 일을 후원하면서 간접적으로 상표와 제품을 노출시키는 광고로 스포츠, 영화, TV, 각종 이벤트에 많이 이용

① 스폰서십 광고

② 인터넷 엑세스형 광고

③ 팝업 광고

④ 전면 광고

**34**

다음 중 사용가능 금액이 충전한도인 카드 지급 수단은?

① 신용카드

② 체크카드

③ 직불카드

④ 전자화폐

**35** 기출

다음 중 자체적으로 개발하여 서버를 구축 운영하는 쇼핑몰의 특징에 대한 설명으로 가장 올바르지 않은 것은?

① 기업이 원하는 맞춤형 쇼핑몰을 구축할 수 있다.

② 고객의 목소리를 반영한 사용자 중심의 사이트를 만들 수 있다.

③ 서버 구축비 등의 초기 투자비용이 거의 들어가지 않는다.

④ 쇼핑몰 운영자의 능력과 자금 능력에 따라 다양한 기능의 확장이 가능하다.

**36**

다음 중 정부와 기업간의 전자상거래 유형은?

① G2B

② G2C

③ G4C

④ C2G

**37** 기출

전자상거래 발전 과정 중에서 가장 최근에 등장한 기술은?

① E-mail

② Groupware

③ FTP

④ Bigdata

**38**

다음 중 재화를 공급자로부터 수요자에게 이동시켜 시간적 공간적 가치를 창조하는 물리적인 경제활동은?

① 제품

② 조달

③ 물류

④ 이동

**39** 기출

다음 글상자에서 설명하고 있는 용어는?

> 인터넷상 개인 식별번호를 의미하며, 홈페이지에서 발급, 글쓰기 시 주민등록번호를 사용하지 않고도 본인임을 확인할 수 있는 개인정보보호 서비스

① 공인인증서

② 아이핀

③ 마이핀

④ 에스크로

**40**

다음 중 소비자에게 특정한 콘텐츠를 할인된 가격으로 이용 가능한 수단을 제공함으로써 판매촉진 효과를 활성시키는 수단은?

① 추첨

② 쿠폰

③ 콘테스트

④ 가격할인

## 41

다음 중 정보통신망의 기본요소 중 교환장치의 설명으로 올바른 것은?

① 정보를 전기 신호로 변환하여 통신 회선에 송출하거나 신호를 받아서 원래의 정보로 복원시키는 장치

② 전기적인 수단에 의해서 정보 전달을 행하는 장치

③ 다수 단말기의 접속 요구에 응하여 착신 단말기까지의 접속 경로를 설정하는 장치

④ 음성, 데이터 등의 정보를 실제로 교환 및 전송하는 기능을 제공

## 42 기출

다음 글상자에서 설명하고 있는 시스템은?

데이터가 입력됨과 동시에 컴퓨터에 의해 처리되어 처리 결과를 원하는 시간에 볼 수 있는 방식이다.

① 분산처리 시스템     ② 일괄처리 시스템

③ 시분할 처리 시스템     ④ 실시간 처리 시스템

## 43

다음 중 통신망의 분류 중 성형에 대한 설명으로 올바르지 않은 것은?

① 온라인 시스템의 전형적인 방법

② 통신 회선이 가장 많이 필요

③ 단말기 고장 발생시 고장지점의 발견이 용이

④ 통화량 처리능률이 높음

## 44 기출

다음 중 인터넷 관련 기술과 통신규약을 이용하여 조직 내부 업무를 통합하는 정보시스템을 무엇이라고 하는가?

① WAN     ② ISDN

③ EXTRANET     ④ INTRANET

## 45

다음 글상자에서 설명하는 랜섬웨어는?

• 자바 스크립트(Java Script) 파일이 들어있는 압축파일들을 첨부하고 이를 실행 시에 랜섬웨어를 다운로드 및 감염

• 연결 IP 정보를 동적으로 복호화하고, 특정 파라미터를 전달하여 실행하는 경우만 동작

① 록키     ② 크립토락커

③ 케르베르     ④ 테슬라크립트

## 46 기출

다음 중 전자상거래 서버가 갖추어야 할 조건으로 가장 올바르지 않은 것은?

① 사용자 요구에 대하여 실시간으로 만족할 만한 수준의 성능을 제공하여야 한다.

② 하나의 서버는 오로지 하나의 클라이언트만을 위한 서비스를 제공하여야 한다.

③ 증가하는 수요에 대처할 수 있도록 시스템 규모를 조정하는 성능을 제공하여야 한다.

④ 클라이언트/서버 통신은 통신망 위에서 진행되므로 클라이언트와 서버 시스템은 네트워킹 기능을 내장하여야 한다.

## 47

정보통신망 구성 요건으로 올바르지 않은 것은?

① 접속의 임의성

② 정보 전달의 투명성

③ 번호 체계의 다양성

④ 요금제의 합리성

## 48 기출

다음 중 프록시 서버(Proxy Server)의 기능으로 가장 올바르지 않은 것은?

① 방화벽 기능을 담당한다.

② 네트워크의 트래픽을 줄인다.

③ 데이터의 전송 시간을 향상 시킨다.

④ 회사의 복잡한 웹사이트 관리를 용이하게 한다.

**49**

다음 글상자에서 설명하는 이메일 프로토콜로 올바른 것은?

> 메일을 수신할 때 사용하는 프로토콜로 110번 Port를 사용한다. 기본적으로 수신된 메일은 메일서버에서 삭제된다. 선택적으로 메일을 가져올 수 없다.

① SMTP
② MIME
③ IMAP
④ POP3


**50** 기출

다음 글상자에서 설명하고 있는 용어는?

> 교육 및 연구기관에서 즐겨 사용되는 범용 다중 사용자 방식의 시분할 운영체제

① Windows
② Linux
③ Unix
④ CP/M


**51**

다음 글상자에서 설명하는 하드웨어는?

> 컴퓨터의 하드웨어 모듈들이 통합되어 구성된 형태

① Graphical Processig Unit
② Main Board
③ Random Access Memory
④ Hard Disk Drive


**52** 기출

다음 중 OSI 7계층과 TCP/IP 프로토콜 계층의 비교에 대한 설명으로 가장 올바르지 않은 것은?

① 응용계층 – FTP
② 전송계층 – TCP
③ 네트워크계층 – IP
④ 데이터링크계층 – UDP


**53**

다음 글상자에서 설명하는 서버는?

> • 하드웨어는 웹 서버와 데이터베이스 서버의 중간에 위치하여 서버(WAS)가 동작하는 하드웨어를 일컬음
> • 소프트웨어는 웹용 프로그램을 동작시킬 수 있도록 해주는 소프트웨어 플랫폼을 의미

① 애플리케이션
② 카탈로그
③ 파일
④ 데이터베이스


**54** 기출

다음 중 네트워크 관련 기관의 도메인으로 가장 올바른 것은?

① .net
② .com
③ .org
④ .int


**55**

다음 글상자에서 설명하는 악성코드 유형은?

> 익스플로잇 공격을 수행하고 버티는 방법에 대한 설명에 가깝다. 전통적인 악성코드는 파일 시스템을 이용해 이동하고 새로운 시스템을 감염시킨다.

① 하이브리드
② 트로이목마
③ 파일리스
④ 애드웨어


**56** 기출

다음 중 무선랜의 단점으로 가장 올바르지 않은 것은?

① 보안
② 속도
③ 편의성
④ 신뢰성

## 57

다음 중 정보통신망의 구성요소 중 제어기능에 대한 설명으로 올바른 것은?

① 음성, 데이터 등의 정보를 실제로 교환 및 전송하는 기능을 제공

② 통신 시스템이 정상적으로 동작하기 위한 유지 보수 및 관리 기능을 함

③ 전기통신망에서 접속의 설정, 제어 및 관리에 관한 정보의 교환을 제공

④ 전기적인 수단에 의해서 정보 전달을 행하는 장치

## 58 기출

다음 글상자에서 설명하고 있는 용어는?

웹상에서 개인 또는 집단이 하나의 노드가 되어 각 노드 간의 상호 의존적인 관계에 의해 만들어지는 사회적 관계 구조를 지칭한다.

① SNS      ② NodeXL

③ UCC      ④ WWW

## 59

다음 글상자에서 설명하는 운영체제의 기능은?

컴퓨터에 연결된 각종 하드웨어를 응용 프로그램에서 사용할 수 있도록 연결해 주는 소프트웨어

① Memory Management

② File System

③ Process Management

④ Device Driver

## 60 기출

다음 중 네트워크를 구성하는 통신장치들에 관한 설명으로 가장 올바르지 않은 것은?

① 허브(Hub) : 단말기에서 송신되는 전기신호를 중계하는 장치이다.

② 브릿지(Bridge) : LAN간을 연결하는 기기로 필터링 기능을 가진다.

③ 라우터(Router) : 각 노드에서 발생하는 신호를 재생하여 송출하는 장치이다.

④ 트랜시버(Transceiver) : 통신케이블과 NIC (Network Interface Card)를 연결하는 장치이다.

# 실전모의고사 5회

## 인터넷 일반

### 01
기출

다음 중 CSS에서 'background-image' 속성을 이용하여 지정된 배경 이미지가 반복되는 방법을 지정하고자 할 때, 배경이미지가 수평방향으로만 반복되게 하는 속성 값은?

① repeat

② repeat-x

③ repeat-y

④ no-repeat

### 02

다음 중 네티켓의 사용 영역별 수칙에서 전자우편에서 사용할 때의 네티켓이 아닌 것은?

① 날마다 메일을 체크하고 중요하지 않은 메일은 즉시 지운다.

② 메시지는 가능한 짧고 읽기 편하게 요점만 작성한다.

③ 대화에서는 모두에게 '님'자를 붙이고 존칭을 사용한다.

④ 흥분한 상태에서는 메일을 보내지 않는다.

### 03
기출

다음 중 HTML의 문서의 기본 배경색상을 파란색(Blue)으로 지정하는 <BODY> 태그의 특성 중 가장 올바른 것은?

① <body bgcolor="blue">

② <body background codes="blue">

③ <body bgproperties="blue">

④ <body description="blue">

### 04

다음 글상자에서 설명하는 개인정보의 2차 침해 유형은?

> • 개인정보 불법유통 – 전 개인정보의 침해 사고(통신사영업점 및 각종 TM)로 발생가능성 높음
> • 인터넷 유포 – 전 개인정보의 침해 사고(중구 웹 사이트에 유포 가능)로 발생가능성 중간

① 불법유통유포

② 스팸 및 피싱

③ 금전적 이익 수취

④ 사생활 침해

### 05
기출

다음 중 주제별 검색 엔진에 대한 설명으로 가장 올바르지 않은 것은?

① 사용자가 별다른 지식이 없어도 되기 때문에, 초보자들이 사용하기에 좋다.

② 여러 단계를 거치기 때문에 중간에 어느 한 단계에서 잘못되면, 다른 결과가 나타난다.

③ 데이터가 주제별로 분류되어 정확성이 높다는 장점이 있다.

④ 여러 검색엔진을 모아서 검색하기 때문에 많은 결과를 볼 수 있지만, 정밀성이 떨어진다.

### 06

다음 글상자에서 설명하는 정보검색의 주요 용어는?

> 누락 또는 누출을 의미하는 용어로, 정보의 검색 결과에서 검색되었어야 함에도 불구하고, 부적절한 키워드 선정이나 연산자의 잘못된 사용으로 인하여 검색 결과에서 빠져버린 누락된 정보를 뜻한다.

① 불용어       ② 시소러스

③ 개비지       ④ 리키즈

## 07 <sub></sub> 기출

다음 중 인터넷에 연결된 컴퓨터를 사람이 쉽게 기억하고 입력할 수 있도록 문자(영문, 한글 등)로 만든 인터넷 주소를 무엇이라고 하는가?

① 프로토콜      ② DNS

③ 인터넷 도메인      ④ TCP/IP

## 08

다음 중 HTML의 〈BODY〉에서 문서작성을 위한 태그가 아닌 것은?

① Align      ② BR

③ Revision      ④ PRE

## 09 기출

다음 글상자에서 설명하고 있는 지적재산권 유형으로 가장 올바른 것은?

- 아이디어 및 발명품에 대한 독점적인 권리 부여
- 보유자에게 발명에 대한 배타적인 권리를 부여하는 문서

① 저작권      ② 특허권

③ 등록상표      ④ 디지털 워터마크

## 10

다음 중 글상자에서 설명하는 준수 내용을 의미하는 용어는?

- HTML, CSS 등에 대한 WC3규격(문법) 준수
- HTML, CSS, Javascript 등 구조와 표현, 동작 분리 권고

① 웹 표준      ② 웹 호환성

③ 웹 접근성      ④ 웹 콘텐츠

## 11 기출

다음 중 웹브라우저 상에서 콘텐츠를 끊임없는 물결처럼 전송하는 기술은?

① 플로우 기술      ② 스트리밍 기술

③ 플러그 인 응용 기술      ④ 페이아웃 기술

## 12

다음 중 웹 콘텐츠 접근성 지침이 아닌 것은?

① 인지성      ② 호환성

③ 이해성      ④ 내구성

## 13 기출

다음 글상자에서 설명하고 있는 용어로 가장 올바른 것은?

- 모든 브라우저와 대부분의 서버와 ISP들에게 지지 받는 구체적인 E-mail 프로토콜
- 유저가 서버로부터 메일을 다운로드 하기 전에 검색, 정리, 여과가 가능

① Tracert      ② IMAP

③ Ping      ④ SSL

## 14

다음 중 HTML의 〈IMG〉 태그 중 이미지의 테두리 두께를 지정하는 특성으로 올바른 것은?

① border      ② src

③ hspace      ④ vspace

## 15 기출

다음 중 XHTML의 일반 문법 준수사항이 아닌 것은?

① 정확한 문서 구조를 준수해야 한다.

② 모든 요소와 속성은 소문자여야 한다.

③ 모든 요소는 닫아야 한다.

④ 모든 요소는 완벽하게 독립적이어야 한다.

## 16

다음 글상자에서 설명하는 개인정보 유형은?

대부잔액 및 지불상황, 저당, 신용카드, 지불연기 및 미납의 수, 임금압류 통보에 대한 기록

① 소득정보      ② 조직정보

③ 신용정보      ④ 통신정보

## 17 `기출`

다음 중 HTML 문서를 만드는 도구로 가장 거리가 먼 것은?

① Adobe Dreamweaver

② EditPlus

③ AcroEdit

④ Final Cut Studio

## 18

자바 스크립트의 논리 연산자에서 논리곱을 실행하는 연산자로 올바른 것은?

① &&　　　　　　② ||

③ !　　　　　　　④ %%

## 19 `기출`

다음 글상자의 괄호 안에 알맞은 용어는?

검색 백엔드에서는 (　　)(이)라는 기본적 검색 기술이 적용되는데, 이는 여러 인터넷 웹페이지를 방문하고, 웹페이지의 제목이나 내용에 존재하는 텍스트를 찾아내는 기술을 의미한다.

① 크롤링　　　　　② 인덱스

③ 레파지토리　　　④ 웹서칭

## 20

다음 중 웹 표준 준수 이유가 아닌 것은?

① 접근성 향상　　　② 효율적인 마크업

③ 호환성 가능　　　④ 파일 사이즈 확대

## 전자상거래 일반

## 21 `기출`

다음 중 인터넷 마케팅에 대한 내용이 아닌 것은?

① 쌍방향　　　　　② 정보중심

③ 간접경로　　　　④ 일대일 마케팅

## 22

다음 글상자에서 설명하고 있는 배송시스템은?

배송비용이 높은 단점이 있으나, 배송시간이 짧기 때문에 요식업 등의 경우에서 요구되는 배송시스템 유형으로 바람직하다.

① 생산자 집약형

② 프랜차이즈 방식

③ 택배 서비스

④ 소비자 집약형

## 23 `기출`

다음 중 고객서비스를 인터넷을 통해 제공할 수 있도록 한 경우에 사용하는 용어로 가장 적절한 용어는?

① E-서비스　　　　② SCM

③ ERP　　　　　　④ 웹마이닝

## 24

다음 중 E-마케팅의 단점이 아닌 것은?

① 온라인 결제

② 보안상의 문제

③ 대량광고가 가능

④ 유통구조의 단순화

**25**

기출

다음 중 상품이나 서비스를 판매할 수 있도록 디지털 기술을 사용하는 것을 의미하는 용어는?

① 광고 　　　　　　　② E-마케팅

③ 바이러스 마케팅 　　④ PR

**26**

다음 중 카드기반식 모바일 지급 결제 유형이 아닌 것은?

① 싱글슬롯 　　　　　② 더블슬롯

③ 듀얼슬롯 　　　　　④ NFC카드

**27**

기출

다음 글상자에서 설명하고 있는 용어는?

> 제3자가 인가된 송수신자 간의 전달 내용을 어떤 방법으로든지 획득하지 못하도록 안전한 의사소통을 하는 것을 의미

① 인증 　　　　　　　② 무결성

③ 기밀성 　　　　　　④ 부인방지

**28**

다음 중 사용자의 마우스에 반응하여 움직이거나 데이터를 주고받을 수 있는 형태로 정보검색에서 입력까지 가능한 배너는?

① 정적형 배너

② 애니메이션 배너

③ 상호작용성 배너

④ 고정형 배너

**29**

기출

다음 글상자에서 설명하고 있는 용어는?

> 전자 금융의 일종으로 인터넷 회선을 이용하여 은행과 사용자 간의 금융 업무를 처리하는 금융 시스템

① 폰 뱅킹 　　　　　　② 인터넷 뱅킹

③ 사이버 머니 　　　　④ EBPP

**30**

다음 중 인터넷상에서 거의 비용을 들이지 않고 홍보를 할 수 있는 다양한 모든 방법은?

① 프로모션 　　　　　② 액션

③ 스키밍 전략 　　　　④ 어나운스먼트

**31**

기출

다음 중 전자조달의 목표에 대한 설명으로 가장 올바르지 않은 것은?

① 구매 프로세스를 단순하고 신속하게 일관화함

② 비계약 납품업자로부터 구매 최대화

③ 보다 빠르고 값싸게 상품, 서비스를 제공할 수 있는 납품업자 탐색

④ 조달 프로세스와 예산통제를 효과적이고 효율적으로 통합

**32**

다음 글상자에서 설명하고 있는 포지셔닝 전략은?

> 자사가 제공하는 제품이 특정 사용자 그룹을 표적으로 하여 만들어진 최적의 것임을 강조하며 포지션하는 방법이다.

① 제품 속성에 의한 포지셔닝

② 제품 사용자에 의한 포지셔닝

③ 제품 편익을 이용한 포지셔닝

④ 경쟁 제품을 이용한 포지셔닝

## 33

기출

다음 중 소비자 입장에서의 전자상거래 단점이 아닌 것은?

① 제품에 대한 정보탐색에 한계가 항상 존재한다.

② 거래 및 결제 시 개인정보 누출이 우려된다.

③ 전자상거래 사기의 가능성이 높다.

④ 다른 산업에 비해 진입장벽이 낮아 치열한 경쟁을 하게 된다.

## 34

다음 중 인구통계적 변수가 아닌 것은?

① 라이프스타일

② 가족생활주기

③ 교육수준

④ 연령

## 35

기출

다음 중 B2C 전자상거래 프로세스로 가장 올바른 것은?

① 상품 검색 → 고객 접속 → 고객 주문 → 상품 배송

② 고객 접속 → 고객 주문 → 상품 검색 → 상품 배송

③ 고객 접속 → 상품 검색 → 고객 주문 → 상품 배송

④ 고객 주문 → 고객 접속 → 상품 검색 → 상품 배송

## 36

다음 중 고객을 세분화하지 않고, 한 가지의 제품이나 서비스로 전체 시장을 대상으로 마케팅 활동을 전개하는 마케팅은?

① 차별적 마케팅

② 비차별적 마케팅

③ 집중적 마케팅

④ 비집중적 마케팅

## 37

기출

다음 중 세금이나 요금 청구서를 인터넷을 통해 보내고 인터넷을 통하여 대금을 결제 지원하는 것은?

① T-money

② ARS

③ P2P 전자지불

④ Electronic Bill Presentment & Payment

## 38

다음 중 제품을 이용하는 만큼 부가보너스나 포인트를 제공하는 극단적인 형태의 가격 전략을 구사하는 전략은?

① 무가화 　　　　② 역가격화

③ 패키지화 　　　　④ 머천다이징

## 39

기출

다음 글상자에서 설명하는 용어는?

> 전자상거래 공급업체가 다양한 채널을 통해 고객 서비스 문제를 고려하는 포괄적인 서비스 부서

① A/S 부서 　　　　② 생산 부서

③ R&D 부서 　　　　④ 콜센터

## 40

다음 글상자에서 설명하고 있는 판매촉진 방법은?

> 소비자에게 특정한 콘텐츠를 할인된 가격으로 이용가능하게 해주는 수단으로 반복구매, 충성도 구축, 웹사이트 방문유도와 최초구매를 유인하는 효과를 볼 수 있다.

① 제휴프로그램 　　　　② 커뮤니티

③ 브로셔웨어 　　　　④ 쿠폰

## 컴퓨터 및 통신 일반

### 41

기출

다음 중 전기 통신에 의한 정보전송 기술과 컴퓨터에 의한 정보처리 기술이 결합된 체계를 나타내는 용어로 가장 올바른 것은?

① 정보
② 통신
③ 정보통신
④ 신호전달

### 42

다음 중 정보통신망의 논리적 구조에 포함되지 않는 것은?

① 단말장치
② 노드
③ 링크
④ 사용자 프로세서

### 43

기출

다음 글상자에서 설명하고 있는 용어로 가장 올바른 것은?

> • 생활편의를 극대화하는 정보생활기기를 기반으로 시간, 장소에 구애받지 않고 유익한 생활 서비스를 제공하는 미래지향적인 가정환경으로, 거주 환경의 스마트화 및 네트워크화를 통해 통화, 방송, 가전, 건설, 콘텐츠, 로봇, 보건 등 다양한 이종산업의 융합 확산을 위한 견인차 역할을 수행하고 있음
> • 산업기술 소분류에는 홈네트워크 기기, 유·무선 홈네트워킹 기술, 지능형 정보가전, 홈네트워크 등 서비스 기술이 포함됨

① 홈오토메이션
② 스마트팩토리
③ 스마트팜
④ 스마트홈

### 44

다음 글상자에서 설명하고 있는 랜섬웨어 감염경로로 가장 올바른 것은?

> 출처가 불분명한 이메일 수신시 첨부파일 또는 메일에 URL 링크를 통해 악성코드를 유포하는 사례가 있으므로 첨부파일 실행 또는 URL 링크 클릭에 주의가 필요하다.

① 네트워크망
② 스팸메일 및 스피어피싱
③ 파일공유 사이트
④ 사회관계망서비스

### 45

기출

다음 글상자에서 설명하고 있는 웹서버는?

> 웹페이지 또는 자신의 하드디스크에 저장된 파일들을 공유하려는 개인 PC 사용자들을 위한 마이크로소프트의 웹서버 프로그램

① DNS
② Tomcat
③ Apache
④ PWS

### 46

다음 글상자에서 설명하고 있는 운영체계는?

> 유닉스 기반의 공개 운영체계로 뛰어난 안정성과 확장성, 무료 라이센스 때문에 많은 곳에서 사용하고 있다.

① 윈도우
② 안드로이드
③ 리눅스
④ 맥 OS

### 47

기출

다음 중 글상자에서 설명하고 있는 프로토콜은?

> 통신의 인증과 암호화를 위해 개발되었으며, 현재 전자상거래에서 널리 쓰이는 프로토콜로 HTTP에 보안이 강화된 프로토콜

① HTTP
② HTTPS
③ SMTP
④ SSH

**48**

다음 중 윈도우 볼륨쉐도우를 삭제하여 시스템 복구가 불가능하게 만드는 랜섬웨어는?

① 케르베르　　　　② 크립토라커

③ 워너크라이　　　④ 록키

**49**

다음 글상자에서 설명하고 있는 용어는?

> 휴대전화에 일반적으로 많이 설치된 정상앱(예: 크롬, 플레이스토어, 공공기관에서 사용하는 민원24, 유명 모바일 백신 등)을 사칭하여 악성앱 설치를 유도한다. 전화, 문자메시지 관리, 개인정보 조회, 저장소 조회, 위치정보, 기기관리자 권한 요구 등 정상앱보다 과도한 권한을 포함하고 있으므로 앱 설치 단계에서도 주의해야 한다. 또한 악성앱이 악성행위를 직접 수행하기도 하지만 별도의 악성앱을 설치하도록 유도하는 기능이 탑재된 경우도 있다.

① 스냅핑　　　　② 파밍

③ 메모리해킹　　　④ 스미싱

**50**　　　　　　　　　　　　　　　　[기출]

다음 글상자에서 설명하는 용어로 가장 올바른 것은?

> 초고속 대용량, 저지연, 고신뢰성 및 대규모 사물 인터넷 기술을 수용하는 무선 엑세스망 및 코어망 기술로 이종 산업과의 융합서비스 지원을 위한 통신기술로, 우리나라의 경우 평창 올림픽에서 시범 서비스를 실시하였다.

① 블록체인　　　　② 5G

③ 초고속인터넷　　④ WIFI

**51**

최근 인터넷 비즈니스 영역에서 주목을 받고 있는 소셜 네트워크 서비스(SNS)의 범주에 포함되지 않은 것은?

① 페이스북

② 인스타그램

③ 구글의 위치정보서비스(LBS)

④ 유투브

**52**

다음 서버의 종류 중 글상자에서 설명하는 서버는?

> 사용자가 분산 네트워크에서 정보를 중앙 집중식으로 검색할 수 있게 해주는 단일 액세스 지점을 제공한다. 즉, 대규모 네트워크에서 데이터베이스, 파일 및 정보를 인덱싱하고 키워드 및 기타 검색을 허용한다.

① 카탈로그 서버　　② 데이터베이스 서버

③ 애플리케이션 서버　④ 파일 서버

**53**　　　　　　　　　　　　　　　　[기출]

다음 중 기억 용량 단위로 가장 큰 것은?

① TB　　　　　② MB

③ PB　　　　　④ GB

**54**

다음 중 컴퓨터 하드웨어의 출력장치가 아닌 것은?

① Monitor　　　② Speaker

③ Printer　　　④ Touch screen

**55**

다음 중 기본적인 운영체제의 기능이 아닌 것은?

① 프로세스관리　　② 파일시스템

③ 메모리관리　　　④ 서버

**56**　　　　　　　　　　　　　　　　[기출]

다음 글상자의 괄호 안에 알맞은 용어는?

> ( 가 )는 컴퓨터 네트워크에서 다른 컴퓨터에 서비스를 제공하기 위한 컴퓨터 또는 소프트웨어를 가리키는 용어이다. 반대로 ( 가 )에서 보내 주는 정보 서비스를 받는 측 또는 요구하는 측의 컴퓨터 소프트웨어를 ( 나 )라고 한다.

① (가) 서버, (나) 운영체제

② (가) 운영체제, (나) 서버

③ (가) 서버, (나) 클라이언트

④ (가) 클라이언트, (나) 서버

**57**

다음 중 정보통신망의 구성요건으로 올바르지 않은 것은?

① 정보전달의 투명성
② 정보전달의 고정성
③ 접속의 신속성
④ 접속의 임의성

**58** 기출

다음 중 현실 세계의 사물들과 가상 세계를 네트워크로 상호 연결해 사람과 사물, 사물과 사물 간 언제 어디서나 서로 소통할 수 있도록 하는 미래 인터넷 기술을 지칭하는 용어로 가장 올바른 것은?

① 빅데이터
② 증강현실
③ 사물인터넷
④ 클라우드컴퓨팅

**59**

다음에서 설명하는 통신망의 분류는?

- 중앙에 컴퓨터나 교환기가 있고, 그 주위에 단말 장치들을 분산시켜 연결시킨 형태
- 온라인 시스템의 전형적인 방법
- 단말기 고장 발생시 고장지점의 발견이 용이
- 통화량 처리능률이 높음
- 중앙의 컴퓨터나 교환기가 고장시 전체 시스템의 기능이 고장
- 회선 교환 방식에 적합

① 성형
② 링형
③ 망형
④ 버스형

**60** 기출

다음 글상자에서 설명하는 용어로 가장 올바른 것은?

- IT자원을 직접 설치할 필요 없이 인터넷상의 서버군을 통하여 데이터 저장, 네트워크, 콘텐츠 사용 등 IT 관련 서비스를 한 번에 사용할 수 있는 컴퓨팅 환경
- 사용자가 필요로 하는 컴퓨팅 자원(네트워크, 서버, 스토리지, 애플리케이션과 서비스)을 필요로 하는 시점에 즉각적으로, 필요로 하는 양을 유동적으로 제공(On-demand)하여 컴퓨팅 자원을 효율적으로 활용할 수 있게 해 줌

① 클라우드컴퓨팅
② 블록체인
③ Star토폴로지
④ 가상자원관리

전자상거래
운용사

필기

# PART
# 3

## 정답 및 해설

# 실전모의고사 1회 정답 및 해설

| 01 ② | 02 ③ | 03 ④ | 04 ③ | 05 ② | 06 ④ | 07 ④ | 08 ① | 09 ③ | 10 ① |
|---|---|---|---|---|---|---|---|---|---|
| 11 ③ | 12 ③ | 13 ① | 14 ④ | 15 ② | 16 ② | 17 ④ | 18 ① | 19 ② | 20 ② |
| 21 ① | 22 ① | 23 ① | 24 ③ | 25 ① | 26 ② | 27 ④ | 28 ④ | 29 ② | 30 ④ |
| 31 ② | 32 ③ | 33 ① | 34 ④ | 35 ④ | 36 ① | 37 ③ | 38 ① | 39 ④ | 40 ① |
| 41 ① | 42 ① | 43 ① | 44 ② | 45 ④ | 46 ① | 47 ① | 48 ② | 49 ④ | 50 ① |
| 51 ③ | 52 ① | 53 ① | 54 ① | 55 ① | 56 ④ | 57 ③ | 58 ① | 59 ① | 60 ② |

**01** 매일 본다고 상대를 존중하는 것을 잊어서는 안 된다.

**02** 글상자의 설명은 프라이버시에 관한 설명이다.

**03** 무인봉쇄가 아니라 부인봉쇄(Non-repudiation)가 맞는 표현이다.

**05** 하이퍼미디어는 일반 텍스트 문서에 대한 다른 미디어를 포함하고 있는 것을 칭하는데, 예를 들어 그림, 음성, 영화 등과 같은 미디어에 대한 하이퍼링크를 가지고 있는 경우이다. 하이퍼미디어는 사용자가 자의로 선택하는 대화형 구조를 가지고 있어 인간이 주제와 내용을 연결하는 방식과 일치할 수 있는 작업 환경을 갖추고 있어야 한다.

**06** 회사에서 근무와 관련 없는 일을 하는데 소비하는 시간을 언더타임이라 하며, 입력신호가 변화한 후 출력신호의 변화가 인정될 때까지 경과하는 시간을 데드타임이라 한다.

**07** 'bgcolor'는 배경색 변경 특성이다.

**10** 네 가지 도덕적 원칙은 존중(Respect), 책임(Responsibility), 정의(Justice), 해악금지(Non-maleficence)이다.

**11** 웹표준은 브라우저 및 종류에 상관없이 접근이 가능하다.

**12** 글상자의 설명은 스파이웨어에 대한 설명이다. 스파이웨어는 사랑하는 사람의 컴퓨터 활동을 확인하고 싶어하는 사람들이 자주 사용한다. 표적 공격에서 범죄자는 스파이웨어를 사용하여 피해자의 키 입력을 기록하고 암호 또는 지적 재산에 접근할 수 있다.

**15** 글상자는 일러스트레이터에 대한 설명이며, 포토샵은 비트맵 방식을 사용하는 이미지 편집 프로그램이다. 코렐드로우는 코렐사가 개발한 백터 그래픽스 편집기이며, 플래시는 쉽게 애니메이션을 만들 수 있고 벡터 방식을 사용하여 이미지의 깨짐 현상이 거의 없다.

**17** 'media'는 <A>의 특성이 아닌, 'target' 특성에서 사용할 수 있는 값이다.

**18** 기존의 IPv4 주소로 IPv6 표현이 가능하다.

**19** <ARG>는 프로그램 기능이나 요약 표현에 쓰인다.

**20** AU는 웹 페이지에서 사용할 수 있는 그래픽 파일 포맷이 아닌 오디오 파일 포맷이다.

**21** 대량접속을 일으켜 시스템을 다운시키는 것은 DDOS이다.

**23** 여러 검색엔진을 한데 모은 메타형 검색방식은 한 번의 단어 입력으로 여러 검색엔진의 결과 값을 한 눈에 볼 수 있다.

**24** ③번은 공급자 관점에서의 전자상거래 장점이다.

**28** 소셜미디어의 활용방법에 따라 소셜링크형, 소셜웹형, 공동구매형, 오프라인 연동형 등으로 구분된다.

**30** 제안서의 주요내용으로는 개발개요, 개발범위 및 내용, 인력투입계획, 일정계획, 사이트의 방향성 및 주요 콘셉트, 개발과정, 예산소요계획, 교육훈련 등의 내용들로 구성된다.

**32** 웹 페이지는 무형의 제품이라고 할 수 있기 때문에 프로젝트 완료 단계에서 클라이언트와 프로젝트 수행조직과 의견차이가 생길 경우 심각한 문제가 발생될 우려가 있다. 따라서 이러한 문제점을 해소하기 위해서는 사전에 시안제작을 통하여 문제발생의 소지를 차단하는 것이 현명하다. 따라서 사이트 기획 단계에 메인화면의 디자인과 메뉴구조, 개략적인 사이트 맵 등에 대하여 시안(기획서)을 제작하여 상호 논의과정을 거쳐야한다. 특히 디자인 부분에서는 사람마다 주관적인 시각차가 많기 때문에 개발초기에 의견 조율이 매우 중요하다.

**34** 물류관리의 목표는 크게 비용절감과 서비스 수준의 향상으로 나눌 수 있다.

**37** CRM은 기업이 고객과 관련된 내외부 자료를 분석, 통합해 고객 중심 자원을 극대화하고 이를 토대로 고객 특성에 맞게 마케팅 활동을 계획, 지원, 평가하는 과정이다.

**39** 제품을 직접 사서 사용해 보고 만족스러우면 다른 소비자에게 소개해 주는 방식으로 제품의 유통을 돕는 소비자를 디슈머라 하며, 악성민원을 고의적, 상습적으로 제기하는 소비자를 블랙컨슈머라 한다.

**40** IC 카드형은 몬덱스, 비자캐시, 프로톤이 있다.

**43** 기억 기능은 저장 기능으로 볼 수 있다.

**46** 레이저 기술을 이용하는 광학 장치에 해당하는 저장장치는 DVD이다.

**47** 파일시스템은 하드디스크를 물리적 혹은 논리적으로 분할하고 운영체제에서 사용할 수 있도록 마운팅(Mounting) 기능을 제공한다. 파일이나 디렉토리를 생성하고 관리할 수 있으며 운영체제에 따라 관리할 수 있는 파일시스템 종류(FAT, NTFS, APFS 등)가 다를 수 있다.

**48** 인터넷 네트워크 구조의 하나로 광케이블을 이용해서 지하도 터널을 통해 하나의 대도시 지역을 연결하는 통신망 구조는 MAN이다.

**50** 이더넷은 가장 대표적인 버스 구조 방식의 근거리통신망(LAN)이다.

**52** 클라우드 컴퓨팅은 인터넷이 항상 연결되어 있어야 한다.

**53** 링형은 컴퓨터와 단말기의 연결을 서로 이웃하는 단말들끼리만 연결한 방식이며 양방향으로 데이터 전송이 가능하다.

**56** 매크로 바이러스는 매크로 명령을 사용하는 프로그램의 데이터에 감염되는 컴퓨터 바이러스이다. 엑셀이나 워드 등 매크로를 사용하는 데이터를 전자우편으로 보낼 때 상대방의 컴퓨터에 감염되어, 작업한 문장을 바꾸어 놓거나 하드디스크를 지워버리는 일을 한다.

**58** 쇼핑몰 전자상거래 시스템을 구성하려고 할 때 데이터마트까지 구성하지는 않는다.

# 실전모의고사 2회 정답 및 해설

**02** 리키즈란 누락 또는 누출을 의미하는 용어로 정보의 검색 결과에서 검색되었어야 함에도 불구하고, 부적절한 키워드 선정이나 연산자의 잘못된 사용으로 인하여 검색 결과에서 빠져버린 누락된 정보를 뜻한다. 그리고 개비지란 쓰레기를 뜻하는 용어로, 정보의 검색 결과에서(부적절한 키워드 선정이나 연산자의 잘못된 사용으로 인하여) 불필요하게 검색된 쓸모없는 정보를 뜻한다.

**03** RDF는 RSS의 새로운 표준이 아닌 다른 표준이다.

**04** 모든 태그는 '<>'로 구성된다. 태그는 일반적으로 '<tag>, </tag>'처럼 시작태그와 종료태그를 짝을 이루어 사용되지만 단독으로 사용되는 태그도 있다. 그리고 태그는 대소문자 구분이 없다.

**05** 글상자에서 설명하는 용어는 DNS이다. 간이망 관리 프로토콜(Simple Network Management Protocol, SNMP)은 IP 네트워크상의 장치로부터 정보를 수집 및 관리하며, 또한 정보를 수정하여 장치의 동작을 변경하는 데에 사용되는 인터넷 표준 프로토콜이다.

**07** 개인용 컴퓨터에서 작업한 웹 문서 파일들을 웹서버로 이동시킬 때 사용하기에 적합한 인터넷 서비스는 FTP이다. 인터넷에 연결되어 있는 FTP 서버로부터 각종 파일을 안전하고 빠르게 주고받는 서비스로, 인터넷에 연결된 컴퓨터에 있는 공개된 파일은 언제든지 다운로드를 받아올 수 있으며, 자신의 FTP 계정이 있는 경우에는 사용자가 전 세계 어느 장소에서든지 이 서비스를 이용할 수 있어서 파일의 이동 시 매우 편리한 기능이다.

**08** '&lt;'은 '<'를, '&rt;'은 '>'를 출력한다.

**11** 공용 게이트웨이 인터페이스(Common Gateway Interface: CGI)는 웹 서버 상에서 사용자 프로그램을 동작시키기 위한 조합이다.

**13** 웹 문서가 제공되는 위치와 제공되는 특정 정보자원을 지칭하는 용어는 'URL'이다.

**14** "||"은 논리 합을 실행한다. 양쪽 중 어느 한쪽이 true이거나 모두 true이면 true, 그렇지 않으면 false가 된다.

**15** 컴퓨터 프로그램에 대한 지적재산권의 보호를 규정하고 있는 법률은 저작권법이다.

**16** 'start'는 type 특성이 1이나 i 또는 I 인 경우 시작할 숫자를 지정한다.

**18** center는 <font> 태그가 아니다.

**19** 전자결제는 플래시의 응용분야가 아니다.

**20** 상업용 웹사이트 디자인 관점으로는 콘텐츠, 이용성, 겉모습, 가시도가 포함된다.

**24** 전자수표도 유효기간이 있다.

**25** 시장 환경 분석이 가장 먼저 수행이 되어야 한다. 시장환경 분석 → 목표설정 → 전략수립 → 전략 실행 → 관리 및 평가 순이다.

**26** 고객 다수를 대상으로 한 마케팅이 가능하다.

**28** 백엔드(Back-end) 시스템은 전자상거래 진행 과정에서 거래 처리와 결제, 물류배송, 고객 관리, 협력업체 관리, 보안과 인증 등과 관련된 시스템으로 정의할 수 있다. 백엔드 시스템 구성 요소로는 거래처리시스템, 물류배송시스템, 전자지불시스템, 고객관계관리(CRM), 공급망관리(SCM), 전사적자원관리(ERP), 전자조달, 판매망관리(SFM, Sales Force Management), 지식관리시스템(KMS), 보안과 인증 시스템 등이 있다.

**32** EBPP(Electronic Bill Presentment and Payment) 시스템이란 각종 세금이나 요금 청구서를 인터넷을 통해

보내고 인터넷을 통하여 대금을 결제하도록 지원하는 서비스이다. 기존에는 청구서 발송자가 고객에게 서비스 청구 내역 고지서나 지로를 우편으로 발송하면 고객은 청구 내역을 확인한 다음에 금융 기관을 통하여 요금을 지불했지만, EBPP서비스를 통하면 청구서 발송자는 고객에게 E-mail이나 웹 사이트를 통해 청구 내역을 고지하고 고객은 컴퓨터 스크린에 고지된 내역을 살펴보고 단지 마우스를 클릭하여 간단하게 대금 지불이 끝나도록 되어 있다.

33 조달물류는 조달업자로부터 생산자의 자재창고까지 수배송과 입고된 자재를 보관, 재고관리 작업을 계획하고 실행 통제하는 활동이다.

36 해당 보기 중 가장 최근의 사실은 BIGDATA이다. 빅데이터는 디지털 환경에서 생성되는 데이터로 그 규모가 방대하고 생성주기도 짧고 형태도 수치 데이터뿐 아니라 문자와 영상 데이터를 포함하는 대규모 데이터를 말한다.

37 클라이언트가 개빌사에게 제공하는 것으로 클라이언트가 희망하는 개략적인 요구사항을 개발용역을 수행하는 기업 혹은 조직에게 전달한다. 제안 요청서는 개발사가 제안서를 작성하는데 필요한 사항들로 요구사항에 대한 상세한 내용일수록 제안서의 내용에 정확하게 반영이 될 수 있다.

38 E-마케팅은 정보전달의 양적 제한은 없다.

40 다양한 상품을 구비해서 많은 정보를 제공하여야 한다.

41 매크로 기능을 제공하는 엑셀이나 워드 등 Visual Basic 매크로 기능을 악용하여 컴퓨터에 피해를 입히며, 주로 e-메일을 통해 전파되는 바이러스를 매크로 바이러스라고 한다.

42 범용컴퓨터는 누구나 사용 가능하다.

43 32비트 윈도우 운영체제에서 활용이 가능한 주기억장치의 최대 용량 4GB이다.

45 컴퓨터와 사람, 사람과 컴퓨터 간의 인터페이스 역할을 하고, 컴퓨터 자원을 효율적으로 제어하고 운영하기 위한 프로그램을 운영체제라고 한다. 그리고 운영체제는 시스템 하드웨어를 관리할 뿐만 아니라 응용 프로그램을 실행하기 위한 환경을 제공한다. 프로그램에 메모리와 CPU를 할당하고 디스크를 사용할 수 있도록 하는 것도 운영체제의 역할이다.

48 랜섬웨어는 데이터를 암호화하여 볼모로 잡고 암호 화폐로 몸값을 지불할 때까지 기다리는 악성코드 프로그램으로 지난 수 년 동안 악성코드 중 큰 비중을 차지했고 그 비율은 여전히 증가하고 있다. 랜섬웨어로 인해 기업, 병원, 경찰서, 도시 등이 심각한 피해를 입는 경우가 많다. 대부분의 랜섬웨어 프로그램은 트로이 목마이기 때문에 일종

의 소셜 엔지니어링을 통해 확산된다.

49 디도스의 예방책은 자주 패스워드를 변경하는 것이다.

51 디지털 신호를 전화선으로 보내기 위해 아날로그 신호로 변조한 뒤, 받는 쪽에서는 그 신호를 반대로 '복조' 해 주는 기기는 모뎀이다. 라우터는 서로 다른 네트워크를 연결해 주는 장치이다.

54 전송로는 정보통신망의 기본요소이다.

55 IRC는 인터넷을 사용하여 전세계 사람들과 대화를 나눌 수 있도록 만들어진 채팅 프로그램이다. 인터넷 릴레이 채트(Internet Relay Chat)의 머리글자를 딴 것으로, 인터넷 실시간 대화를 뜻한다. 핀란드의 자코 오이카리넨(Jarkko Oikarinen)이 1988년에 개발하였다.

59 이동성은 무선인터넷 서비스의 특징에 가깝다.

60 화상 처리 등의 특수한 분산 처리망으로 적합한 것은 격자망이다.

# 실전모의고사 3회 정답 및 해설

| | | | | | | | | | |
|---|---|---|---|---|---|---|---|---|---|
| 01 ② | 02 ③ | 03 ① | 04 ③ | 05 ④ | 06 ① | 07 ① | 08 ④ | 09 ③ | 10 ④ |
| 11 ① | 12 ④ | 13 ④ | 14 ② | 15 ② | 16 ④ | 17 ③ | 18 ② | 19 ③ | 20 ② |
| 21 ① | 22 ④ | 23 ④ | 24 ③ | 25 ② | 26 ④ | 27 ③ | 28 ② | 29 ④ | 30 ③ |
| 31 ① | 32 ④ | 33 ① | 34 ④ | 35 ④ | 36 ③ | 37 ③ | 38 ② | 39 ① | 40 ④ |
| 41 ③ | 42 ① | 43 ④ | 44 ② | 45 ② | 46 ④ | 47 ① | 48 ④ | 49 ② | 50 ④ |
| 51 ③ | 52 ① | 53 ② | 54 ② | 55 ① | 56 ④ | 57 ④ | 58 ③ | 59 ② | 60 ④ |

**01** 정보사회에서의 존중은 타인에 대한 존중을 의미하며 특히 타인의 지적 재산권, 프라이버시, 다양성 등을 인정하고 존중하는 것을 의미한다. 정의란 모든 인간이 자율적 의지로 공정하다고 인정할 수 있는 기준이어야 한다. 해악금지는 남에게 피해를 주지 않으며, 타인의 복지에 대해 배려하는 것을 뜻한다.

**02** HTML 문서 안에서 CSS 스타일을 정의할 때 사용되는 HTML 원소는 'style'이다.

**03** '온라인에서 자신을 낮추어라'가 아니라 '온라인에서의 자신을 근사하게 만들어라'가 올바른 계명이다.

**04** 개인정보 처리 원칙에 익명처리도 가능하다.

**05** '프로그램을 올릴 때에는 사전에 바이러스 감염 여부를 점검한다'는 공개자료실 넷티켓이다.

**08** HTML 문서에서 순서가 없는 목록을 만들려면 <UL> 태그를 사용한다. <UL> 태그는 'Unorderd List'의 약자로 순서가 없는 목록이라는 뜻이다.

**10** HTML에서는 문서의 머리 부분에 해당하는 <HEAD>를 구성하는 태그와 문서의 몸통 부분에 해당하는 <BODY>를 구성하는 태그로 구분된다. <HEAD> 태그는 실제로 웹 브라우저에 나타나는 것이 아닌 문서에 대한 정보를 표시하는 데 사용한다. <HEAD>에서 사용하는 태그는 크게 <TITLE>과 <META> 태그로, <TITLE>은 웹브라우저 상단의 제목 표시줄에 내용이 나타난다.

**11** 발신인이 불명확하거나 의심스러운 메시지 및 메일은 삭제하는 것이 좋다.

**14** 반응형 웹사이트를 구축할 때 사용하는 CSS 미디어 쿼리 구문 중에서 웹페이지 설계를 지원하는 속성은 '@media'이다.

**15** <PRE>는 HTML 문서에서 입력한 문장을 그대로 출력하는 기능이며, 'rightmargin' 값은 HTML 문서의 오른쪽 여백 지정값이다.

**19** <A> 태그의 target 특성 값으로는 '_blank', '_media', '_parent', '_search', '_self', '_top'이 있다.

**20** 라우터 주소를 설정하는 TCP/IPv4 속성 항목은 기본 게이트웨이다.

**23** 고객 맞춤화는 사용자들 개개인에 맞게 사이트가 맞춰지거나 사용자들의 용도에 맞게 맞추어지는 것을 말한다. E-마케팅의 중요한 특성 중 하나는 1대1 관계 마케팅을 형성할 수 있고 로그파일의 기록을 분석하면 시장조사가 자동적으로 이루어지기 때문에 개인 사용자의 요구에 맞추어 업무를 효율적으로 처리하기 위하여 사이트는 사용자나 조직에 의해 디자인 될 수 있다. 고객 맞춤화가 사용자에 의해서 디자인 되면 개인화(Personalization)라 하고, 사이트 운영자에 의해 설계되면 맞춤화(Tailoring)라 한다.

**24** 추첨은 콘테스트와 비슷하나 복권과 같이 소비자의 운에 의해 당첨자를 결정하는 것이다.

**27** 인터넷 등과 같은 네트워크상에서 다수의 공급자와 다수의 구매자간에 거래를 할 수 있도록 구축된 온라인 시장을 E-마켓플레이스라 한다.

**28** 생산물류는 자재창고에서 생산공정이 이루어지는 곳까지 운송하역하고 공정 완료 후 제품창고에 입고까지의 물류 활동을 말한다. 판매물류는 제품창고에서 출고 후 배송센터로 수송 및 배송되는 단계의 물류 흐름을 계획 및 실행 관리하는 활동이며, 반품물류는 고객에게 이미 판매된 제품이나 상품자체 불량에 의한 반품을 위한 물류활동을 일컫는다.

**29** RFID는 무선 주파수(RF, Radio Frequency)를 이용하여

물건이나 사람 등과 같은 대상을 식별(IDentification)할 수 있도록 해 주는 기술을 말한다. ERP는 전사적자원관리로 기업 내 생산, 물류, 재무, 회계, 영업과 구매, 재고 등 경영 활동 프로세스들을 통합적으로 연계해 관리해 준다.

**33** 제 3자물류는 아웃소싱 형태를 말한다.

**34** 매스마케팅은 전통적인 마케팅의 특징이다.

**35** 구매 후 일어나는 온라인 효과 측정은 구매 수이다.

**42** 바이트는 컴퓨터가 처리하는 정보의 기본단위로, 하나의 문자를 표현하는 단위이다. 워드는 컴퓨터에서 처리되는 데이터의 기본단위며, 1워드의 크기는 각각의 컴퓨터에 정해져 있으며, 8비트, 16비트, 32비트 등 여러 가지 길이가 있다. 비트는 컴퓨터에서 처리하는 정보 표현의 최소 단위다.

**43** ios는 애플이 개발 및 제공하는 임베디드 운영체제를 의미한다. 아이폰, 아이팟터치, 아이패드, 애플 디비 등에 탑재되어 있다.

**44** APT는 해커가 다양한 보안 위협을 만들어 특정 기업이나 조직의 네트워크에 지속적으로 가하는 공격을 의미한다.

**45** 안드로이드는 구글과 핸드폰 업체들이 연합하여 개발한 개방형 모바일 운영체제이다. Mac OS는 매킨토시 컴퓨터의 운영체제이며, iOS는 애플이 개발 및 제공하는 임베디드 운영체제이다.

**46** 부트스트랩은 그 자체의 동작에 의해서 어떤 소정의 상태로 이행하도록 설정되어 있는 방법을 말한다. 예를 들면, 최초의 수 개의 명령에 의해서 그것에 계속해서 모든 명령을 입력 장치에서 컴퓨터 내에 인출(Fetch)할 수 있도록 하는 방법이라고 정의된다. 컴퓨터에 처음으로 프로그램을 입력하는 방법의 하나이다. 우선 최초로 명령을 판독하기 위한 몇 가지 명령을 작동시키는 조작을 해두면 그 후 우선은 이 명령에 의해 계속되는 명령을 순차적으로 판독하며, 최종적으로는 프로그램 모두가 주기억 장치에 프로그램명이 정해져 입력이 된다.

**49** Authoritative DNS서버는 DNS 레코드 정보를 저장, 관리한다. 그리고 Cache DNS서버는 도메인 호스트의 질의에 대해 DNS cache나 다른 네임서버가 가진 데이터로 응답(Non-authoritative Answer)만을 제공하는 서버로 Local DNS서버 또는 퍼블릭 도메인 네임서버로도 불린다.

**52** 리눅스는 액티브X로 인한 보안 이슈가 없다.

**53** 단말기 고장 발생시 고장지점의 발견이 용이한 것은 성형이다.

**57** gpu는 하드웨어이다.

**58** 디램은 램의 한 종류로 저장된 정보가 시간에 따라 소멸되기 때문에 주기적으로 재생시켜야 하는 특징을 가지고 있다. 구조가 간단해 집적이 용이하므로 대용량 임시기억장치로 사용된다.

| | | | | | | | | | |
|---|---|---|---|---|---|---|---|---|---|
| 01 ① | 02 ② | 03 ④ | 04 ① | 05 ③ | 06 ① | 07 ② | 08 ① | 09 ③ | 10 ④ |
| 11 ① | 12 ③ | 13 ④ | 14 ④ | 15 ② | 16 ② | 17 ① | 18 ① | 19 ④ | 20 ③ |
| 21 ④ | 22 ① | 23 ② | 24 ② | 25 ④ | 26 ① | 27 ① | 28 ③ | 29 ③ | 30 ④ |
| 31 ③ | 32 ② | 33 ① | 34 ④ | 35 ③ | 36 ① | 37 ④ | 38 ① | 39 ④ | 40 ② |
| 41 ③ | 42 ④ | 43 ② | 44 ④ | 45 ① | 46 ② | 47 ③ | 48 ④ | 49 ④ | 50 ③ |
| 51 ② | 52 ④ | 53 ① | 54 ① | 55 ③ | 56 ① | 57 ② | 58 ① | 59 ④ | 60 ③ |

01 상대 경로란 현재의 위치에서 상대적인 위치를 표시하는 방법이다.

03 HTML 문서에 표시할 이미지 파일의 경로 지정시 쓰이는 것이 'src' 특성이다.

04 개인정보 노출로 인한 사생활 침해는 순기능이 아닌 정보사회의 단점이다.

05 <DFN>은 단어를 정의하거나 사례 표현시 사용되며, <CITE>는 서명이나 참조를 위한 기울임에 쓰인다. 그리고 <CODE>는 프로그램 코드 같은 고정폭 글자를 표현할 때 사용된다.

06 웜(Worm)은 원래 벌레와 증식을 뜻하는 용어인데, IT 분야에서는 인터넷 또는 네트워크를 통해서 컴퓨터에서 컴퓨터로 전파되는 프로그램을 의미한다.

09 모양과 행동양식을 정해주는 명령어를 'Tag'라고 한다.

10 'null'은 결측값 혹은 없는 값에 대한 설명이다.

11 글자에 취소선을 표시하는 것은 'STRIKE', 글자를 위첨자로 표시하는 것은 'Sup', 글자를 기울여 표현하는 것은 'I'를 사용한다.

15 웹 페이지의 탑재와 운용을 예측 가능한 방법으로 제작해야 한다.

20 정보검색을 하기 위해 키워드 앞, 뒤에 붙여 어두나 어미를 확장시켜 검색된 결과를 나오도록 할 때 사용하는 것은 '*' 이다.

21 현실 세계에서 사용되고 있는 종이로 된 수표를 그대로 인터넷상에서 구현한 것이 전자 수표이다. 전자 수표의 사용자는 은행에 신용 계좌를 갖고 있는 사용자로서 제한된다. 그리고 전자상품권이란 플라스틱 카드 형태를 가진 실물상품권으로 발행, 판매, 회수, 정산, 폐기 등의 일련의 과정을 전산적인 방법으로 관리하는 상품권을 의미한다.

23 전자상거래 사이트에서 모든 질문을 통합하고, 응답될 수 있도록 질문을 전달하고, 모든 커뮤니케이션을 관리하는 것을 '콜센터'라고 한다.

25 배너 광고에 비디오, 오디오, 애니메이션 효과 등을 결합한 멀티미디어형 광고를 리치미디어 광고라 한다.

27 전자상거래에 의해 유통구조가 단순해졌다.

28 소비자 측면에서의 전자상거래 단점으로는 '거래 및 결제 시 개인정보의 누출 우려, 오프라인보다 사기의 가능성이 높음, 사업자에 대한 신뢰성 부족, 정보탐색의 한계가 존재'를 꼽을 수 있다.

30 소비자 측면에서의 전자상거래 장점으로는 시간적·공간적 제약이 없음, 상품의 정보를 쉽게 얻을 수 있음, 가격경쟁으로 인해 저렴한 가격으로 구매 가능, 쌍방향 커뮤니케이션으로 니즈 반영 등을 꼽을 수 있다.

31 전자지불수단은 불특정 다수의 사용이 불가능 하다.

32 E-비즈니스에서는 소비자가 상품과 서비스에 관한 정보와 그 평가를 언제라도 갱신할 수 있으며, 소비자가 제품의 특징과 속성을 결정하고 주문한다. 또한 소비자의 주문을 받고 제품을 생산 할 수 있으며, 전략적 자산으로 소비자 정보를 꼽을 수 있다.

33 처음 홈페이지가 나타나는 순간 혹은, 페이지가 바뀌는 중간 중간에 풀 스크린의 광고를 삽입하는 형태로, 독립된 창의 형태로 표출 할 경우는 팝업광고(Pop-up Advertisement)라고 부른다.

35 자체적으로 서버를 구축하면 초기 투자비용이 크다.

37 보기 중 최근에 등장한 기술은 BIGDATA이다. 그룹웨어는 그룹 작업을 지원하기 위한 컴퓨터 시스템의 약칭으로 협의의 의미로는 그룹 작업의 지원을 가능하게 하는 소프트웨어를 일컫는다.

39 공인인증서는 사이버 공간에서 행하는 거래 등에서 사용자 인증에 필요한 일종의 전자신분증을 뜻하며, 에스크로는 구매자와 판매자 간 신용관계가 불확실할 때 제3자가 상거래가 원활히 이루어질 수 있도록 중계를 하는 매매 보호 서비스를 일컫는다.

40 추첨은 콘테스트와 비슷하나, 복권과 같이 소비자의 지식이나 기술과 관계없이 운에 의해 당첨자를 결정하는 것이다. 쿠폰은 소비자에게 특정한 콘텐츠를 할인된 가격으로 이용 가능한 수단을 제공함으로써 판매촉진 효과를 활성시키는 수단을 의미한다.

41 정보통신망의 단말장치는 정보를 전기 신호로 변환하여 통신 회선에 송출하거나 신호를 받아서 원래의 정보로 복원시키는 장치이다. 전송장치는 전기적인 수단에 의해서 정보 전달을 행하는 장치를 의미한다. 또한 정보통신망의 전달기능은 음성, 데이터 등의 정보를 실제로 교환 및 전송을 한다.

42 시분할 시스템은 여러 명의 사용자가 단말기를 온라인으로 연결하여 한 대의 컴퓨터를 공동으로 이용하는 것을 말하며, 분산처리 시스템은 소형 오피스 컴퓨터를 분산배치하여 중앙의 대형 컴퓨터와 온라인으로 접속시키는 것으로 일반적인 클라이언트/서버 시스템이라 부르기도 한다.

43 통신 회선이 가장 많이 필요한 것은 '망형'이다.

44 EXTRANET은 인터넷 기술을 사용하여 공급자·고객·협력업체 사이의 인트라넷을 연결하는 협력적 네트워크를 의미한다.

45 케르베르는 말하는 랜섬웨어로 유명하며 웹사이트 방문 시 취약점을 통해 감염된다. 크립토락커는 웹사이트 방문 시 취약점을 통해 감염되거나, E-Mail 내 첨부파일을 통해 감염되며 자동실행 등록 이름이 크립토락커로 되어 있는 것이 특징이다. 테슬라크립트는 드라이브명에 상관없이 고정식 드라이브만을 감염 대상으로 지정하며 이동식 드라이브나 네트워크 드라이브는 감염 대상에서 제외된다.

46 서버는 여러 다수를 위한 서비스를 제공한다.

47 번호 체계의 통일성이 올바른 구성 요건이다.

48 회사의 웹사이트를 관리하는 것은 인트라넷 이다.

49 SMTP는 TCP/IP에서 E-mail을 전달시켜 주는 프로토콜을 말한다. 그리고 MIME는 메일을 보내기 위한 표준 포맷으로 8비트 이상의 코드를 가지는 문자나 파일을 메일 프로그램/서버에서 자동으로 MIME 형식으로 변환하여 전달한다. 그리고 IMAP는 전자 우편에서 메시지의 헤더 부분만 먼저 사용자의 컴퓨터로 수신해 오고, 읽고 싶은 메일의 본문을 나중에 별도로 수신해 오는 기능을 지원하는 프로토콜이다.

50 리눅스는 유닉스(Unix) 기반의 공개 운영체제이다. 유닉스는 대표적인 컴퓨터 운영체제로 예전에는 주로 서버 컴퓨터용 운영체제였으나 리눅스가 개발된 이후 PC에서도 유닉스를 사용할 수 있게 되었다. 그리고 'Control Program for Microcomputers'의 약어인 CP/M은 마이크로컴퓨터용 운영 체제의 명칭이다.

51 GPU(Graphical Processig Unit)는 컴퓨터에서 그래픽 처리를 전문적으로 다루는 하드웨어이다. RAM(Random Access Memory)은 메모리, 기억장치라고도 하며 CPU의 연산결과를 저장하고 처리할 수 있는 공간이다. HDD(Hard Disk Drive)는 하드디스크라고 하며 영구적으로 데이터를 저장하기 위한 저장장치를 의미한다.

53 카탈로그 서버는 사용자가 분산 네트워크에서 정보를 중앙 집중식으로 검색할 수 있게 해주는 단일 액세스 지점을 제공하며, 파일 서버는 컴퓨팅 환경에서 워크스테이션이 접근할 수 있는 컴퓨터 파일을 공유하고 있는 기억공간의 위치를 제공하는 것이 주요 목적이다. 데이터베이스 서버는 '클라이언트 - 서버' 모델에 정의 된 대로 다른 컴퓨터 프로그램이나 컴퓨터에 데이터베이스 서비스를 제공하는 데이터베이스 응용 프로그램을 사용하는 서버이다.

54 '.org'는 인터넷 도메인 이름 서비스에서 쓰이는 일반 최상위 도메인이며, 주로 비영리 기관이나 단체에서 많이 사용하고 있다. '.com'은 일반적으로 상업조직에서 사용할 수 있는 도메인이다.

56 무선랜의 장점이 편의성이다.

59 응용 프로그램에 메모리를 할당하고 사용하지 않는 메모리를 회수하는 역할과 함께 디스크를 사용해 부족한 메모리는 가상메모리로 운영하는 등의 관리기능이 메모리 관리이며, 파일 시스템은 하드디스크를 물리적 혹은 논리적으로 분할하고 운영체제에서 사용할 수 있도록 마운팅 기능을 제공한다. 프로세스 관리는 프로세스를 생성하고 종료, 프로세스간 통신 등 프로그램 실행을 위한 가장 기본적인 기능이다.

60 라우터는 서로 다른 네트워크 간에 중계 역할을 해준다.

| | | | | | | | | | | | | | | | | | | | |
|---|---|---|---|---|---|---|---|---|---|---|---|---|---|---|---|---|---|---|---|
| 01 | ② | 02 | ③ | 03 | ① | 04 | ① | 05 | ④ | 06 | ④ | 07 | ③ | 08 | ③ | 09 | ② | 10 | ① |
| 11 | ② | 12 | ② | 13 | ② | 14 | ① | 15 | ④ | 16 | ③ | 17 | ④ | 18 | ① | 19 | ① | 20 | ④ |
| 21 | ③ | 22 | ② | 23 | ③ | 24 | ④ | 25 | ③ | 26 | ③ | 27 | ③ | 28 | ③ | 29 | ② | 30 | ④ |
| 31 | ② | 32 | ② | 33 | ④ | 34 | ① | 35 | ③ | 36 | ③ | 37 | ③ | 38 | ③ | 39 | ④ | 40 | ④ |
| 41 | ③ | 42 | ① | 43 | ④ | 44 | ② | 45 | ④ | 46 | ① | 47 | ③ | 48 | ① | 49 | ④ | 50 | ② |
| 51 | ③ | 52 | ① | 53 | ③ | 54 | ④ | 55 | ④ | 56 | ③ | 57 | ② | 58 | ③ | 59 | ④ | 60 | ① |

**01** 배경 이미지가 수평방향으로 반복되게 하는 속성 값은 'repeat-x'이며 배경 이미지가 수직방향으로 반복되게 하는 값은 'repeat-y'이다.

**02** ③번은 대화방에서의 네티켓이다.

**04** 스팸은 이메일, 전화번호의 침해 사고로 발생 가능성이 높으며 보이스피싱은 성명, 전화번호의 침해 사고로 발생 가능성이 높다. 금전적 이익 수취 같은 경우는 신분증 위조로 발생하기 쉬우며, 사생활 침해 같은 경우는 전 개인정보의 침해사고로 블로그, 미니홈피 등 비공개 내용 유출로 발생할 가능성이 있다.

**05** ④번은 메타 검색엔진의 설명이다.

**06** 시소러스란 검색어로 사용되는 단어의 유의어/동의어/반의어 등을 계층적인 관계와 종속적인 관계로 나타내주는 용어사전을 뜻한다. 개비지는 쓰레기를 뜻하는 용어로 정보의 검색 결과에서 불필요하게 검색된 쓸데없는 정보를 뜻한다.

**08** REVISION은 파일의 버전을 표시하는 태그를 의미한다.

**10** 웹 표준이란 브라우저 종류 및 버전에 따른 기능 차이에 대하여 호환이 가능하도록 제시된 표준으로, 다른 기종 혹은 플랫폼에 따라 달리 구현되는 기술을 동일하게 구현함과 동시에 어느 한 쪽에 최적화되어 치우치지 않도록 공통요소를 사용하여 웹 페이지를 제작하는 기법을 의미한다.

**11** 동영상을 끊임없이 전송하는 기술은 스트리밍이다.

**12** 웹 콘텐츠 접근성 지침은 인지성, 운용성, 이해성, 내구성이 있다.

**13** 대부분의 서버와 ISP들에게 지지받으며, 유저가 메일 다운로드 전 검색, 정리, 여과가 가능한 것은 IMAP이다. SSL은 인터넷에서 데이터를 안전하게 전송하기 위한 인터넷 통신 규약 프로토콜이다.

**14** vspace는 이미지의 상하 여백을 지정하는 특성이다. src는 HTML 문서에 표시할 이미지 파일의 경로를 지정한다. hspace는 이미지의 좌우 여백을 지정하는 특성값이다.

**15** 모든 요소가 완벽히 독립일 필요는 없다.

**17** 'Final Cut Studio'는 동영상 편집 프로그램이다.

**19** 크롤링은 무수히 많은 컴퓨터에 분산 저장되어 있는 문서를 수집하여 검색 대상의 색인으로 포함시키는 기술을 말한다. 인덱스는 색인 또는 목록이라는 의미이며 데이터를 기록할 경우 그 데이터의 이름, 크기 등의 속성과 그 기록 장소 등을 표로 표시한 것을 의미한다.

**20** 웹 표준 준수 이유 중 한 가지는 파일사이즈 축소이다.

**22** 생산자 집약형 배송시스템은 배송 물품이 다량이고 배송 빈도수가 많으며, 또 배송이 정기적으로 이루어지는 경우에 유용하게 사용될 수 있는 방법으로, 하나의 택배 회사가 여러 곳의 업체를 대상으로 주기적으로 방문하여 배송할 물품을 수집한 후, 자체의 배송계획에 따라 배송하는 방식이다.

**23** ②,③,④번은 자원 관리 및 데이터 수집 관련 용어이다.

**24** 유통구조의 단순화는 인터넷 마케팅의 장점이다.

**26** 카드기반식 모바일 지급 결제 유형에는 싱글슬롯, 듀얼슬롯, 듀얼칩, NFC카드가 있다.

**29** 인터넷 회선을 사용하는 것은 인터넷 뱅킹이다. EBPP (Electronic Bill Presentment and Payment) 시스템이란 각종 세금이나 요금 청구서를 인터넷을 통해 보내고 인터넷을 통하여 대금을 결제하도록 지원하는 서비스이다.

30 어나운스먼트란 '인터넷상에서 거의 비용을 들이지 않고 홍보를 할 수 있는 다양한 모든 방법'을 의미하며, 검색 엔진의 랭킹 관리, 게시판, 이메일 활용 등의 다양한 방법들이 포함될 수 있다.

31 전자조달은 안정적인 구매를 목적으로 하기 때문에 비계약 업자에게 구매를 최대화 하지 않는다.

33 소비자 입장에서 경쟁은 가격 등에 있어서 장점이 될 수 있다.

34 라이프스타일은 심리 분석적 변수이다.

35 B2C 전자상거래 프로세스는 '고객 접속 → 상품 검색 → 고객 주문 → 상품 배송'이다.

36 차별적 마케팅은 여러 세분고객을 표적으로 하여 각 세분고객마다 차별화된 마케팅 활동을 전개하는 방법이다. 그리고 집중적 마케팅은 전략적으로 중요한 세분고객집단에 집중적으로 차별적 마케팅 활동을 펼치는 전략이다.

37 P2P 전자지불은 이메일(E-mail)을 통해 개인이 타인에게 송금할 수 있도록 하는 결제 수단이다. 대표적인 업체로는 페이팔, 구글월렛, 스퀘어 등이 있다.

38 역가격화는 경매 사이트가 대표적인 예로 소비자가 가격 결정을 하는 소비자 중심의 가격 설정 모델이다. 패키지화는 하나의 프로세스에 관련된 토털 서비스를 제공하거나 각 상품간의 연계성을 확보하여 새로운 부가가치를 제안하는 전략이다.

40 쿠폰은 소비자에게 특정한 콘텐츠를 할인된 가격으로 이용 가능한 수단을 제공함으로써 판매촉진 효과를 활성 시키는 수단이다. 쿠폰은 특히 반복구매와 충성도를 구축하기 위한 것이지만 자사의 웹사이트에 대한 방문을 유인하는 효과를 볼 수 있으며 제품의 최초 구매도 일으킬 수 있다.

41 정보전송 기술과 컴퓨터에 의한 정보처리 기술이 결합된 체계는 정보통신이다.

42 단말장치는 정보통신망의 기본 요소이다.

45 글상자에서 설명하는 특징을 가진 웹서버는 'PWS'이다. 'DNS'는 인터넷에서 사용되는 주소체계로 '.com' 또는 '.net'과 같은 특정 최상위 도메인(TLD)의 모든 도메인 네임 및 해당하는 IP주소 및 관련 값들을 저장, 관리하는 분산형 데이터베이스 또는 그에 해당하는 기능을 갖는 물리적인 서버 장치를 지칭한다.

47 HTTP에서 보안이 강화된 프로토콜은 HTTPS이다.

48 케르베르는 말하는 랜섬웨어로 유명하며 감염되면 파일을 암호화 하고 확장자를 '.cerber'로 변경한다.

49 글상자의 내용은 악성앱을 설치하도록 유도하는 파밍에 대한 설명이다.

50 KT가 평창올림픽에서 시범서비스를 실시한, 융합서비스 지원을 위한 통신기술은 5G이다.

51 LBS는 이동통신망이나 위성항법장치 등을 통해 얻은 위치정보를 바탕으로 이용자에게 여러 가지 서비스를 제공하는 서비스 시스템을 의미한다.

53 기억 용량 단위의 크기는 MB < GB < TB < PB 순이다.

54 Touch screen은 입력장치이다.

55 서버는 운영체제의 기능이 아니다.

58 현실과 가상세계를 네트워크로 상호 연결하는 미래 인터넷 기술은 사물인터넷이다.

59 망형은 통신 회선이 가장 많이 필요하며, 통신 회선의 장애 시 다른 경로를 통하여 데이터 전송이 가능하다. 링형은 컴퓨터와 단말기의 연결을 서로 이웃하는 단말들끼리만 연결한 방식으로 양방향 데이터 전송이 가능하다. 버스형은 1개의 통신 회선에 여러 대의 단말 장치를 접속하는 방식으로 주로 근거리 통신망에서 데이터 양이 적을 때 사용한다.

60 On-demand로 컴퓨팅 자원을 활용할 수 있게 해주는 것은 클라우드 컴퓨팅이다.

# 참고문헌

- 노규성 외, "스마트시대의 전자상거래", ㈜생능출판사, 2013
- 노규성 외, "빅데이터 시대의 전자상거래", ㈜생능출판사, 2015
- 노규성 외, "디지털 트랜스포메이션 시대의 전자상거래", ㈜생능출판사, 2019
- 한국인터넷정보센터(https://한국인터넷정보센터.한국/)
- 이동영, "사이버 정보 윤리"
- (사)한국 디지털정책학회 빅데이터전략연구회, "경영 빅데이터 분석", 광문각, 2015
- 한국소프트웨어기술인협회 빅데이터전략연구소, "빅데이터 개론", 광문각, 2019
  (http://dinfree.com/lecture/core/101_basic_1.html)
- 장현희, 웰기획, "HTML&JavaScript&CSS 기본활용 제대로 배우기", 웰북, 2007
- 강구홍 외 역, "노턴의 컴퓨터개론", 사이텍미디어, 2006
- KISA 인터넷보호나라 & KrCERT (https://www.krcert.or.kr/main.do)
- KISA 한국인터넷진흥원 (https://seed.kisa.or.kr/)
- 정보처리산업기사 (http://w3.incom79.com/incom79_view/certif_haeksim_jungri.asp?cart_no=&class_code=44&class_gubun=&open_class_file_no=1231)